WENCHUANG QIYE
SHUZI NENGLI
DUI SHANGYE MOSHI CHUANGXIN DE
YINGXIANG YANJIU

文创企业数字能力

对商业模式创新的影响研究

吴玥 潘珊 著

中国财经出版传媒集团

经济科学出版社
Economic Science Press

·北 京·

图书在版编目（CIP）数据

文创企业数字能力对商业模式创新的影响研究 / 吴玥，潘珊著. -- 北京：经济科学出版社，2024.7
ISBN 978-7-5218-5179-3

Ⅰ.①文… Ⅱ.①吴… ②潘… Ⅲ.①商业模式-研究 Ⅳ.①F71

中国国家版本馆 CIP 数据核字（2023）第 181801 号

责任编辑：侯晓霞
责任校对：靳玉环
责任印制：张佳裕

文创企业数字能力对商业模式创新的影响研究
吴 玥 潘 珊 著
经济科学出版社出版、发行 新华书店经销
社址：北京市海淀区阜成路甲 28 号 邮编：100142
教材分社电话：010-88191345 发行部电话：010-88191522
网址：www.esp.com.cn
电子邮箱：houxiaoxia@esp.com.cn
天猫网店：经济科学出版社旗舰店
网址：http://jjkxcbs.tmall.com
北京季蜂印刷有限公司印装
710×1000 16 开 14.5 印张 240000 字
2024 年 7 月第 1 版 2024 年 7 月第 1 次印刷
ISBN 978-7-5218-5179-3 定价：58.00 元
（图书出现印装问题，本社负责调换。电话：010-88191545）

前　言

文化创意产业在经济社会的发展中具有重要作用，一方面，文化创意产业创造了巨大的经济价值，成为很多国家和地区经济结构中重要的组成部分，如日本、韩国、美国及欧洲国家等；另一方面，文化创意产业也带动了全球的文化交流，使文化可以面对更广泛的受众，让思想传播更加迅速。在这样的全球背景下，我国充分借鉴国际经验，加快发展文化创意产业。各级政府对文化创意产业的发展给予了高度的重视，国内文化创意产业呈现蓬勃发展之势，对社会发展及经济发展的重要意义日益显著。

但是，在我国文化创意产业高速发展的过程中，一些问题也日渐凸显，其中商业模式模糊成为阻碍业界进一步发展的难题。首先，国外成功的商业模式，照搬到国内往往难以奏效，新现象、新问题层出不穷；其次，文化创意企业管理的相关研究比较滞后，绝大多数文献还停留在理论分析或思辨式的泛泛而谈，缺乏和文创企业现实的紧密联系，研究成果难以指导实践；最后，文化创意产业传统商业模式已无法适应数字经济发展的大背景，文化创意产业在数字经济下发展空间越来越小。因此，笔者提出“文化创意企业数字能力与商业模式研究”这一主题，目的在于更好地回答“文化创意企业数字能力对其商业模式创新的影响”和“文化创意企业的数字商业模式的内在机制和运行规律”的问题。对于这个问题的解析，一方面要打开数字商业模式的“黑箱”，找出文化创意企业数字商业模式的本质、构成要素及要素间的关系；另一方面要通过观察“黑箱”里的要素运行，发现运行规律，找出其内在机制。

因此，本书首先对现有的文化创意产业相关研究成果、商业模式与商业模式创新理论、数字化与数字能力理论进行了系统的梳理及回顾。其次进一步探讨了数字商业模式的内涵、一般框架；结合文化创意产业这一特殊行业类别，提出了文化创意产业的数字商业模式构成体系，并对其中重要的构成要素“数字能力”进行了深入的探讨。再次重点观察了文化创意企业数字商业模式运行，通过案例研究的方法，对文化创意产业数字商业模式具有典型代表性的成功案例——中国雅昌集团有限公司、日本C社和北京重力聿画影视文化有限公司的数字商业模式进行了调研，不仅进一步发现了文化创意企业数字商业模式构成要素的具体内容与变化趋势，更揭开了这一数字商业模式运行过程的内在机制和规律。最后为了观察案例研究发现的“文化创意企业数字商业模式的内在机制和规律”是否具有普遍意义，采用统计实证分析的方法，向我国文化创意企业发放问卷300份，回收有效问卷288份，对获得的数据进行了定量分析。

本书得出以下几点重要的研究结论：数字商业模式是文化创意企业商业模式创新的表现，开放性是数字商业的基本特征之一，数字商业模式的重要性内容是数字能力与商业模式的交互效应。文化创意企业数字商业模式的内在机制是“数字机会发现+数字机会创造+内外部协同+数字运营+快速动态调整”。也就是说数字商业模式需要保持数字能力与商业模式的交互融合，将数字感知、数字协同和数字运营融入盈利模式的多元、市场定位的选择与控制以及经营系统的柔性的每一个环节。文化创意企业数字商业模式的规律运转，确保了文化创意产业“文化+科技”的发展模式，最终确保了文化创意企业在数字经济环境下形成新的竞争优势，从而实现企业创新绩效。

同时，本书还发现文化创意企业数字能力推动商业模式创新过程中价值变化的路径和存在的陷阱。文化创意企业数字能力推动其商业模式创新中存

目　录

第一章　绪论 ……………………………………………………………… 1

一、研究背景 ………………………………………………………………… 1

二、研究意义 ……………………………………………………………… 10

三、研究方法与技术路线 ………………………………………………… 13

四、潜在创新点 …………………………………………………………… 16

第二章　理论基础与文献综述 ………………………………………… 18

一、相关理论基础 ………………………………………………………… 18

二、相关研究 ……………………………………………………………… 30

三、相关文献综述 ………………………………………………………… 47

四、范围与内容 …………………………………………………………… 109

第三章　案例研究与内在机制的发现 ………………………………… 111

一、研究问题 ……………………………………………………………… 111

二、案例选择 ……………………………………………………………… 114

三、数据收集 ……………………………………………………………… 120

四、数据分析 ……………………………………………………………… 121

五、案例综合分析 …… 154
六、实证模型及研究假设分析 …… 172

第四章　实证研究设计 …… 176
一、问卷设计过程 …… 176
二、问卷初步设计 …… 177

第五章　统计实证分析 …… 187
一、信效度检验 …… 187
二、假设检验 …… 194
三、对结果的讨论 …… 195

第六章　研究结论和贡献不足 …… 199
一、研究结论 …… 199
二、理论贡献 …… 202
三、实践贡献 …… 205
四、局限与未来展望 …… 206

参考文献 …… 208

| 第一章 |

绪　　论

一、研究背景

（一）我国文化创意产业步入快速发展期

20 世纪英国首次提出了创意产业一词，随后文化与经济融合发展的思路逐渐进入全球的视野，各个国家和地区都逐渐意识到文化即将在经济领域引领一场变革，自此，各个国家和地区都开始推进文化及其相关产业的发展。进入 21 世纪以来，世界经济背景发生了巨大变化：一是各国和各地区都在倡导经济发展方式的变革，主张由粗放型的经济增长方式向集约型的经济增长方式的转变，在此背景下，文化经济与创意经济无疑会成为经济发展中的“弄潮儿”，在此基础上延伸的文化创意产业更是“新宠”。二是互联网的快速发展给各国和各地区经济发展插上了“新引擎”，尤其是近年来由互联网衍生出的大数据、区块链、云计算、人工智能等数字技术的发展更是加速了经济发展模式的转变，同时也带来了文化创意产业的快速发展，为世界经济作出了重大贡献。全球文化创意商品的出口从 2010 年的 29860 亿元增加到 2020 年的 37354 亿元，而同期全球创意服务的出口从 34717 亿元增加到 78416 亿元。[①] 2020 年，文化产业占全球 GDP 的 3.1%，创意产品和服务分

① 数据来源于联合国贸发会议《2022 年创意经济展望报告》，https：//www.ccpit.org/belgium/a/20221014/20221014ytgf.html。

别占商品和服务出口总额的3%和21%。此外，文化和创意产业提供了全球6.2%的就业，创造了近5000万个工作岗位。[①] 2022年，联合国贸发会议发布《2022年创意经济展望报告》称创意经济对可持续发展至关重要。中国、美国分别是最大的创意产品出口国、创意服务出口国。

当前，在新一轮科技革命和产业革命的推动下，经济发展方式正处于变革的关键时期。文化创意产业作为文化、知识、创意、科技相结合的新产业，无疑是中国经济由粗放型向集约型转变中的首选方式。一方面，文化创意产业能够凭借知识、文化、创意的优势，通过提供中间品可以渗透到不同的产业中，提高产业的附加值，从而带动整个产业链的升值；另一方面，文化创意产业本身也需要与其他产业融合发展，满足其他产业的发展需求。正是在一个全球文化创意产业蓬勃发展的趋势下，国外成熟经验不断积累，而我国也进入调整经济结构、推动经济高质量发展的重要历史时期，文化创意产业成为我国急需发展的黄金产业。文化创意产业是文化、科技、经济融合发展的产物，其不仅对推动发展方式转变、提高自主创新能力、培育新的经济增长点、促进产业结构优化升级具有重要作用。同时，发展文化创意产业对丰富人民群众业余文化生活、满足人民群众的精神文化需求具有重要的意义。

近年来，中国各级政府越来越重视文化创意产业的发展、文化创意产业与科技融合的发展，以及文化创意产业与其他产业融合发展。2014年《国务院关于推进文化创意和设计服务与相关产业融合发展的若干意见》要求地方政府必须重视文化产业发展。2016年“十三五”规划提出“推进文化业态创新，大力发展创意文化产业，促进文化与科技、信息、旅游、体育、金融等产业融合发展”，从国家层面提出文化创意产业与科技融合发展。2017年党的十九大报告中指出，要“健全现代文化产业体系和市场体系，创新生产经营机制，完善文化经济政策，培育新型文化业态”，这一要求为文化创意产业进一步发展指明了方向。2018年出台的《关于推进文化创意产业创新发展的意见》，明确“两个聚焦”：聚焦高端、高新和高附加值，推动文化创意产业结构升级、业态创新、链条优化；聚焦文化创意产业体系构建中

① 国家统计局，http：www.stats.gov.cn。

的九个新兴业态，即创意设计、媒体融合、广播影视、出版发行、动漫游戏、演艺娱乐、文博非遗、艺术品交易和文创智库，明确文化创意发展方向与“发力点”。2021 年“十四五”规划提出，“实施文化产业数字化战略，加快发展新型文化企业、文化业态、文化消费模式，壮大数字创意、网络视听、数字出版、数字娱乐、线上演播等产业”，进一步指出我国文化创意产业的发展要充分利用数字技术、数字能力，发展数字文化创意企业、数字文化创意商业模式等。

“政府搭台、企业唱戏”以文化创意产业为支柱产业，从国家到各级政府纷纷出台各项政策措施，文化创意企业成为政策倾斜的重点对象。在这样良好的发展环境中，我国文化创意产业取得了快速的发展，社会力量投资文化创意产业热情高涨，文化创意产品和服务逐渐丰富和多样化，并且不断融入科技创新元素。文化创意和科技创新相辅相成，“数字技术”“数字能力”“文化 +”成为共识，共同推动文化创意产业的发展。国家统计局年度数据显示，2019 年全年全国文化产业资产总计 2462292043 万元，文化产业营业收入 1350251519 万元，规模以上文化企业单位数 61232 个；2020 年全国文化产业资产总计 2741569830 万元，文化产业营业收入 1390045977 万元，规模以上文化企业单位数 63913 个；2021 年全国文化产业资产总计 2974935123 万元，文化产业营业收入 1638039518 万元，规模以上文化企业单位数 68358 个。从以上数据可以看出，2019 ~ 2021 年，我国文化产业在资产总计、年营业收入和规模以上文化企业单位数方面都呈上升趋势。

当前我国文化创意产业取得了大发展、大繁荣，日益显现出其在经济结构中的重要作用。文化创意产业已成为经济发展的重要动力，它的发展程度已成为衡量一个国家或地区整体实力的一个重要指标。文化创意产业在当今世界经济中发挥着越来越重要的作用，尤其是数字经济的快速发展，促进了经济结构的转型、产业模式的更新和文化消费的扩大。文化创意产业已逐渐成为全球的支柱产业。联合国贸发会议和其他机构在各自的报告中反复强调，文化和创意产业可以刺激创新，促进包容性和可持续增长。文化创意产业凭借数字技术与数字产业融合，数字创意产业应运而生，它融合了文化和数字技术，作为一个相对新兴的产业，逐渐成为新的经济增长极，促进产业升级。未来，以通信、物流、5G 等大数据、人工智能和区块链技术，将会对整个文化创意行业产生根本的影响，推动服务业的发展，例如文化创意、设计服务等方面，加快与实体经济的深度融合，有助于成为我国经济发展新的增长点，增强我国的文化软实力和产业竞争能力，推动新的业务形态、产品和服务的革新，扩大就业，改善民生。随着数字化信息技术迅速发展的成果在文化创意产业领域广泛应用，文化创意消费的“爆发式增长”势不可当。可见，我国文化创意产业不仅呈现了快速发展的良好势头，更是即将进入规模化发展的新阶段。

（二）数字能力对文化创意产业的影响

当前，全球数字经济的蓬勃发展正在引领一场新经济革命，新一轮技术和产业变革正在蓄势待发，新理念、新思维、新模式和新业态将对文化产业产生深刻影响，文化产业迎来了数字化生发、融合、转型的历史性发展机遇。以数字技术迭代为支撑的数字创意产业将为文化产业集约化蓄能、爆发式增长打开新的空间。在数字文化产业快速发展的拉动下，文化产业的市场竞争力有效提升。就当前文化产业发展趋势而言，文化产品和服务的生产与传播、消费的数字化、网络化进程加快，数字文化产业已成为文化产业发展的新动能和新增长点，具体表现为以下四点：一是数字文化产业越来越融入并引领文化产业发展的全过程、全领域，数字技术的应用和创意设计的融入，对传统文化产业发展产生革命性影响，使文化产业发展总体呈现数字化倾向和网络化发展态势。二是数字文化产业以其迅捷化、便利化、个性化、差异化、视听奇观化等消费特点，日益融入年轻大众的日常生活，成为文化消费的热点。三是云计算、大数据、物联网、人工智能与“互联网+”的广泛应用，在助力文化产业提质增效发展中，使中华文化“走出去”更加精准和有效。四是跨界创意融合成为数字文化产业发展的新动能，以创意融合驱动“中国制造”迈向“中国创造”，成为促进产品和服务创新、满足多样化消费需求、提高人民生活质量的重要途径。

科技创新正引导文创产业走向新的发展趋势，每次科技腾飞都会带动文创产业的更新换代，成为推动文创产业发展的重要内驱力。熊澄宇（2005）最早以科技融合创新视角将文化产业与科技创新结合起来进行研究，认为科技融合创新能够大大拓展文化产业的发展空间，加速文化产业发展。随后，尤芬等（2007）、解学芳（2007）等发现文化产业发展虽然表面上是受我国经济长波的影响较大，但从本质上看，科技创新是决定文化产业发展的主导性因素，且文化产业与科技创新在融合发展过程中也表现出较为明显的内在规律性，主要表现为文化产业的演化周期与科技创新周期呈高度正相关性，即文化产业的演化周期随科技创新周期的缩短而缩短。科技创新的不断更新和应用不仅推动着对文化内容和创意革新，也丰富了文化产品的载体形式，推动着文化产业向更高层次不断发展。一方面文创产业通过科技创新实现了文化创意的产品化以及可视化，而可视化的文化创意产品反过来又催生新业态，成为经济发展的新增长点。可视化的文化创意产品使传统文化产品的功能得到增强和拓展，在促进传统文化相关产业改造的同时，增强了传统文化元素自身的表现力和感染力，促进了传统文化产品生产制造效率的提升，使之在降低成本的同时提升了价格竞争力。另一方面科技创新能够推动传统文化产品的营销渠道得到创新和优化。尤其是在互联网新媒体快速发展的时代背景下，科技创新能够让人们对产品的认知与体验发生根本性改变，可以说，依托于“互联网 + 文化”的科技创新为新型文化创意业态的滋生创造了沃土。

专家认为，文创产业要实现“弯道超车”“换道超车”必须抓住产业数字化发展的重要机遇，打造有效连接文化创作、生产、传播和消费等各个环节的全数字化新链条；力求在文化数据的采集、加工、交易、分发和呈现等领域，培育一批在全国乃至国际领先的新型数字文化企业；开发数字前沿技术与文创产业融合共生的应用场景，发展线上线下一体化、在场在线相结合的数字文化新体验；加快布局高附加值、高融合度和持续性强的数字经济新赛道，拓展文创产业的价值新蓝海，形成与城市数字化转型相匹配的文化发展新格局。

在计算机及信息科学技术飞速发展的大背景下，以信息数字化为主的文创产业打通了知识共享的渠道，呈现出爆发性增长的局面。在数字化信息环境下，科技创新与文创产业的发展本质上归于智能创新，IT（信息技术）、DT（数据科技）、IOT（物联网）、云计算、大数据以及人工智能为文创产业走新型产业化道路提供了新的平台。大数据、虚拟现实等新技术的出现也大大改变了文化创意产业的生产、传播和消费方式，市场上也由此出现了新的服务和交易行为，大众对非物质商品的追求也达到了一个全新的高度，产业价值链更加复杂、广泛地影响了文化创意产业的传统商业模式，从而促进了传统文化创意产业的发展。从区域系统层次来看，新技术的发展与城市文化创意产业具有较大的相关性。技术发展直接作用于城市文创产业的发展，不断推动城市文创产业产生新知识、新技术、新文化，推动城市中多种产业经济增长要素的重新组合，建立起城市内联系更紧密、更具生命力的产业。从集群系统层次来看，技术发展推动了文创产业园区的创新效应极化和外溢，产生了产业集聚区的技术平台极化效应与带动效应。文创产业园区在生产传播等方面发生的巨大变化，大大提升了非物质的商品化程度，改变了传统的文化产业模式，扩大了市场，也使参与市场的各方联系更加紧密，更为丰富的产业价值链因此形成。而文化创意产业的不断发展，也催生了更多包含多种关系的产业集群，如关联性集群、竞争性集群等，从而反作用于文化创意产业的进一步扩大发展。

同时知识付费是在现代科技加持下出现的新型文化产业。在知识经济时代，文化不仅能够直接转化为具有商业价值的产品，也以提升知识服务效率的方式获得丰厚利润。随着人们对优质知识的需求逐步提升，知识付费市场的规模正在逐步扩大，各大企业开始抢占知识付费市场，喜马拉雅、微信、微博等纷纷推出付费听书、付费问答等服务，视频网站、智慧屏也纷纷开启了影视付费等项目。知识付费的兴起也能够有效带动文化创意产业进一步向知识型与创新型方向发展。在文化创意产业领域，知识产权受侵害是一个持续存在且不容忽视的问题，对文化创意产业的发展造成了负面影响。但在数字能力的加持下，其可以得到有效解决。区块链技术作为数字能力技术层面的一种能力，能够发挥积极作用。区块链技术是一种集成了加密算法、点对点传输的中心数据库技术，能够实现不同数据之间的关联与溯源，在知识产权保护方面有着广泛的应用前景，给我国文化创意产业的发展带来了福音。

综上所述，可以发现当前我国数字能力对文化创意产业的影响很大，但是仅停留在对数字能力技术层面的运用，学者们大多探讨了数字技术能力对文化创意产业发挥了作用；但是并未从数字能力的内在含义层面探讨其对于文化创意产业的影响，数字能力对文化创意产业影响的内在机制与规律还缺乏深入探讨。从学者们对数字能力的定义来看，数字能力不仅是一种对数字技术的运用能力，还表现为企业内外部技术、资源、机会与能力相互结合、彼此协奏以适应数字环境变化的一种动态能力，具体可划分为数字感知能力、数字协同能力和数字运营能力三大维度，但是现有研究并未体现出数字能力的动态性，也未从数字能力的三个维度来分析其对文化创意产业的影响，未明晰数字感知能力、数字协同能力和数字运营能力如何与文化创意产业产生交互作用，从而带动文化创意产业商业模式的创新。

（三）文创企业数字商业模式现状

文化创意产业对于促进经济增长具有巨大的推动作用，是社会、经济发展到一定程度的必由之路。目前我国文化创意产业正进入发展的关键时期，数字经济背景下构建什么样的商业模式，如何利用商业模式创造价值、获取价值，从而在数字经济的浪潮中赢得竞争优势，实现盈利成为文化创意企业不得不直面的问题。文化创意企业的长久发展离不开有效商业模式的支持，因而对文化创意企业数字商业模式进行研究具有重要的现实意义。与此同时，文化创意产业管理理论研究的严重滞后，与文化创意产业快速发展的现实格格不入，文化创意企业数字商业模式这一研究主题在以往文献中并未很好地被关注和解析。

纵观研究历程，商业模式创新这一概念最早起源于战略管理学与工业经济学，后来还得到营销学等学科的广泛关注。近年来，在数字经济背景下，商业模式创新开始关注于数字能力方面，学者们对商业模式的创新也逐步转向数字商业模式，如魏江等（2014）指出商业模式创新受到数字技术和网络技术的深刻影响，但许多企业尤其是中小企业和传统企业对大数据背景下的商业模式创新依然面临较多困惑，缺乏深刻和系统的理论指导，急需开展“大数据时代”对商业模式创新的影响研究。乔晗等（2020）研究热点从最初的商业模式与技术创新的关系、商业模式创新的概念内涵与机制逐渐演化为可持续性商业模式创新、商业模式创新的服务化与数字化趋势。商业模式创新反映的是价值创造内容和逻辑的创新，作为数字能力其中一种形式的大数据具有创造性破坏商业模式的潜能。曾锵（2019）认为在数字化背景下具备大数据能力可以帮助企业在复杂的动态环境中洞悉并无限接近消费者的真实需求，发掘市场机会，提出精准的价值主张，进而驱动商业模式的变革。徐远彬和卢福财（2021）认为在互联网背景下，企业商业模式创新更多地体现为围绕用户体验、平台和内容为客户实现价值增值的过程，仝自强等（2021）认为互联网倒逼传统商业模式的转型和升级。以上学者虽然指出当前商业模式创新要与数字化结合，但却只从概念层面提出，未明晰数字商业模式的内在逻辑与运行机制，也未表明文化创意企业数字商业模式创新如何实现。

在数字经济发展背景下探讨文化创意产业数字商业模式创新形成机制，以促进数字技术与创意经济融合、创新发展至关重要。刘洋（2020）指出在数字经济时代，数字技术正在不断重塑组织的业务生态与价值创造方式，马丁等（Martín et al.，2021）、维尔霍夫等（Verhoef et al.，2021）提出，数字商业模式是指数字技术从根本上影响了企业构建和开展业务的方式，从而为客户、企业本身及其合作伙伴创造价值的方式。但是现有对于文化创意企业商业模式的探讨主要集中在价值实现路径，即价值增值的创意产业化路径，包括价值创造、价值开发、价值捕捉、价值挖掘、价值实现的过程；也包括产业集聚、产业创意化的过程。对于文化创意产业盈利模式的探讨主要关注价值链定位模式、价值链延伸模式、价值链分解模式、价值链整合模式。以上学者对于数字商业模式的探讨为我们理解文化创意企业在数字时代的生存逻辑和市场表现提供了有效的切入视角。首先，这些研究重点关注价值创造，没有将价值获取考虑进去，集中在产业价值链上进行分析，缺乏商业模式反映企业价值创造与价值获取的全局视野，对于企业的具体实践难以产生指导意义；其次，已有研究没有分清商业模式在产业层面的一般框架及在企业层面的实际运行，难以形成从宏观到微观的深入剖析，更难以发现文化创意产业商业模式的本质、构成及其内在机制；最后，已有研究未将数字能力融入企业价值创造和价值获取的全过程，其价值创造和价值获取并未体现数字能力的作用。

哈内尔特等（Hanelt et al.，2021）指出数字技术发展正在改变商业模式，改变了企业进入市场和创造价值的方式，促进新的产品和服务的生成；数字转型致使产品、功能和合作伙伴网络的调整，并推动商业模式的演变。

笔者认为文化创意企业数字商业模式的研究首先应该找出本质特征，继而揭开数字商业模式的“黑箱”，看到其构成要素；最重要的是观察数字商业模式中的运行规律，发现其内在机制，弄清数字能力如何改变文化创意企业原有商业模式的各阶段，如数字感知能力、数字协同能力、数字运用能力具体如何与商业模式产生交互效应，从而给文化创意企业带来一种新的商业模式——数字商业模式。而这些问题在已有文献中都还没得到充分解析。

（四）数字能力如何影响文创企业商业模式创新有待深入探讨

数字化能力是企业商业模式创新的动力机制和重要的路径保障，学者们也进行了相应研究，从数字能力的不同角度分析了其对企业商业模式创新的影响，如钦等（Chin et al.，2019）认为数字化智能能力是企业开展数字化创新的基础。企业能借助数字化改造后的软件和硬件收集大数据信息，这些信息可以为数字化产品和服务的创新起到积极的作用。古安等（Chuan et al.，2019）认为数字化连接能力能够将企业的模块和企业所处的整个价值网整合在一起。一方面，企业可以通过数字化连接能力，不断地从价值网中搜寻和吸收与商业模式创新相关的资源和知识；另一方面，企业还可以重新组合内部资源，实现企业内部资源与外部资源的最优连接和匹配，推进企业商业模式创新。马吉克萨克（Majchrzak，2019）认为数字化分析能力有利于发现消费者的需求偏好信息，为企业的智能决策和运营策略动态调整提供支撑。在及时获取市场机会的同时，不断改进企业内部的各种流程，不断优化内部的资源配置，以实现新的价值创造和价值获取方式。企业数字化能力的提升不仅可以促进企业的渐进性商业模式创新，还可以促进企业的颠覆性商业模式创新。

企业数字化能力对商业模式创新的影响路径主要体现在三个方面：首先，数字化能力是企业对外部环境变化及时作出调整与反馈的赋能因素。数字化能力使企业组织价值创造和价值获取方式发生变化，企业商业模式的其他组成要素如顾客关系、供应商网络和盈利模式等必然发生相应调整。其次，数字化能力是商业模式持续改进、创新的赋能因素。企业运用数字化能力能更好地洞察运营管理的各个环节，从而更好地制定运营管理战略、提高运营效率。最后，数字能力是企业克服组织惰性的关键因素。由于商业模式调整存在路径依赖，随着时间推移，已建立的商业模式产生越来越强的组织惰性，企业需要借助数字化能力不断打破组织惰性，不断推动商业模式创新。目前关于数字能力如何影响文创企业商业模式创新探讨并未深入路径层面，还仅存在于对数字技术的采用，而数字经济时代的文化创意企业商业模式创新的路径和机理还需要更深入地探讨，如图 1 - 1 所示。笔者认为有必要从数字能力的各个维度来分析文化创意企业商业模式创新的具体路径，以此为文化创意企业的可持续发展奠定基础。

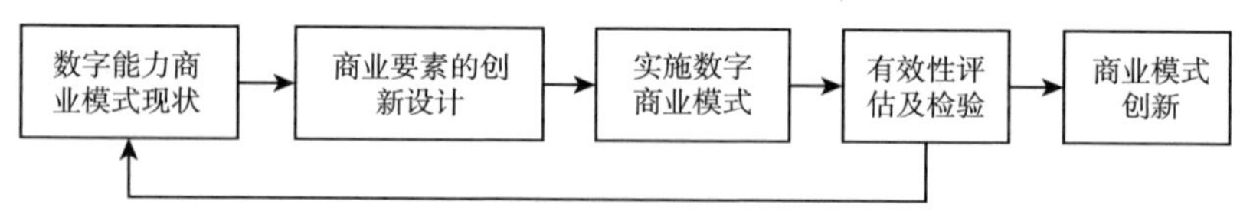

图 1 - 1　商业模式创新的实施

二、研究意义

（一）理论意义

1. 丰富和深化了数字化理论的研究。数字经济逐渐在我国发展起来，与此同时数字经济、数字化等理论开始受到学者们的重视，学者们从不同角度来分析数字化技术对企业创新、商业模式、创新绩效等产生的影响，但是数字化理论并不仅仅是指数字技术，如大数据、区块链、云计算、人工智能等，也体现为企业内外部技术、资源、机会与能力相互结合、彼此协奏以适应数字环境变化的一种动态能力。本书通过探讨数字能力的三个维度（数字感知能力、数字协同能力、数字运营能力）如何影响文创企业价值捕获、价值创造、价值获取的方式，从而影响其商业模式，拓展了数字化理论的使用领域与研究角度，将数字化理论从制造业拓展到了服务业领域，并探讨了数字能力与商业模式的交互效应。

2. 丰富和深化了创新理论的研究。目前理论研究多围绕制造业展开，用于文创领域的研究还比较少。文创产业概念产生时间很晚，研究发展时间较短，还有很大的学术空间有待探索。文创产业的创新模式与制造业截然不同，两者在价值创造方面拥有完全不同的机制。推动制造业发展的内在动力主要是技术、资本以及劳动力等要素，而文创产业的创新则不仅仅依靠这些传统创新技能，而且还需要凝聚人类情感和审美情趣的软创新能力，通过探索文创产业的创新以及系统模型构建，有利于丰富和深化传统创新体系研究，为创新理论注入新的血液。

3. 丰富和深化了数字商业模式理论。商业模式一词最早出现于 1957 年，但是并未引起学术界的关注。直到 1999 年商业模式的研究在学术界才迅速升温，这个时期，学术界对商业模式的研究主要聚集在商业模式概念（如商业模式内涵、要素构成、分类）和传统商业模式创新的前因与结果（如商业模式创新动力、商业模式创新过程、商业模式创新评价）两个方面。随着数字经济的发展，数字能力已成为新创企业获取可持续竞争优势的关键要素（Nambisan，2017），对企业生存、发展以及数字化转型都极为重要（朱秀梅等，2020；Levallet & Chan，2018）。然而，现有研究却对此关注不足，对数字能力的本质内涵和特征，以及数字能力在数字环境和创业情景下如何影响企业创新活动等问题尚没有充分地讨论与回答，关于数字能力的研究尚处于基础理论研究阶段，缺乏实证研究来验证理论，其概念和研究框架也急需搭建。数字经济背景下，商业模式创新结合了新的时代特点，出现了数字商业模式，但是目前学术界对数字商业模式的研究很少，主要聚集数字商业模式的定义和数字技术的采用如何影响商业模式、推动商业模式创新，但对数字商业模式的运行机制和内在规律缺乏探讨，本书通过探讨文创企业数字商业模式，有利于丰富数字商业模式理论研究。

（二）现实意义

1. 经济发展。文创产业创新对经济发展具有引领作用和裂变效应。所谓引领作用，主要是说文创产业创新对经济的可持续发展特别是对产业结构的优化具有越来越重要的作用。而所谓裂变效应，主要是指文创产品的巨大的发展和复制效应。文创领域高端产业群具有知识密集性、高附加值和高整合性，对提升我国产业经济总体水平，优化产业结构的作用不可小觑，恰是转变经济增长方式，实现经济高质量发展的最佳切入点。

2. 文化繁荣。党的二十大再次提出要建设社会主义文化强国，将文化繁荣放在国家战略角度。文化作为一种软实力，在经济发展、社会进步、国家繁荣中发挥着重要作用。因此，文创产业创新发展是文化战略地位提升的实践需要。文化复兴和繁荣是发展文创产业最直接的使命，需要通过文创产业的不断创新，借助高新科技研究成果，改造传统文化的生产经营和传播模式，促进传统艺术展示的推陈出新，推动文化交流和传播渠道的升级换代。

3. 国家竞争。近年来，文化越来越成为综合国力竞争的主要因素，发展文创产业是增强综合国力的迫切需要。文创产业创新作为科技力量和经济力量涉及硬实力，作为文化认同又涉及软实力，在硬实力与软实力之间具有互相连接的桥梁纽带作用。我国是文化资源大国，但还不是文创品牌强国。文创产业的数字商业模式的创新发展有助于我们以时代的视角、全球的眼光、创意的方式演绎中国形象。在开发和利用本土文化资源上，革故鼎新，将绚丽多姿的华夏文化资源宝库活化为财富矿藏和灵魂沃土，造福子孙后代的同时，通过多层次的文创产品和服务将五千年的灿烂文明转化为全世界共享的文化财富，传播优秀的国际文化形象，形成持续的国家竞争优势。

4. 企业竞争。本书有助于文化创意企业重视培养和提升企业数字能力，抓住及创造数字机会，重视、理解并运用数字机会发现和数字机会创造在数字能力与商业模式创新关系间的关键作用。文化创意企业可以基于数字能力与多主体进行联系，获取丰富外部资源，从而调整数字机会和资源匹配方式，创新企业价值捕获、价值创造、价值获取的方式，最终帮助文创企业实现数字商业模式，获得独特竞争优势与创新绩效。

三、研究方法与技术路线

（一）研究方法

本书依据管运芳（2022）提出的数字能力的三维度构建了数字能力的构成要素，并利用商业模式价值三角逻辑对其进行了检验。结合文化创意产业特点及已有文献的研究成果，形成文化创意产业数字商业模式构成体系，并对数字商业模式的本质特征——开放性进行了分析，具体分析了文化创意产业开放商业模式的构成要素和运行机制。本书精选了三个文化创意企业的典型成功案例，多方收集材料进行深入分析，提炼并抽象出文化创意企业数字商业模式的内在机制。针对该内在机制，提出可以进行检验的关系逻辑，借助大样本问卷的发放、收集和实证，对关系逻辑进行部分验证，并对实证结果进行解释。本书主要运用的研究方法如下。

1. 文献综述。本书首先对相关领域的现有研究成果进行一个全面深入的把握，更好地借鉴前人研究的成果，同时也为后续研究提供思路。本书对文化创意产业研究现状、商业模式与商业模式创新研究、数字化与数字能力研究、数字商业模式研究展开文献阅读分析，形成文献综述报告。在此基础上，提出了研究文化创意企业数字商业模式研究的思路，既包括文化创意企业数字商业模式的外在特征，也包括文化创意企业数字商业模式的内在构成和内在机制。此外，文献综述的方法还贯穿在案例分析的迭代及统计实证设计及其对结果的讨论中。总之，文献综述是本书非常重要的基础性研究工作。

2. 案例分析：叙事分析法与内容分析法。由于文化创意产业相关研究开始较晚，再加上数字化、数字能力的发展给文化创意产业带来了新机遇与新挑战，能够直接借鉴的理论非常有限，因此本书充分对文化创意企业进行了实地考察与调研，选取具有典型代表的三个文化创意企业，在充分收集二手数据及资料的同时，应用深度访谈法获取必要的一手资料，并采用叙事分析为主的数据分析策略进行案例分析。叙事分析法是按照事件和要素发生的先后顺序和相互关系进行梳理，然后对现象进行厚实的描述以重构关于现象的“故事”的一种方法（Boje，2001；Langley，1999）。本书首先将每个案例单独深入分析，就单个案例展开讨论并且有所发现，然后再进行三个案例的对比分析，关注相同的地方和不同的地方，从而推导分析结果。

3. 实证研究。本书根据定性研究结果，并对相关理论进行了对比分析，提出可以检验的关系逻辑。继而综合利用相关概念的操作化定义、相关文献设计的测量量表以及定性研究结论设计问卷，并且问卷通过文化创意产业业界专家的进一步分析，提出了具体的修改意见，在初步修改后又进行了30份问卷的模拟测试，通过模拟测试对原调研问卷进行了更加细致的修正。基于以上问卷设计、修改过程后，本书才进行了大规模的正式抽样调研。在获得样本数据后，对数据进行分析，其中包括对各潜变量进行信度检验、运用探索性因子分析对量表的信度与效度进行评价；采用SPSS工具对样本数据进行分析，从而检验本书提出的关系逻辑是否得到数据的支持。检验完成后，根据检验结果进行了充分的讨论与解释。

（二）技术路线

本书秉承“提出问题、分析问题、解决问题”的整体思路，其技术路线如图1-2所示。

第一，提出问题与研究回顾，包括第一章和第二章。在第一章中提出研究背景、研究目的与意义、研究方法及技术路线，以及本书的创新点。第二章首先对本书需要运用的理论进行综述，包括创新理论、资源理论、动态能力理论、数字化理论；其次对文化创意产业领域相关研究进行回顾，包括基础概念及研究发展；最后对数字化与数字能力、商业模式与商业模式创新相关文献进行综述。

第二，分析问题与模式构建，第三章通过多案例分析，在分析过程中按照以下框架进行：首先运用管运芳（2022）提出的数字能力三维度分析数字能力如何在文创企业商业模式创新中发挥作用；其次将商业模式“价值三角形”（市场定位—经营系统—盈利模式）与数字能力相结合；最后构建出数字商业模式研究框架。运用搭建的框架对三个文化创意企业成功典型案例进行深入研究，运用时间线结合叙事分析及内容分析的方法对典型案例进行个案分析，再进而比较三个案例的共同点和不同点，进一步展开数字商业模式构成要素的内涵及发展，同时发现了数字商业模式运行的内在机制和本质特征。

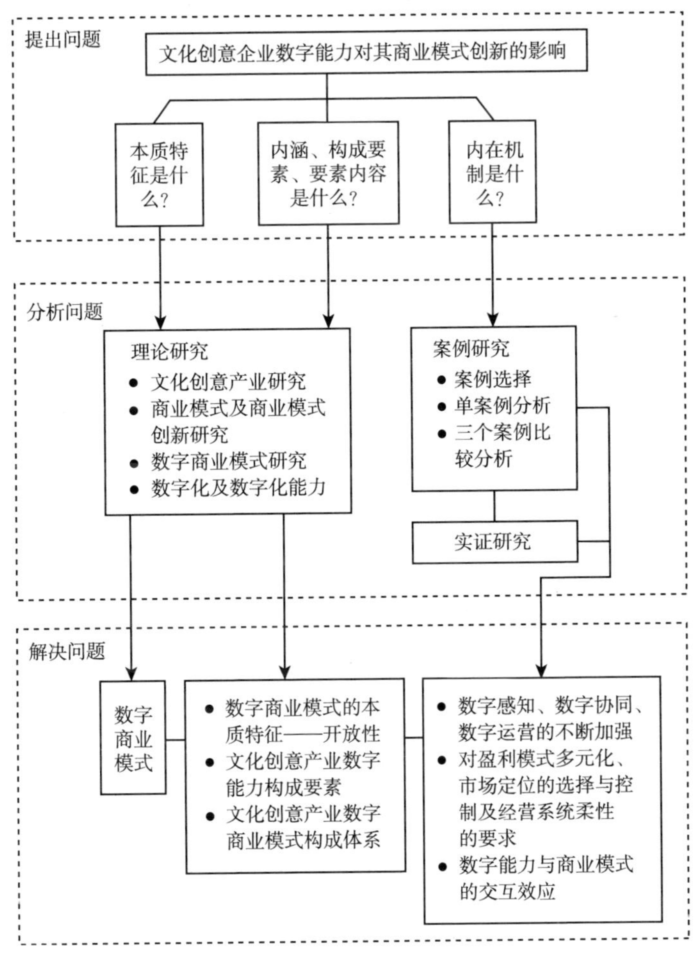

图 1－2 技术路线图

第三，关系逻辑的检验，包括第四章和第五章。根据多案例研究结果，为了进一步探讨此内在机制的一般意义。第四章综合利用相关概念的操作化定义、相关文献设计的测量量表以及定性研究结论，设计问卷、修改问卷、测试问卷、发放问卷。第五章对研究假设进行实证分析，采用 SPSS 工具对样本数据进行了统计分析。首先对因变量创新绩效、自变量数字能力、商业模式内在机制循环调试效率进行了信度、效度的分析，然后对因变量创新绩效、自变量内在机制循环调试效率，以及控制变量等进行了相关分析及回归分析，从而检验其关系逻辑。

第四，研究发现与结论。第六章总结了本书的结论、贡献和不足，在实践上提出全面优化数字能力三个维度和商业模式“价值三角形”总体策略；在理论上为文化创意企业数字商业模式研究、企业管理研究以及数字能力提升的进一步研究提供了切入点，并指出未来进一步研究的方向。

四、潜在创新点

第一，本书结合已有研究，从抽象到具体，提出了数字商业模式的一般框架、文化创意产业数字商业模式构成体系，并重点探讨了数字商业模式的构成要素和运行机制，从而打开了文化创意企业数字商业模式的“黑箱”，看到了“黑箱”里面的构成要素及内容。

第二，本书将数字能力引入文化创意产业，从数字能力的数字感知能力、数字协同能力、数字运营能力这三个维度来分析文化创意企业具体如何发现数字机会，用数字机会来创新其原有商业模式，并构建了数字能力与商业模式的交互效应，而不是将数字能力作为中间变量或调节变量来检验其商业模式的关系。

第三，本书通过定性与定量相结合的分析方法来检验文化创意企业数字能力对其商业模式创新的影响。通过三个实际案例的单个分析和对比分析，解释了数字能力三个维度如何具体作用于企业商业模式创新的“价值三角形”；通过问卷分析，用数据来进一步检验案例演绎的结果，更具有说服力。

第四，本书将数字商业模式的基本特征之一——开放性进行了具体分析，探讨了文化创意企业开放商业模式的构成和内在机制，并分析数字能力带来的开放性如何帮助企业创新其商业模式，与此同时观察到了其价值变化的过程，即从数据价值到情感价值再到文化价值。

第五，本书在分析数字能力对文化创意企业商业模式创新的积极影响时，也分析了其数字能力对商业模式创新存在的陷阱。通过分析其潜在陷阱，帮助文化创意企业进一步改善数字商业模式运营的内在机制和规律，避免数字商业模式的潜在陷阱。

| 第二章 |

理论基础与文献综述

一、相关理论基础

（一）创新理论

1. 创新理论的内涵。创新理论最早源于美国哈佛大学教授约瑟夫·熊彼特（Joseph Schumpeter），在1912年发表的《经济发展概论》首次提出“创新”。熊彼特认为创新就是指把一种新的生产要素和生产条件的新组合引入生产体系，建立一种新的生产函数。创新应该包括五种形式，即引入一种新产品、采用一种新的生产方法、开辟新市场、获得原料或半成品的新供给来源以及建立新的企业组织形式。熊彼特认为，创新和发展并非从企业的外部强加而来，而是从企业内部自发形成的，这实际上强调了创新过程中企业自身的本源驱动和核心地位。随后，学者们又将创新与能力结合起来，伦纳德（Leonard，1992）最早将创新能力从核心能力中分离出来，并指出可从技能和知识维度、技术系统维度、管理系统维度及价值维度理解创新能力，但并未给出创新能力的明确定义。此后，杜塔和拉辛汉（Dutta & Narasimhan，2005）基于资源基础论指出能力是介于资源与目标之间的一种“转化效率”，并使用研发能力对创新能力进行计量分析。国内学者陈力田和赵晓庆（2012）通过对企业创新能力相关文献进行梳理后认为创新能力的内涵经历了“能力—核心能力—吸收能力—动态能力—创新能力”的演进过程。李大赛等（2016）认为创新能力是企业为适应市场需求，不断使新技术与现有技术知识相整合，从而形成竞争优势的一种综合能力。魏轩和陈伟（2019）认为创新能力的内涵随其研究的理论背景变化而存在差异，但大体上仍具备明确的理论概念边界。

2. 创新理论的分类。随着学界对创新理论研究的深入，学者们区分了不同的创新类型。

（1）开放式创新。开放式创新最早在 2003 年提出，亨利·切斯布罗（Henry Chesbrough）认为企业应将其内外部创意结合起来，然后利用内外部通道对产品和服务进行商业化推广，从而实现新的价值。黄等（Huang et al.，2011）认为开放式创新本质上是各种创新要素互动、整合的动态过程，要求企业与所有利益相关者建立紧密的联系，实现创新要素在不同企业、组织及个体间的共享。

（2）协同创新。协同的意思是为共同的目标而协同工作，以获取“1 +1 >2”的效果。真正的协同不是来自容易被模仿的互补效应，而是来自知识、经验和技术的协同。关于协同创新的研究主要集中在产业集群、战略联盟及产学研合作等领域，具体包括市场—技术、技术—战略等两要素协同模式；市场—技术—管理、战略—管理—组织、技术—制度—管理三要素协同模式；产品—组织—工艺—文化、技术—战略—市场—管理—组织—资源—文化—制度等多要素协同模式。协同创新涵盖了合作创新与战略联盟，关注和强调各要素互动所产生的协同效应。因此，协同创新是开放式创新的发展，各创新主体之间的信任、合作、价值共创与共享尤为重要。

（3）持续性创新。持续性创新是指基于已有的价值网络，针对主流市场的现有客户，通过对客户重视的技术属性、产品属性或商业模式进行稳定而持续的创新方式，也是对现有性能的延伸改进。持续性创新能够为客户提供更多或更好的产品或服务，进而强化一个行业的既定产品性能轨迹（Christensen & Raynor，2003）。持续性创新建立在企业已有的价值网络基础上，不需要企业改变其战略方向。

（4）激进式创新。激进式创新是指突破现有技术轨迹和产品形态，对技术原理、产品设计以及服务理念进行创新的一种创新方式。虽然激进式创新并不拘泥于主流市场，可面对新兴市场（Govindarajan & Kopalle，2006），但该创新方式往往更聚焦于主流消费者看重的技术和产品发展方向。有别于其他创新方式，激进式创新更注重全新的技术发展，并基于新技术来开发新产品（Dewar & Dutton，1986）。

（5）突破性创新。突破性创新是指对已有技术、产品或服务进行突破和转变的创新方式。突破性创新往往并不拘泥于已有的用户需求，而是追求对尚未被主流消费者意识到的潜在需求，表现为对全新技术的研发、对已有知识的创新应用以及对产品或生产工艺的突破性革新（O'Connor & Martino，2010；Chandy & Tellis，2000）。

（6）颠覆性创新。颠覆性创新是一种专注于开发主流市场忽略的新颖想法或产品性能的创新方式。颠覆性创新往往扎根于低端市场，以更低的成本提供产品和服务，凭借对产品性能属性的快速提升，进而持续地向高端市场的竞争对手发起挑战，甚至最终取代现有技术和产品（Christensen，1997）。颠覆性创新更强调提供简单、可获得、可负担得起的产品和服务（Bergek et al.，2013），更重视低端市场或新兴市场客户的价值体验，更注重改进产品的关键价值属性以匹配用户的潜在需求（Govindarajan & Kopalle，2006）。颠覆性创新是一种从现有业务中悄然兴起的技术、产品或过程，可以表现为一项成功的开拓性产品、服务或商业模式，该理论解释了为何许多主流市场企业在竞争中会被实力弱小的非主流市场的新创企业所颠覆（Si et al.，2015）。

除了上面的分类外，学者们根据其他标准对创新进行了更具体的划分。如根据创新的内容，创新被划分为技术创新和管理创新两种类别（Daniel et al.，2020；雷骅，2019）。技术创新是指新的技术、产品和服务（Koren & Palcic，2015），侧重于开发或改进的产品和服务，并将其成功引入市场，以及采用新的或改进的生产和销售方法，包括新产品和过程的开发、修改或改进（Avermaete et al.，2003）。管理创新通过决策、组织结构、人事管理、产品营销或公司信息系统等领域的变化来改善企业的管理流程，包括新的程序、政策、组织结构和管理方法（Ruiz-Moreno et al.，2016）。也有学者在此基础上进行细化，如米格达迪（Migdadi，2019）将创新细化为产品创新、过程创新、营销创新和管理创新四种类型。安德森等（Andersson et al.，2020）则将创新划分为产品创新、过程创新、服务创新、商业模式创新。

3. 创新理论在本书的应用。创新理论认为，创新与创业成功息息相关。

在创业研究领域，越来越多的学者开始关注创新理论在创业过程中的重要作用。有学者认为，商业模式创新的过程是不同于技术创新的新的表现形式，它并不等同于传统的过程、产品和组织创新，新颖的商业模式可能成为行业颠覆的来源（Ghezzi & Cavallo，2020；云乐鑫等，2017）。尤其对于数字时代下的文化创意企业而言，数字技术的快速发展更易于改变文创企业的价值主张、盈利方式、战略方向、伙伴界面和组织结构等方面的创新过程，从而必然会催生新的商业模式，这种商业模式的创新更贴近于颠覆性创新方式（周江华等，2012）。此外，有学者提出创业者的积极情感和决策逻辑等主观因素也会对文创企业的创新过程产生影响（Baron，2008）。因此，创新理论为以文创企业为研究对象的商业模式创新探究提供了理论基础，也为创业者情感因素、决策逻辑因素与商业模式创新之间的关系提供了理论支撑。

（二）资源理论

1. 资源理论的内涵。资源对组织发展至关重要，独特的资源不仅可以使企业持续获得竞争优势，还可以减少对外部环境的依赖。维尔纳费德（Wernerfelt，1984）最早对资源进行明确界定，将资源定义成为特定组织带来优势或者劣势的各种有形资产和无形资产。该定义从广泛的资源优势、资源劣势两个方面理解资源对组织的影响，强调资源与组织之间的专有性、特定性联系。巴尼（Barney，1986）指出，企业可以在战略要素市场中获取资源，只有当资源的购买成本明显小于其潜在价值的时候，企业才能够从市场中获得超常的利润收益。巴尼（1991）将资源定义为组织掌控的有利于其构思战略、实施战略从而提升效率和效力的各种要素集合，提出有价值、稀有、难以模仿、不可替代四种资源特征与组织持续竞争优势获得密切相关，在后续资源基础理论研究中得到了最广泛引用。彼得（Peter，1993）将资源特征与竞争过程联系起来，从资源异质性、流动限制、竞争前端和后端限制四个方面提出了持续竞争优势存在的潜在条件。另外，这些文献将资源概念不断拓展和延伸，初步提出了知识、能力、动态能力等后续研究中的重要概念。例如，科格特和赞德（Kogut & Zander，1992）讨论了知识作为一种资源的重要性，为后续知识基础观的发展奠定了基础。

巴尼（2018）从多种角度对组织资源进行研究，资源基础理论成为其中最主要的理论基础。彭罗斯（Penrose，1959）最早在专著《企业成长理论》里提出了资源基础视角，根据资源差异分析企业成长，将企业有效性界定为能够成功获取关键资源、整合不同资源以及管理资源的能力。20 世纪 80 年代，维尔纳费德（1984）等学者正式提出资源基础观，为竞争优势研究打开了区别于产业组织观的新思路，相同行业内、不同企业间的资源差异成为解释竞争优势来源的关键。此后，资源基础观进一步发展完善，衍生出动态能力、动态资源观、知识基础观、资源管理、资源拼凑、资源编排等新的研究内容，逐渐拓展成为更丰富的资源基础理论。

2. 资源理论的分类。

（1）资源基础理论。资源是企业参与竞争的必要条件和核心能力，维尔纳费德（1984）提出，企业拥有诸多不同的有形或无形的资源，这些资源可转化为企业独特的能力。而企业是各种资源的集合体，企业资源的异质性决定了其竞争力的差别。资源基础理论强调，特殊的异质资源是企业竞争优势的来源，也是绩效差异的主要诱导因素，这种资源不可模仿和复制，企业通过不断地获取特殊资源并加以管理可实现企业竞争优势的可持续性。

（2）资源依赖理论。企业是嵌入于社会的，与其他社会成员共同作用构成社会环境，环境的不确定性不可避免地对企业的生存和成长造成影响。普费弗和萨兰西克（Pfeffer & Salancik，1978）提出，组织为了生存需要从其他组织或社会成员处获取自己不具备的资源，这种资源可以是资金、技术、人力等。因此，资源依赖理论强调组织对环境的依存性，即组织必须从依存的环境中获取必需的资源才能得以生存和发展。对于初创过程中受环境不确定性因素影响较大的企业，尤其是自有资源相对有限的平台企业，资源依赖理论具有更好的指导作用。

（3）资源拼凑理论。贝克和纳尔逊（Baker & Nelson，2005）正式提出了资源拼凑理论，即企业家通过手头要素的重新组合并加以利用来创造新的机遇并应对挑战。杜伊麦健和林（Duymedjian & Rüling，2010）认为这种拼凑可能是为了新目的扩充或重新配置手头资源而发生于企业内部；也可能为了实现一个共同的目标拼凑各合作伙伴的资源而发生于企业外部。瓦内韦霍温（Vanevenhoven，2011）认为不论资源拼凑是发生在企业内部还是外部，它都能通过将现有资源引入“重组函数”来生成新资源，从而为企业家提供有效方式使其从资源识别快速且成功地转向资源利用。

（4）资源编排理论。随着企业资源数量和种类逐渐增多，资源管理不再只强调重组动作和结果，而开始关注管理的有序性。同样的资源以不同的目的或方式、与不同类型或数量的资源结合会带来不同的资源组合，最终导致不同的企业绩效（Chadwick et al.，2015；Chirico et al.，2011；Symeonidou & Nicolaou，2018）。企业不应只聚焦资源的占有，还需要关注如何调配、整合并最终利用资源，包括构建资源组合、将资源变成能力、利用资源实现竞争优势，即资源的编排（Sirmon et al.，2007；Bridoux et al.，2013）。西尔蒙等（Sirmon et al.，2011）认为，资源编排理论与资源管理理论的互补性整合构成了资源编排理论。赫尔法特等（Helfart et al.，2007）认为资产编排理论来源于动态能力的研究，包含搜索选择和配置部署两个主要维度。资源管理理论也强调动态性，认为资源管理是由三个不同阶段构成的，即资源组合的构建、整合以及利用。基于此，西尔蒙（2007）等将资源编排定义为旨在给客户创造价值并为企业创造竞争优势而构建、整合并利用资源的综合过程。

3. 资源理论在本书中的应用。阿米特等（Amit et al.，2017）提出当今数字化背景下，数字资源和能力成为赢得竞争优势的关键，企业需要将数字资源和能力与传统资源和能力一起编排。但是，刘洋等（2020）指出许多企业不清楚什么样的资源和能力组合有助于利用数字机会，导致部分企业不会配置资源和能力来利用数字机会（有资源不会用），更使部分企业无法基于自身资源和能力状况来选择合适路径（不知道怎么办）。基于此，陈等（Chen et al.，2015）提出了数字资源整合能力和数字资源应用能力，谢卫红在 2018 年分别对数字资源整合能力和数字资源应用能力给出了定义，他认为数字资源整合能力是一种企业不断搜集、储存和迭代内、外部数字资源的能力，定义突出数字资源核心价值、知识、信息和资源有效集成是能力提升源头，而数字资源应用能力是一种企业对海量数字信息深度探究、解析，持续产生新理念，进行实时市场明察并预测市场环境变化的能力。佩奥拉等（Paiola et al.，2020）指出资源基础理论是价值型和稀缺型资源为企业创造独特竞争优势，而数字化相关能力已被定义为企业独特优势和能力。同时，古普塔等（Gupta et al.，2019）认为通过数字技术对数字资源实时整合和应用能使企业在不确定环境下占据先动优势，马鸿佳（2022）认为数字资源整合能力与商业模式创新有关。在数字背景下，文创企业需要借助数字技术，实现内部、外部的资源整合、编排，从而创新商业模式。

（三）动态能力理论

1. 动态能力理论的内涵。随着世界经济的高速发展，20 世纪 90 年代以后快速变化的市场环境和日新月异的技术变革对资源基础理论产生了巨大挑战，学者认为资源基础理论过于静态，不足以适应当前市场环境的不断变化。基于以上背景，蒂斯和舒恩（Teece & Shuen，1997）在 1994 年提出了动态能力的概念，对动态能力的理论框架进行了系统阐述。动态能力中的“动态”强调企业为了与动态变化的外部环境保持一致而进行的延续或重构自身胜任力的过程，而“能力”则强调战略管理在正确处理、整合和重构企业内外部组织知识、资源和技能以适应环境变化方面的关键作用（孟晓斌等，2007）。黄江圳和谭力文（2002）认为企业的动态能力是企业持续创新并获得持久竞争优势的动力，也是企业生存和发展必不可少的重要能力。有别于以往企业能力强调企业应当重视变现出更高级的、习得的、模式化的、重复的行为集合（Nelson & Winter，1982），动态能力更强调企业应当注重培养和保持其获取竞争优势的能力（Teece et al.，1997）。拥有高动态能力的企业会不断根据环境的变化而持续优化企业的能力或生成一种新的能力，从而推动企业资源的有效整合和合理配置，并通过识别和开发新的市场机会而培育竞争优势，具有低动态能力或不具备动态能力的企业则会因终究无法适应外部环境的持续变化而导致其失去生存的机会和资源（Teece，2007）。

凯思琳等（Kathleen et al.，2000）将动态能力视为企业集成、获得或放弃资源，以进行相互匹配甚至可能会导致产生市场性变化的一个过程。苏巴（Subba，2001）从组织知识的角度认为动态能力实际上就是一种发挥和产生改变的能力，用以应对动荡的环境。蒂斯等（1997）认为动态能力是指企业为了应对外部环境的不确定性而对内外部资源进行强化、整合和利用的能力。类似地，有学者将动态能力划分为整合、重建、汲取、吸收、应用等维度（Chiang & Hung，2010）。艾森哈特和马丁（Eisenhardt & Martin，2000）从流程的角度来描述动态能力，提出动态能力实际上就是一个比较具体的、可识别的战略过程或者组织，如战略决策、收购、产品研发、战略联盟等。还有学者从学习的角度认为动态能力是企业通过重复开展战略活动、总结、纠错、持续不断地学习并积累经验（Chiang & Hung，2010）。郭尉（2016）从大数据驱动视角看，数字经济情境下的动态能力指的是大数据驱动的商业模式不断迭代使得企业的创新战略从基于员工的经验直觉判断转变成基于数据信息和员工的经验融合进行判断。

由此可见，动态能力理论补充和深化了资源基础观关于“资源动态获得与管理”的构念，对阐释企业如何在无法预测的环境中保持竞争力以及识别关键创新资源具有重要作用（Lucy et al.，2017）。动态能力理论的提出强调了企业容易忽视的两个关键：其一是对动态环境的适应性（Wang J.，2018）；其二是改变和创造新能力的能力（文宗川等，2019）。

2. 动态能力理论的研究视角。随着国内外学者们对动态能力理论进行了更为深入的探索和更为丰富的研究，动态能力理论的研究得到了极大的拓展，学者们从不同的视角和各自的研究目的出发对动态能力进行了分析，动态能力的研究视角主要包括整合视角、过程视角和学习视角（孟晓斌等，2007）。

（1）整合视角。蒂斯（1997）提出，动态能力其实是一种对组织现有资源和能力进行重新配置和整合的机制，该研究将动态能力界定为三个具有操作性的维度，即流程、定位和路径。施雷约格和克利施－埃伯尔（Schreyogg & Kliesch-Eberl，2007）在总结并深化蒂斯（1997）提出的企业动态能力理论框架的基础上，提出动态能力模型既应包含模型已有的静态战略要素，也应该包括推动企业持续发展的动态过程特征。随后，蒂斯（2007）又从多领域的角度对该动态能力整合模型进行了拓展和丰富，强调了感知、捕获和转换过程的重要性，并提出了动态能力的核心要素。

（2）过程视角。动态能力过程研究视角认为，动态能力并非仅仅是理论层面的概念，它包括具体的战略和组织过程，能够帮助组织管理资源并创造价值。有学者认为，动态性特征是企业动态能力的核心，动态性是企业持续发展、提升自身能力并适应范式变化的关键（Schreyogg & Kliesch-Eberl，

2007)，企业的动态发展既应该包括能力实践过程，也应该包含动态调整过程，这两个过程缺一不可（孟晓斌等，2007)。能力实践过程和动态调整过程是两个相辅相成的过程，既能够保证企业持续而稳定地增强组织能力，同时也能够不断调整组织结构以及发展方向（Schreyogg & Kliesch-Eberl，2007)。

（3）学习视角。学习视角认为学习过程是开发、利用和发展动态能力的关键因素。扎拉等（Zahra et al.，2006）指出企业必须通过试验、试错、学习、即兴发挥等方式应对环境的变化。动态能力的出现在很大程度上取决于组织学习功能的演变，以及知识的获取、共享和利用。佐洛和温特（Zollo & Winter，2002）则提出从组织学习视角分析企业动态能力既可以防止动态能力研究专注于个体能力的倾向，又可以发掘动态能力过程和规则等方面的特性。该研究认为学习过程、动态能力与知识管理之间有着紧密互动的关系，有准备地组织学习过程通过经验积累、知识表达和知识编码三种机制来推动过程研发、胜任力重构、流程再造和资源整合等动态能力关键构成因素的形成，进而推动企业原有运营规则的演进，所以企业动态能力来源于组织的学习过程。

（4）能力观视角。首先，第一种流派是以能力观来解析动态能力的内涵及构成。这一流派的主要代表人物包括蒂斯（1997)、赫尔法特（2010)、佐洛和温特（2002）等。蒂斯（1997）将动态能力概括为“企业整合、创建、重构内外部资源以迅速应对外部不断变化环境的能力”。他认为企业内外部能力包括组织技能、资源和能力，动态能力置于其管理和组织过程之中，并且构建了动态能力的过程、位置和路径分析框架。蒂斯的这一开创性基于能力观视角的定义为后继学者研究动态能力奠定了基础。王和哈默德（Wang & Ahmed，2007）继承了蒂斯（1997）的观点，认为动态能力可以分解为适应、创新和吸收三大能力，而吸收能力是指对外部环境新知识与技术的吸收；创新能力的新在于产品研发与市场开发的新意；适应能力又可以分解为重置组织结构、组织流程以及文化三个子维度。赫尔法特（2010）从企业运营角度出发，提出创造新产品和新流程的能力对于企业获取竞争优势至关重要，企业在成长与发展过程中应注重培育这一动态能力，以在动态竞争中抢得先机。虽然企业家和管理者是变革的关键推动者，但动态能力也可能嵌入组织惯例，并可用于通过减少闲置或腐朽的资源来重新配置公司的资源基础（Sirmon & Hitt，2003），或以创新的方式重新组合资源在现有或新的市场领域发展几乎新的实质性能力（Kogut & Zander，1992；Schumpeter，1942；Sirmon et al.，2006）。当外部环境快速或不可预测的变化时，动态能力可能是最有价值的，但是动态或变化的环境不是动态能力的必要组成部分。佐洛和温特（2002）在前人研究的基础上，进一步解释了动态能力与常规能力的差异。动态能力是企业或者组织系统地生成和修改其操作惯例以追求提高企业效率的活动，是一种可以修改或创建常规能力的高阶能力。

（5）战略观视角。从战略观视角出发来剖析动态能力的内涵及其构成的代表性学者是艾森哈特和马丁（Eisenhart & Martin，2000）等，这种观点把动态能力看作企业制定与执行具体战略的能力，他们从组织行为过程的层面，将动态能力表述为企业完成具体战略的所有能力集合，指出动态能力是由资源整合能力、资源重构能力、资源获取与资源释放能力构成的。通过这种视角，企业可以更好地在生产实践中去操纵和把握动态能力，有助于企业管理层对动态能力的清晰认知和运用。他们还认为，动态能力不是可持续战略优势的来源，因为企业可以通过不同的流程或路径达到相同的资源配置。

3. 动态能力理论在本书的应用。本书着重关注动态能力理论在创业领域的应用。动态能力理论强调对资源的重新配置，企业能否建立并保持竞争优势取决于企业是否能够对环境变化作出快速反应（Teece et al.，1997）。数字技术的快速发展加剧了创业环境的变化，在日益变化的数字环境中，动态能力成为一个更适合的理论视角，能够更深入了解和探究企业生存和发展的过程（庄彩云等，2020）。希恩和霍（Khin & Ho，2019）认为数字能力是企业的一种动态能力，是在开发数字新产品过程中应用数字技术和管理专业知识的能力。根据动态能力理论，企业的创新活动会受到企业动态能力的影响（Wang & Ahmed，2007），特定的动态能力能够推动企业的创新活动。尤其数字时代的创业过程更注重新创企业对核心能力的动态提升，需要企业拥有不断根据环境的变化而持续获得竞争优势的动态能力（朱秀梅等，2020）。因此，动态能力理论为本书探索文创企业数字能力对商业模式创新的影响机制提供了理论基础。

（四）数字化理论

1. 数字化理论内涵与特点。从20世纪末信息化时代到21世纪初移动互联时代，数字化正在引领社会发展。“数字化”是最早出现在计算机科学当中，亚伦（Aaron，1970）指出半导体技术刺激了计算、通信和控制领域的发展，同时也促进了这些领域的融合，大规模集成电路的设想将成为现实，数字化的步伐将加快。进入21世纪以来，云计算、大数据、物联网、人工智能、区块链等技术的迅速发展，给数字化带来了机遇。此后，学者们开始对数字化进行了研究，并对其进行了不同的定义，维克托·迈尔等（2013）提出，大数据时代是一种时代的转型，数字技术的提升，促使数据可以重组、扩展、统计、分析，甚至是预测未来。数据本身则更具有商业价值和社会价值，从而带来思维方式的变革，直接导致商业变革。鲍舟波（2018）对数字化时代、企业商业模式的变化进行了深入的分析，并对企业发展战略和商业模式变革提出了实操方案。顾建党、俞文勤、李祖滨（2020）提到数字化是指以数字化技术赋能组织运营和核心业务，实现核心业务与数字化新业务并驾齐驱。张士华和吴军（2021）在文献中指出“数字化强调一切皆为数字，通过对数据信息的采集、存储、传输、分析和处理，实现人与人之间、人与物之间、物与物之间的全面联结，最终实现数据交互和共享”。张苗苗（2021）在总结已有学者的观点后，将数字化划分为：技术层面的数字化、商业层面的数字化和社会层面的数字化。

第一，数字孪生。物理空间的物质转由数字化形式呈现，是数字化技术的一大特点（Adner et al.，2019）。数字化数据尤其是捕捉行为的数据，使算法（机器学习、云计算等）变得空前重要。以算法方式而非以人工命令（如传统的描述性统计或假设检验的统计模型）的形式呈现和分析数据的能力，是区别于以往任何技术变化的重要特点。

第二，无限收敛性。数字技术的基本特性是可重新编程性和数据均质性（Yoo et al.，2012）。这种特点使得普及的数字技术带来的创新将以前分开的用户体验汇集在一起。陈冬梅等（2020）认为抖音、快手等平台使得无数的用户体验可以在同一时间汇聚，使得以往的分散需求、体验和反馈突破空间限制而“收敛”到各自的数字终端。智能终端技术的发展又使得这种“收敛”进一步增强——单个智能终端可以汇集以往需要成百上千的机器、设备或产品才能完成的工作。基于此，产业的边界越加模糊，网红经济在各个产业扩散体现出的产业渠道“收敛”也是此特点的具体呈现之一。

第三，自我迭代性。数字化的一个显著特点体现是其会在众多变化无常且不具有统一协调的受众群体驱动下自发产生技术变革（Zittrain，2006）。数字化时代技术和商业模式的迭代往往超出技术原有预定的轨道，更不能为人所预测，仅仅是在某种技术或模式被广大受众群体采纳之后才被称为“潮流”。这和数字化技术的天生动态性和无限延展性密切相关。正是因为其可重新编程的性质，数字化技术表现出对组织形式和功能的延迟绑定——在设计和生产产品或工具之后再添加新功能。

2. 数字化理论分类。

（1）数据化理论。李勇坚（2022）认为中小企业数字转型的重要前提是拥有数据。随着数字技术的进步与普及，人们通过传感器等多种数字设备能够更精准地感知世界，并以数据的方式将物理世界复现出来，也就是说，能够以数据的方式对物理世界进行数字化搭建，并利用算力、算法等对物理世界进行模拟、控制、优化等操作。由于对数据进行传输、转换、改造、运用、模拟、共享等方面的成本要远低于对物理世界进行同样操作的成本，因此，数字化在中小企业降本增效方面拥有极大的空间。数据化意味着数据成为一种重要的生产要素，成为企业的战略性资产。

（2）数字化管理理论。关于数字化管理理论方面的研究主要存在两方面问题：一方面，数字经济时代是一个系统环境，各元素、各领域和各个体之间相互交错、难以分离，但是现有研究却大多仅从单一视角入手，探讨由此引发的变革。例如，大数据、移动互联、人工智能、区块链、虚拟现实、云计算等构成数字经济时代基础的信息技术带来的创业创新、商业模式、人力资源管理等方面的变革，并由此提出某一技术带来的某一领域的管理理论创新（Whitford，2018）。这实质上包含某单一技术对单一领域的影响、单一技术对多个领域的影响、多个技术对单一领域的影响。另一方面，也有部分学者使用过去的管理理论对数字化企业的管理现象进行分类、解释和预测，但是数字经济时代的企业形式空前多样化，这使得类似的研究难以囊括全部的数字化企业，甚至仅能关注小部分企业的管理实践，例如，过去以资本和劳动为核心生产要素的经济理论难以解释数字经济时代的平台企业、互联网企业和轻资产小微企业的价值产出；同样，现今对于数字化企业的创业、成长和竞争的主流研究也是从传统资源、能力、制度等视角出发，以分析组织结构完整的大型互联网企业为主，忽略了对中小微企业、草根创业、用户创业和投资者创业等领域的研究。这是由于传统的管理理论难以契合数字经济时代多样化组织的多样化的管理现象，仅关注成熟的大型数字化企业中的传统管理现象，从而造成新的管理理论难以普遍适用（宋立丰，2020）。

3. 数字化理论在本书中的应用。数字经济的兴起给许多领域带来了技术、生产方式、销售方式、商业模式等的创新。数字经济，顾名思义就是利用数字来推动经济发展。郑磊（2020）认为在数字经济时代，各企业需要将“用数据分析解决问题”的能力提升到“通过数据分析建立竞争优势”，加快向基于大数据的动态实施决策转变和适应是企业在数字经济时代提升核心竞争力的关键。卡门一世等（Carmen I et al.，2020）从 811 篇论文中挑选 80 篇重要论文进行中小企业的业务发展研究，提出数字化技术可能导致商业模式的深刻转变。基于此，学者们对数字化的研究已经非常广泛，文创企业因其特有的文化属性，其经济价值可能不能很好的实现，因此需要借助数字化理论，通过数字化战略、数字化转型、数字化创新等来创新创业模式。

二、相关研究

（一）创意产业的概念

创意产业是在全球化的经济进程中发展出来的产业概念，它强调个人的创造力、创新，是文化艺术与经济发展紧密结合的一种新兴理念和实践。著名经济学家罗默（P. Romer）早在 1986 年就提出了这样的思想，他认为推动一个国家经济增长的原动力是创意，创意可以衍生出来各种各样的产品、市场，创意是获得财富的重要机会。

创意产业最初是在英国被提出来的，当时英国文化产业中的“文化、媒体及体育部（DCMS）”从文化产业中独立出来，被称为创意产业的概念，最初的定义是“从个人创意、技巧及才华中来，通过知识产权的开发和利用，能够形成具有财富创造和就业潜力的行业”。其具体的行业类别，包括了互动休闲软件、出版、软件、广告、建筑、艺术和文物交易、工艺品、设计、时装设计、电影、音乐、表演艺术、电视广播等行业。

近年来，关于创意产业的研究取得了较大进展，特别是在美国、澳大利亚、欧洲等国家或地区都针对创意产业形成了系列的研究报告并定期形成官方的发布。其中比较具有代表性的观点如下。

斯凯夫（Scaife，2000）提出，对创意产业的分析要重点考虑交易成本的影响，创意产业作为一个泛产业概念，它提供给我们的产品、服务与文化、艺术或娱乐具有紧密的价值联系；创意产业具有需求难以确定，创意人才的重要性及专注性，创意产品的复合性、独特性，创意传播受时间因素影响明显，创意产品的持久性与获利性等特征；同时凯夫斯也强调创意产业是一个不断发展的理论概念，在发展的过程中创新产业的概念会逐步完善。基于交易成本理论，凯夫斯认为影响创意商品供求关系及产品价格的根源在于经营企业所开展的活动，消费者处于被引导和需要引导的位置，凯夫斯将创意产业的范围圈定在书刊出版、表演艺术（戏剧、歌剧、音乐会、舞蹈）、录音制品、时尚、视觉艺术（绘画与雕刻）、电影电视、玩具和游戏等行业。

豪金斯（Howkins，2001）在《创意经济》一书中围绕知识产权法对创意产业展开了分析。围绕知识产权的四个分类：专利、版权、商标和设计，豪金斯认为创意产业就是指能够与知识产权的四个分类相对应的产业体系，创意产业的发展依赖于知识产权的强有力的保护。在豪金斯的定义中，创意产业包括了经济中庞大的组成部门，但是豪金斯给出的定义具有两个优点：一是创意产业概念过于泛泛，在实践中人们往往难以区分哪些产业属于创意产业、哪些不属于创意产业，而豪金斯的定义与知识产权法结合起来，有利于人们判断创意产业边界；二是豪金斯的定义注意到创意产业与传统产业之间是密切联系的，这种联系是创意产业价值放大的重要途径。

波茨（Potts，2008）提出产业分类与经济的发展紧密相连，对于创意产业概念的定义应该充分考虑当前经济系统的复杂性和服务导向特点。产业本身就是一个派生概念，而创意产业突出表现出通过社会关系网络来创造价值及获取价值的经济特性。弗罗里达（Florida，2002）再次强调了不能简单地把创意产业视为一个具体的产业或者是行业，创意产业体现的是在产业融合特征下所表现出来的共有特征，其中一个比较突出的特征是创意阶层的崛起，而这些创意人才是遍布于许多部门或行业的，诸如科学、工程、设计、艺术、管理、会计、医疗以及法律等，都可以归为创意产业，因此对于创意产业的判断可以通过 R&D 指标和专利指标来评价。

还有一种具有操作性的创意产业的概念，是用文化艺术类人员数量的平均值和标准差来判断创意产业与传统产业的区分，这种操作性概念在实践应用中比较多。如美国密苏里州经济研究与信息中心发布的创意经济报告，将创意产业定义为大量雇用艺术、传媒、体育专业人员的产业，当这些人员的雇佣比例高于平均值 10% 以上时，就将其断定为创意产业。这种操作性的方法有两个重要的依据：一是创意产业是艺术、设计、体育等行业的一个概括；二是从事创意的人员比例要比同类行业高出 10% 。

国内学者也对创意产业的内涵进行了积极的探索，中国社会科学院国家创新体系研究组（2004）给出创意产业的定义是生产文化意义内容的相关产业，它包括了众多相关的行业，比如电脑软件开发、动画制作、时装及产品设计、表演艺术、广告、数码娱乐、电影电视、出版、艺术品及古董市场等。该定义强调创意产业是在传统产业中注入了知识产权、技术创新、文化理念的元素，是以创意为卖点的产业。

从以上对创意产业概念的分析可以看出，创意产业是一个正在发展的产业概念，我们不能清晰地给出其边界，因此目前理论界并没有对创意产业的概念达成统一的认识。创意产业一直不停地快速发展，其在当下的特征往往难以解释下一个阶段的新特征，因此创意产业的研究还有很大的发展空间；特别是在特定的时间下，如何抛开束缚，探索未来的发展趋势，形成有前瞻性的判断尤其重要。

笔者认为目前对创意产业的概念定义，主要可分为两个视角：第一个视角强调创意和创新，认为以创意（创造性）为核心元素，来推动自身发展的产业都属于创意产业，如霍金斯、波茨、弗罗里达对创意产业的定义。这个视角强调创意产业的高附加值特性，无论是有形还是无形的产品，增添创意后都能增加精神享受，并引发新的需求。在这一视角下，创意产业的概念空间非常广泛，包括农业创意、文化创意、工业创意等，如把西瓜栽培成方形，用套袋方式让太阳在西瓜上晒出福字，从而使农产品成倍增值，这个增值部分就是创意的结果。第二个视角强调了与文化、艺术或娱乐的联系，推崇基于人的创造力、技巧及才华的产业附加值，重视知识产权（尤其是版权）的开发和运用方式，以及产业在财富创造和就业潜力方面的作用，如凯夫斯和中国社会科学院国家创新体系研究组等给出的创意产业定义。第二个视角的创意产业更接近于本书研究文化创意产业的思路，相关研究成果也为本书提供了很好的借鉴。

（二）文化创意产业的概念解析

1. 文化创意产业概念发展。文化创意产业的概念是我国根据本土情境，借鉴国际经验所演绎出来的一个概念。2006 年，该概念第一次出现在《北京市文化创意产业分类标准》中，文件把文化创意产业定义为，通过创造或创新的手段，实现文化内容或创意成果的生产，并以知识产权消费为特征，为消费者提供文化体验的行业集群。这个产业具体包括了文化艺术，新闻出版，广告会展，旅游休闲娱乐，广播、电视、电影，艺术品交易，设计服务，软件、网络及计算机服务，其他辅助服务九个类别（刘牧雨，2007）。从文化创意产业的内涵看，它是创意产业的子范畴，是创意产业中以文化内容为主要产品和服务的部分。其也可以理解为创意产业发展过程中，侧重文化经济的表现，是对“创意产业”的另一种称谓；奥克利（Oakley，2006）也认为当涉及更宽泛的文化领域，“文化创意产业”与“创意产业”具有相同的含义。

目前创意产业的概念尚未统一，对文化创意产业的理解更是各有偏差。文化创意产业与创意产业有着很强的交融关系和包容关系，目前对于文化创意产业的概念存在多个版本，很多都与创意产业的概念相互混用。我国学者孙启明（2008）认为在对文化创意产业下定义的时候应该加入一些约束条件，他认为文化创意产业是那些缺少稳定的公共财政资金的支持，通过个人的创造力、技能和天分来发挥动力，依靠知识产权的开发利用来创造财富并且能够提供就业机会的行业，文化创意产业形成了文化产品以供人消费，同时能够形成大量的附加价值的社会经济活动。我国学者综合了先进国家对文化和创意产业的概念，统称为“文化创意产业”，即来源于个人创意或是文化的积淀，通过智力资产创造财富、提供就业机会并且能够促进整体生活环境提升的行业。国际上对这一概念的说法大致认为文化创意产业更接近凯夫斯（2000）对创意产业的定义，为消费者提供广泛与文化的、艺术的或娱乐的价值相关的产品与服务的行业。

2. 文化创意产业概念及分类。如前所述，文化创意产业的定义目前远没有形成统一认识，但结合文献以及我国文化创意产业的发展实践来看，文化创意产业在以下三个方面的显著特点最值得关注。

第一，文化创意产业是以知识产权为核心资产的产业门类（Cohen & Levinthal，1990）。知识产权的产生依赖于人的创造力，文化创意产业是一个智力密集型行业；知识产权的传播能够与不同的物质载体结合，产生多种衍生产品；知识产权的使用能够满足消费者的观念价值需求，顾客因为商品内在的文化属性、象征意义以及个人因消费商品所带来的感受和体验等方面的差异而愿意为文化创意支付价格。例如米老鼠、芭比娃娃、流氓兔等经典文化创意内容，凝结了创意阶层的智力劳动，其知识产权被广泛地应用到玩具、文具、服装、箱包等行业，消费者因为知识产权的注入而愿意为这些产品支付更高的价格，这是文化创意的观念价值运用到产品的生产与消费过程中，使得产品成为文化意义的承载者，大大提高了其原有价值。也正因为知识产权对多种传统产业具有渗透性，文化创意产业与传统产业之间产生千丝万缕的联系，其产品或服务不仅自身能创造巨大财富，更重要的是能极速带动相关产业的价值增值，其带动相关产业的方式是通过知识产权的切分、组合、衍生，赋予传统产业新的观念价值，从而实现价值提升。

第二，创意知识（知识产权）与文化密不可分，文化是一个完整的体系，包括显性与隐性两种行为模式，它依赖文化符号系统来进行传承，核心是不同历史阶段所形成的价值体系，具有自我发展的内在规律，文化创意产业是将抽象的文化直接转换成具有高度经济价值的现代新兴产业。首先，文化创意产业的知识产权源于文化，是文化在新的历史时期的产品化与服务化的具体表现；其次，基于文化的知识产权创作也是满足人类精神文化的需求，然而人的精神文化需求具有强烈的不确定性，文化创意产业供求关系变幻莫测（贺寿昌，2009；郑文文，2009）；最后，一些优秀的文化创意产品由于与消费者产生共鸣制造了一种流行趋势，也可能引领一个新的文化业态，符合文化自我发展的内在规律，如我们熟悉的韩流，从韩国电视剧的大受欢迎，到韩国服饰、韩国医疗美容、韩国饮食等在我国形成消费热点，形成了一个时期的韩流文化。

第三，文化创意产业需要依托科技去诠释，并依托科技走向产业化。一方面，文化创意的发展深深打上了高科技的烙印，电脑、网络、数码、激光等科技的飞速发展，增强了文化创意的表现形式，如 2008 年北京奥运会开幕式文艺演出就是文化创意用高科技表达的成功案例；同时文化创意与科技的结合，也催生了一些新兴的文化业态，科技成为诠释文化的必要载体，如网络出版、手机电视、在线娱乐等。另一方面，虽然文化创意是产业产生和发展的原动力，但是仅仅有优秀的文化创意并不能成为一个产业，更难以对其他产业产生巨大的带动作用。因此，文化创意需要依托科技，将资金、人才、运作平台等要素结合起来，才能形成一种产业化的生产方式，如雅昌艺术网充分运用现代云存储、云计算等技术手段，构建了有利于文化艺术资源有效利用的应用模式，实现了数字博物馆、艺术品数字资源管理、艺术品版权贸易、数字出版、互联网（含移动互联网）数字分享、高仿真复制、数字印刷和绿色印刷资源服务、文化设计资源服务、艺术教育等多领域的业务拓展。

因此，本书将文化创意定义为：以知识产权作为核心资产，利用文化与新兴技术的创意性结合进行商业化运作的行业。抓住这些本质特征，是正确认识和分析文化创意企业商业模式的基础。

目前对文化创意产业的定义没有形成统一，对文化创意产业的分类也不相同（见表 2 – 1）。

表 2 – 1　文化创意产业的分类

国家或地区	文化创意产业分类	类别数量
英国（创意产业）	广告、建筑、艺术品和古玩市场、工艺品、设计、时装、电影与录像、互动休闲软件、音乐、表演艺术、出版、电脑软件、电视和广播	13 类
美国（版权产业）	文化艺术、音乐唱片、出版业、影视业、传媒业、网络服务业	6 类

续表

国家或地区	文化创意产业分类	类别数量
新加坡（版权产业）	艺术与文化（摄影、视觉艺术、工艺品）、建筑艺术（软件设计、广告设计）、媒体（音乐制作、出版……）	3 个大类，13 个小类
中国台湾地区（文化创意产业）	视觉艺术、音乐与表演艺术、文化展演设施、工艺、电影、广播电视、出版、广告、设计、数字休闲娱乐、设计品牌时尚、建筑设计、创意生活	13 类
上海（创意产业）	工业设计、室内设计、建筑设计、广告设计、时装设计、动漫设计、网络媒体、时尚艺术、影视制作、品牌发布、工艺品制作。	11 类
北京（文化创意产业）	文化艺术，新闻出版，广播、电视、电影，软件、网络及计算机服务，广告会展，艺术品交易，设计服务，旅游、休闲娱乐，其他辅助服务（文化用品、设备及相关文化产品的生产销售，文化商务服务）	9 类

本书采用“文化创意产业”的概念，主要有两点考虑：一是研究对象关注“与文化、艺术或是娱乐相联系”的企业类别，与文化创意产业的范畴更为贴切；二是目前我国大多采用文化创意产业进行统计分类，国家相关文件与政策较多使用文化创意产业概念，文化创意产业更符合中国本土的具体情境。就文化创意产业分类的具体研究范畴，本书以北京市文化创意产业分类为依据，首先在案例挑选中一方面遵循此分类标准遴选案例，另一方面充分结合本书给出的文化创意产业定义“以知识产权为核心资产，利用文化与新兴技术的创意性结合进行商业化运作的行业”选择具有代表性的案例；其次在实证定量研究中，基于北京市文化创意产业分类标准，笔者进一步按此分类对业界进行考察，在综合了官方标准与企业实际情况后，提出本书实证调查的分类标准（详见第四章）。

（三）文化创意产业的研究进展

近几年，文化创意产业的相关研究逐渐显现，笔者通过整理中国中文期刊全文数据库中所收录的我国各类期刊，发现截至 2022 年 11 月 22 日，关键词包括“文化创意产业”的文章共有 10228 篇，2008 年以前，我国“文化创意产业”研究主要集中在如何借鉴国外文化创意产业发展的经验、国内文化创意产业的概念及内涵等，由于研究范式上分为“文学艺术”“新闻传媒”“产业经济”三大类别，以及“理论研究”与“应用研究”两大模式，这种范式的分类造成文化创意产业概念的错综化（刘轶，2007）。如罗兵、温思美（2006）对文化产业、文化工业、创意产业等概念的混乱使用进行了追根溯源的考察，作者认为英国所谓的创意产业，其实就是文化产业，只是创意产业强调文化的创意性及对其他产业的价值增值作用。高福安（2007）详细梳理了我国文化创意产业的现状、问题以及发展趋势，认为当前我国文化创意产业还处于初步阶段，同时强调了文化创意产业的发展要重视网络信息方式的创新。周星（2007）在《探究和厘清文化艺术创意产业的核心观念》中论述了产业、文化、创意三者概念关系，产业追求文化方有创意，创意立足文化造就产业，文化注重创意才有产业。这一阶段，我国文化创意产业的发展也受到国外学者的关注，如基恩（Keane，2004）讨论了继韩国、日本及新加坡等国之后中国能否成功发展文化创意产业，他认为中国虽然经济快速增长，消费者文化创意需求与日俱增，但是中国的文化创意产业仍在创新与模仿中徘徊，且大部分创新仅仅发生在价值的形成与分配阶段，而不是最核心的创意概念阶段。

2008 年后，对文化创意产业的研究呈快速增长趋势，从 2008 年的 364 篇到 2012 年的 810 篇，年增长 100 篇左右，我国关于数字文化创意产业的研究成果保持了稳定的产出数量（金雪涛和刘怡君，2020）。文化创意产业进入文化经济、服务业经济的研究范畴。相关研究不断深入，如何产业化发展引发众多学术探讨。研究聚焦在以下几个层面。

1. 文化创意产业发展模式的研究。对文化创意产业发展模式的探讨主要是从国民经济及产业层面入手，即在“知识经济”时代，各国各城市在新经济的背景下思考如何不断提高竞争力和影响力，关注“文化”对“经济”的促进作用，“经济”对于“文化”的发展作用，通过选择不同的文化创意发展模式，产业管理者能够更加有效地制定产业政策，进一步保障产业健康有序的发展。

从国民经济方面看，发展文化创意产业是经济增长方式转变的重要助推器，目前我国经济发展已经进入知识经济增长阶段，文化创意产业的发展是知识经济的决定因素，如何把思想和创意产业化是当下经济增长方式转变的重要途径。徐斐（2008）提出我国要以文化创意产业的发展为契机，推动中国经济向内生型、平衡型、生态型、开放型、人本型等健康和谐的增长方式转变。郭梅君（2010）重点讨论了文化创意产业的发展对中国经济转型的重要意义，从演化经济学角度构建了创意创新的生态系统，并提出文化创意产业价值链重构模型。谈国新等（2015）提出了借助数字技术将我国文化创意产业向全球产业链价值高端跃升策略。文化与科技融合可以改变文化形态，催生商业模式创新，达到载体创新、渠道创新、平台创新，可以促进传统文化产业结构升级，提升文化创意产业的绩效，甚至可以促成新兴产业兴起。张庆普（2018）等提出文化创意产业的跨界融合发展，拓展文化创意产业价值链的深度与广度。

从中观产业层面的探讨，主要集中在文化创意产业该如何发展的问题上，这些研究大多借鉴国内外成功的发展经验，从而归纳得出几种发展模式，以期为后来的文化创意发展提供思路。祖金（Zukin，1982）对曼哈顿休斯敦地区艺术家进驻阁楼居住形成独特的艺术文化区域进行了探讨，提出了文化创意产业 SoHo 发展模式，认为这一现象是经济、文化和政治共同发展作用的结果，势必对城市文化、城市经济产生重要的作用。斯科特（Scott，1997）认为创意产业的发展有赖于创意产业集群的形成，并缔结成全球和地方的网络关系从而获得竞争优势，世界范围内文化创意产业集群的形成，促使企业、产品、创意伙伴形成生产联合，这种生产联合的力量比产业集聚本身更强大。蒋三庚（2006）指出全球的创意产业已经形成了成熟的发展模式，即极化与扩散的非均衡发展模式和产业关联发展模式。张京成（2006）认为创意产业发展的主要模式为发展创意产业园区，主要模式有两种：一是已有创意产业自发集聚，政府通过总体规划，提供优惠政策支持其成为创意产业园区；二是政府通过规划，政策性支持形成创意产业园区。厉无畏（2008）认为创意产业是高增长、高附加值、低消耗的产业，创意产业的发展需要集体的互动和企业的地理集聚，创意产业集聚的发展模式有三种：国际大都市内部集聚发展模式、城市旧区改造与复兴的发展模式、新兴国家和地区推动形成的模式。钱竞和胡波（2006）总结全世界创意产业主要发展模式有博物馆模式、公共游憩空间模式、商旅文联合开发模式、园区模式等，并将这些模式与上海创意产业发展实践相结合，为上海创意产业园区和产业集群发展进行了前瞻性的分析与思考。田巧芳（2008）总结了国内外大都市发展文化创意产业的先进经验，归纳得出“点轴极化扩散模式”与“楼宇集聚关联模式”；并结合北京文化创意产业的SWOT分析结果，提出北京文化创意产业的发展模式为中心集散辐射模式。这些研究大多关注文化创意产业与城市发展及结合这些模式产业政策的制定方面。经过多年的学习借鉴，目前我国文化创意产业的发展已呈现出如下新模式。

一是文化创意产业与科技融合发展模式。随着科技的发展，文化创意产业与科技融合的发展模式变得越来越普遍。在文化与科技融合上，孙德忠（2014）提出文化与科技融合已经是一种趋势，呈现出文化科技化。罗小艺等（2018）认为“数字文化中国”的建设依赖于文化与科技的融合，现代科技与文化的融合呈现出多种模式。伊彤等（2015）就文化与科技融合提出了9种理论模式和3种政府作用模式。崔木花（2015）则提出了政府主导驱动模式、市场导向驱动、政府和市场共同驱动、文化创意企业驱动、产学研互动驱动等文化与科技融合的模式。李凤亮等（2016）提出业态新创、跨界聚合、内容活化、技术嫁接、协同创新等文化与科技融合创新的模式。陈少峰等（2019）认为当前的文化与科技融合，正是借助于互联网技术达到跨界颠覆式创新。余吉安等（2020）认为新技术尤其是信息技术与传统文创产业的融合，不仅有利于传统文创产业变革，形成新业态、新模式，也有利于促使相关产业升级和智能化改造。

二是政策驱动的创新绩效模式。政府政策对我国文化创意产业创新绩效有着重要影响，如何通过政策来驱动文化创意产业的创新绩效。李慧等（2013）提出从税收角度构建文化创意企业政策补贴体系的相关建议。程曦（2017）和丁芸等（2015）从财政和税收政策角度出发，提出了文化创意产业宏观和微观两个层面的相关建议。韩冬林等（2019）则从省际差异性的角度对数字文化产业财政补贴的创新效率进行了实证分析，并得出政府补贴对于文化创意企业有一定程度的创新促进作用，但是目前我国各省市之间数字文化产业的财政补贴效率水平仍有较大差距。朱云杰等（2021）研究表明，政府创新补贴对企业创新产出存在倒U型关系，而政府创新补贴能显著促进企业财务绩效。另外，获得政府补贴的长三角部分城市企业的创新产出更多，而民营文创企业对政府补贴的利用效率更高。

三是文化创意产业园区建设模式。褚劲风（2009）和黄江等（2011）提出了作为空间变量的文创园区，文创园区的产生与升级是空间特征的直接反映，厂房改造和知识溢出是文创集聚带的原始推动力。孙结（2011）提出了作为集群网络的文创园区，园区内的企业及其相互联系的复杂网络关系，构成了强大的创意场。厉无畏等（2014）提出作为政策工具的文创园区，城市的战略转型促进了文创园区的形成，文创园区的升级体现了政府的区域战略。王兴全等（2017）提出将文创园区升级归纳为四个主要模式：文创园区会不断强化交易功能，部分或完全升级为休闲和旅游区；园区内的企业会借助政府关系平台，强化集群竞争力；企业也会借助园区文化形象强化自身市场定位和企业文化；园区管理者可以通过招商策略，设计产业结构并提升园区市场定位。

2. 文化创意企业商业模式的探讨。目前我国文化创意产业取得了快速的发展，但是文化创意开发不强、缺乏有效的商业模式支持一直束缚着业内企业进一步发展（刘健和杨海平，2010）。对于文化创意企业的商业模式研究，学者们主要从中观层面——产业发展模式以及文化创意产业具体行业的价值链与盈利模式两个大的方面进行了探讨。

中观层面的产业发展模式（盈利模式），如马尔库森等（Markusen et al.，2003）提出的交叉融合模式，他们认为创意产业通过创意赋予产品观念价值，消费者不仅是创意产品传递的终点，更是创意生产的起点，消费者对企业的价值链具有反馈和互动的作用。当前，信息发展迅速，消费者的需求快速变化，企业必须创新价值供给的方式，在价值链的每一个环节都让新的参与主体加入，从而使得创意产业价值链与其他产业链交叉融合，引起商业模式的变革。陈楚（2007）通过价值链分析法，分析了创意产业价值链的构成及特点，提出创意产业四种盈利模式：价值链定位模式、价值链延伸模式、价值链分解模式、价值链整合模式。王亚男（2008）在《中国文化创意产业的盈利模式比较分析》中提出了以市场为导向创造创意性产品、以传播渠道取胜、以媒体推动、品牌化发展路线、开发无限延伸创意衍生品市场五种盈利模式。2009 年之后，随着 3G 时代的到来和《文化产业振兴规划》的发布，赵雪等（2012）和陈少峰等（2013）开始关注数字经济背景下文化创意产业的产业链生态（比如内容提供商）和商业模式，传统媒体和新兴媒体融合发展。张爱红（2020）提出文创产品产业链有其自身的独特性，即在产品供应链中不仅隐含着价值链，还内嵌知识链，且知识链主导着价值链的长短并最终影响产品附加值的高低。

对于文化创意产业具体行业的商业模式讨论，如侯琳琦（2008）提出的在数字模式下，传统音乐产业的商业模式要发生转变，网络音乐的盈利模式主要包括：单曲销售模式、增值服务模式、终端设备预制模式、在线免费无线收费模式四种。其中，增值服务模式强调了添加技术手段，将音乐与服务整合起来，通过提供衍生品和衍生服务来实现增值，特别是当新技术到来后，其衍生品如卡拉 OK、宣传 MV 都可以转化为产品用以销售。杨晓兰（2008）则对动漫产业价值链进行了重构，认为我国目前动漫产业发展落后的原因除了缺乏创意人才外，更重要的是由于产业链的断裂，缺乏市场化的运作机制，由此提出了动漫企业要实现盈利，要关注品牌的塑造、以企业价值链带动产业价值链、广泛的市场化运作三个方面。上述从不同角度对文化创意产业的商业模式进行了探讨，为我们理解文化创意企业的生存逻辑和市场表现提供了有效的切入视角。

除了从价值链方面进行探讨外，学者们还从客户细分的角度探讨了文创企业的商业模式。胡钰（2019）从“后喻文化”视角出发，提出文化创意企业在发展时要注重结合时代特点，注重青年一代在文创领域的作用，实现文创与时代的匹配。这一理念强调的正是适应年青一代文化接收与接受行为的新规律，推动传统文化与年青一代文化需求的代际间对话，最大限度地吸收年青一代的热情和创意加入当代中国文化的创新创造中，让传统文化积极与新媒介、新技术融合，让文创产品与新时代客户需求相匹配。陈莎莉（2021）提出产品与用户匹配是决定创业企业生存和发展的首要问题。文创产品因其观念价值的不确定性和用户需求的模糊性，需要构建独特的文创产品与用户匹配机制。已有研究识别了文创产品具有功能价值与观念价值双重属性与作用，其中观念价值的创造与传递是影响传统文创产品与用户匹配的关键因素，并提出为了应对文创产品观念价值不确定性与用户需求模糊性带来的挑战，文创企业既要构建功能型 MVP 验证产品功能价值，找到并发现天使用户；更要构建以产品认知与情景体验为核心的服务型 MVP，验证产品观念价值假设，吸引在观念价值上有认同感的规模化用户群。

3. 文化创意产业与知识产权的研究。知识产权作为文化创意产业的核心资产，是产业盈利的关键。相对传统产业，文化创意产业的知识产权主要集中在版权，同时多以数字信息产品为载体，易于复制，原创者的权益容易受到侵犯。而文化创意产业的价值创造企业活动主要存在于原创的知识含量中，文化创意产业价值链顶端是控制着整个价值链的关键环节（Waleott, 2002）。因此只有加大对原创权益的保护，才能够激发原创者投入创作的激情。没有知识产权的保护，文化创意产业难以将“创意”转化为经济效益，实现长远发展。

赵弘和张西玲（2006）总结我国实施自主创新战略，知识产权是重要的战略资源，文化创意产业作为凝结了知识产权的创造性产品和服务的体系，是全球经济和现代产业发展的亮点，文化创意产业对知识产权保护提出了更高的要求，对于我国目前知识产权保护的现状应该进一步明确文化创意产业中需要重点保护的行业，提高保护意识，从而再完善知识产权制度建设。陈铭（2007）认为，目前有关创意产业的法律法规还处于“紧缺”状态，创意产业的核心是创意。由于创意的非竞争性及部分排他性，创意作品极易被盗版。因此必须加大知识产权保护的力度，要在社会中加强对知识产权的宣传。王萌（2010）分析，我国文化创意产业在金融危机下面临文化资源流失与产业竞争力不足等严峻的挑战，我国文化创意产业知识产权保护还很薄弱，保护理念及法律体系都不完善，当下对于文化创意产业知识产权的保护管理应该从创新激励、风险防范、融资促进等方面入手完善保护机制，从法律环境、行业发展、人才等方面营造一个适宜文化创意产业发展的环境，从立法、执法、纠纷解决等方面完善救济保障，从而实现文化创意产业发展与知识产权保护的互动。巩芯仪（2011）以《知识产权与文化创意产业》为题，对文化创意产业与知识产权之间的关系及其理论发展的过程进行了简要的探讨，再次强调知识产权是文化创意产业核心竞争力。刘亚军（2015）提出文化创意产品是创造力的结晶，是创造者的智力成果，具有知识产权保护的依据。知识产权是文化创意产业的基础，没有知识产权保护的创意产业是没有生命力的。张洁（2015）等从文化消费与文化创意产业发展的角度提出了知识产权保护的重要性，文化创意产业的核心是灵感、创意，产品的价值体现于无形的版权上，而这种无形版权在网络飞速发展的时代很容易被复制，进而使相关价值链受到重创，从而影响文化创意产业发展。

常琳（2012）对文化创意产业及知识产权保护模式进行了探讨，提出文化创意产品若不能形成品牌效益，其经济价值和文化价值都较低，特别是当下网络文化兴起，新型文化创意产业保护力度缺失，知识产权保护对文化创意产品的价值体现十分重要。常琳提出的文化创意产业法律保护模式主要包括以下几个方面：一是加大对版权的保护力度，提升创意能力；二是提高产品的差异化，采取主动保护；三是加强知识产权的推广，使文化创意产业保护大众作品；四是建立文化创意产业保护平台与机构，完善中介服务，形成完善的中介代理体系。李瑾（2016）对知识产权保护影响文化创意产业发展的路径及对策进行了探讨，研究发现：经济发展水平、产业集聚水平和市场化水平对于两者之间的关系都具有非线性效应。根据这些发现，她提出以下能够促进中国文化创意产业发展的相关政策建议：第一，知识产权保护政策的制定要与经济发展水平相适应，不能“一刀切”，也不能一味冒进；第二，在加快产业集聚的同时提高知识产权保护的力度，这样才能真正实现文化创意产业的可持续增长；第三，继续深入推进市场化改革，建设完善的市场经济体系，通过有效的市场竞争来发挥知识产权体系的有效功能。黄国群等（2018）对区域文化创意产业知识产权政策走向与创新路径进行了研究，提出文化创意产业知识产权政策创新具体路径与措施是政策“顶层设计”的总体引领，明确本区域知识产权发展目标与优势定位；区域文化创意产业知识产权生态的主动构建；培育区域特色，制定知识产权扶持政策，增强区域竞争力；激发创新主体的积极性和能动性，促进知识产权的创造和成果转化；知识产权公共服务体系平台的构建与完善，区域知识产权的立体保护；多元政策的支持与协同，多部门的配合联动；政策引导与协调的优化，动态跟进与良性互动演化。乔瑜（2020）基于区块链技术对文化创意产业知识产权保护进行了研究，提出区块链对解决文化创意产业中的知识产权难题有较强应用价值，在产业革新中发挥着重要作用。进而给出基于区块链技术的文化创意产业知识产权保护路径。一是技术层面应构建专门化多层次区块链体系；二是法律层面应在传统合同法律框架内设计智能合约规则；三是治理层面应明确区块链系统内部责任界定；四是应用层面应单设知识产权外部监管机构。

知识产权对文化创意产业的重要作用得到了理论界及社会的普遍共识，理论界的研究有望推动相关政策法规的不断完善，构建版权交易机制，形成版权交易市场，从而推动文化创意产业的健康发展。

4. 新技术新业态的探讨。文化创意产业是一个综合的产业，其涵盖了众多具体的行业业态，如动漫、设计、软件等，特别是在新技术推动下，文化创意产业呈现新的发展形势与规律。理论界对于文化创意产业新业态的探讨，是文化创意产业新航向的体现。

目前对于新技术的论述主要集中在信息通信、大数据、物联网、云计算、人工智能与文化创意产业方面。如周志强和夏光富（2007）提出“数字创意产业”凸显以数字化、网络化为标志的现代信息技术革命和现代大众传播媒介对文化产业的影响，强调数字创意产业在经济增长中的贡献和重要地位。郭莉霞和曾静平（2008）讨论了手机作为“第五媒体”，其广告形式将从文字到图片，再到视频、动漫及多种形式综合的发展转变，手机表现形式的变化为文化创意产业的植入带来了巨大的空间。2009 年，随着 3G 投入商用，我国进入移动互联网时代。新浪微博上线，校内网更名人人网，掀起了我国社交媒体平台应用的高潮。2011 年，微信和新浪微博全面普及，爱奇艺、快手、字节跳动、斗鱼、虎牙和阅文等数字文化创意企业也相继成立。2014 年之后，通信技术迈入 4G 时代，智能手机在我国普及程度进一步扩大，通过移动终端上网已成为广大用户必不可少的行为，这催生了大量手机应用软件和智能媒体载体。金雪涛（2020）指出数字文化创意产业可以基于大数据即时对客户的需求作出反应，通过精准供求对接和链接多功能主体，实现“一站式”服务的平台化生态价值链网络。

刘刚（2008）从新媒体产业链思索出发，分析我国创意产业发展中遇到的问题，认为新媒体产业位于文化创意产业的高端，是文化创意产业、信息产业、传媒产业相融合的一种新兴产业形态，并根据国际文化创意产业发展经验，提出内容是核心、渠道是关键的发展思路，以及五条新媒体产业链发展的对策：第一，要加大资金投入，丰富融资形式；第二，要加强对原创内容和渠道的培育与建设；第三，要加大对产业基础设施的扶持力度；第四，要创新对新媒体产业的集群模式；第五，要制定科学的新媒体产业政策。特里·弗卢（Terry Flew，2018）通过三个方面分析了社交媒体与文化创意的关系，指出社交媒体具有三个能影响文化创意产业发展的特质：首先，社交媒体是一个放大器，它拓展了文化产品的触达范围，并通过第二屏幕的传播提升了文化产品内容的吸引力；其次，社交媒体是一个破局者，社交媒体和数字媒体平台从根本上全面改变了我们消费媒体内容的习惯，这对于当前的媒体及创意产业巨擘而言是一个挑战；最后，社交媒体是一个变革者，在现有的行业里建立起新式的媒体及创意产业。

对新业态的探讨主要集中在文化创意产业跨界融合发展，以及文创产业区块链创新扩散与全球城市网络建构上。盛婷（2017）提出文化创意产业融合会使品牌更具有“文化力”。文化可以增强产品的文化属性和审美属性，使产品更具吸引力，同时使产品品牌差异性显著，更容易获得消费者青睐。朱慧利（2019）提出当文化创意已经广泛渗透到经济社会的各个层面时，产业间跨界融合已成普遍现象。包相晖（2019）提出文化创意产业带来的产业延伸价值正在催化出新产业。产业发展如果只是在自身产业链的上下游拓深延展，其发展空间是非常有限的，而产业间的关联互动与融合，可以找到市场拓展的产业转型升级之路，甚至催化出一种新兴产业。以休闲农业和乡村旅游发展为例，其休闲性、文化陶冶性已成为满足城乡居民消费需求升级的重要载体，针对不同消费需求的产品，融合不同地域风情和文化旅游，更能满足消费者个性化需求。

陈晓莞（2020）提出文化介入相关产业的发展，通过创意形成新的业态及新的生产、营销、服务模式，不仅带动关联产业发展，还可以辐射到社会各个方面。基于并购融合方式的区块链技术创新从 2015 年开始在全球文创产业扩散，2018 年是区块链技术在全球文创产业传播采纳由沉淀积累转向爆发增长的关键节点。臧志彭（2022）指出从创新扩散的全球城市网络来看，北京在全球文创产业应用区块链技术创新方面展现出明显的“创新先驱者”特征，区块链技术进而向长江沿线和粤港澳大湾区主要城市扩散，并通过湾区经济与长江轴线共同构成辐射全国的创新产业带；美国的区块链创新扩散多集中于旧金山湾区核心城市圈；日本总体呈现出由区域政治经济中心城市向关西经济发达地区扩散的趋势。并且，作者同时建议中国城市形成创新扩散社会共识，激发多元主体协同创新效应，增强城市内部互联的紧密度和交互效应，建构可持续的核心竞争能力。

（四）文化创意产业已有研究总结

从以上文献综述可以看出，文化创意产业的研究还存在不足：一是当前研究缺乏体系；二是文化创意产业在数字经济背景下存在的问题并未得到解决。具体不足表现在：一是实证分析严重缺乏，绝大多数文献都停留在理论分析或思辨式的泛泛而谈，缺乏和文创企业现实的紧密联系；二是文化创意产业跨界研究尚且不足；三是文化创意产业与其他学科领域交叉融合研究较少，当下主要集中在文化、科技、管理、计算机领域，缺乏与其他领域的交叉研究。但这也为笔者深入分析和观察文化创意产业的商业模式内在机制提供了如下的启发。

第一，文化创意产业是从传统产业中逐步发展出来的，与文化、经济、科技发展紧密相连的新兴业态，产业的发展与一些创新思维、文化艺术等软性要素在这些行业中扎根，且不断深入繁衍的过程有关。因此对这些要素在其中的扎根方式、影响路径和影响面的观察，可以成为观察文化创意产业商业模式的着眼点。

第二，知识产权交易是文化创意产业形成发展进程中至关重要的推进力量，文化创意产业对知识产权的保护、交易和管理水平，很可能反映了这些企业经营管理模式和策略的成熟水平。这可为本书选择成功企业做案例分析提供标准。

第三，了解文化创意与现代科学技术的融合趋势或方式，对了解文化创意产业未来发展非常重要。成功运用先进的数字化技术，具备先进的技术创新模式的企业，在文化创意产业商业模式研究中的代表性应该更强。

第四，文化创意产业跨界融合、政策驱动的创新绩效、文化创意产业园区建设，给文化创意企业创新商业模式提供了新思路。

三、相关文献综述

（一）数字能力相关研究

1. 数字能力的内涵。近年来，随着大数据、机器学习、人工智能、物联网、云计算、区块链等数字技术的蓬勃发展，数字能力也得到了越来越多的学者关注。笔者通过中国中文期刊全文数据库中所收录的我国各类期刊看，截至 2022 年 11 月 22 日，关键词包括“数字能力”的学术期刊共有 1116 篇，其中企业管理和工业经济这两大领域被 SSCI 收录的期刊共有 240 篇。通过阅读已有文献，笔者发现目前学术界对数字能力定义还未达成共识，主要是因为学者们研究的角度不同，所以其对数字能力的概念存在一定区别。在管理和创业研究领域，数字能力是数字时代下组织获取可持续竞争优势的关键要素（Ross et al.，1996；庄彩云等，2020），是企业根据环境变化迅速采取应对策略的一种数字化动态能力，对文创企业生存发展以及传统企业的转型发展都极为重要（朱秀梅等，2020；Ferreira et al.，2020；Levallet & Chan，2018）。

数字能力的理论发展并非“空中楼阁”，其内涵和概念源自学者们对企业信息技术能力和动态能力的研究。信息技术能力是企业用于获取、处理和传输信息以进行更有效决策的技术能力（Sanders & Premus，2005），动态能力则是企业整合、重构和建立内外竞争力以实现与动态变化的环境相匹配的能力（Teece et al.，1997）。韦斯特曼等（Westerman et al.，2012）的研究指出数字能力是企业改变客户体验、优化运营流程和更新业务模型的基础，不仅包含对信息技术的开发和应用能力，还包括从大数据中获取价值的分析能力。勒瓦莱和陈（Levallet & Chan，2018）指出企业的数字能力包含灵活的信息技术能力以及信息管理能力，灵活信息技术能力是组织专注于可扩展、可适应和模块化数字技术的投资和应用的能力，信息管理能力则是企业通过收集、处理、存储、创建、产生、分发等过程来动态管理信息的能力。金和钬（Khin & Ho，2019）将数字能力定义为新创企业在数字环境下的一种特定动态能力，拥有数字能力的企业才更愿意采用数字技术，并能够致力于将数字技术转化为数字新产品，该研究将数字能力定义为企业在开发数字新产品过程中应用数字技术和管理专业知识的能力。庄彩云等（2020）通过对平台型企业利用互联网基础设施构建数字生态的研究，认为企业的数字能力主要表现为网络化情境下的互联网能力。朱秀梅等（2020）指出新创企业的数字能力是创业者设定战略、识别机会、重构资源并推动数字创业活动的综合能力。董钊（2021）指出对于企业来说，数字能力不仅仅是一种对数字技术的应用能力，也是一种动态能力，即企业运用内外部技术、资源、机会与能力相互结合、彼此协奏以适应数字环境的变化。王海花（2022）在借鉴莲卡等（Lenka et al.）以及里特等（Ritter et al.）的观点后，认为数字能力是许可、获取、连接、分析和应用数字技术的能力。

综上所述，学者们虽然根据各自的研究目的和视角对数字能力内涵给出了不同的理解，但是他们对数字能力的定义都是基于数字能力是一种对数字技术的应用能力。本书认为数字能力不仅是对数字技术的运用能力，还应是企业将内外部技术、资源、机会与能力相互结合、彼此协奏以适应数字环境变化的一种动态能力。

2. 数字能力的前因变量。从已有文献看，虽然数字能力得到了越来越多的学者关注，但是相关研究仍相对较少，截至目前关于数字能力的文献数目也才 1000 多篇，且文献大多集中在近三年。究其原因，可能是与数字能力有关的大数据、区块链、物联网、人工智能等技术在最近才开始在我国得到快速发展，由此而来的数字技术、数字经济、数字能力才得到学术界的广泛关注。但是从当前已有的研究来看，学者们对数字能力的研究主要还是对其结果变量的研究，而对数字能力的前因变量的研究较少，主要包括数字素养、数字技术、数字工具、外部环境等。

具体而言，王佑镁等（2013）强调了数字素养对培育数字能力的重要性，数字素养能够使创业者快速有效地发现并获取、评价、整合和交流数字信息，积极促进个体数字能力的形成与发展，数字素养是数字能力的基础。南比桑（Nambisan，2017）提出，数字技术是企业提升和增强其数字能力的关键，数字技术激发了传统创业要素的数字属性，对创业活动的赋能过程促进了企业不断培育并加强其数字能力，从而创造更符合时代发展的创业模式。李扬等（2020）认为对社交媒体、开源软件、众筹平台等基于数字技术的数字工具的应用不仅增强了企业家的数字能力，也减少了发明与新创业价值创造的障碍。吕芬等（2021）表明政府政策和竞争压力两个外部环境变量通过技术因素对中国中小型企业采用数字技术产生间接影响；企业层面的感知对中小型企业采用数字技术的影响并不显著；同时，结果证实了数字能力和数字兼容性两个技术因素在外部环境与中小型企业采用数字技术间起到的中介作用。

3. 数字能力的结果变量。从已有文献看，学者们对数字能力的研究多集中在其结果变量，探讨最多的是数字能力对企业绩效的正向作用。已有研究的多数学者认为数字能力的充分利用和管理，有助于整合和调用数字技术以加速企业绩效提升。一方面，数字能力支持企业内部，以及与其合作伙伴间的信息交换和电子互联，促使内外部数据联通和有效重组，从而基于数据的运营为提高企业管理、决策效率提供支撑；另一方面，数字能力支持企业管理有关数字技术的技能、人才和专业知识等，其可根据不同的领域和特定需求灵活调整，注重利用未完全开发的资源以挖掘新的潜在需求，进而实现产品新组合和新突破。

数字能力的结果变量主要包括即兴管理过程、数字机会开发、数字创新、企业绩效、战略柔性、企业创业等。具体而言，勒瓦莱和陈（2018）指出数字能力在有限的管理即兴情况下尤其重要，数字能力有利于领导者迅速对高度不确定及突发事件进行回应，帮助其快速且创造性地改进管理流程。佩尔格洛娃等（Pergelova et al.，2019）认为，企业的数字能力决定了其自身的战略方向，进而影响了企业能否良好地应用数字技术以及是否能有效地识别和开发数字机会。朱秀梅等（2020）指出数字能力是数字创业的基础，也是决定企业如何开发并利用数字机会的关键能力，研究认为数字机会来源于数字技术与数字能力的互动。金和钦（2019）通过对马来西亚的105家信息通信技术中小企业的研究，探究了数字能力、数字导向、数字创新以及企业绩效之间的关系，研究发现数字能力可以促进企业的数字创业活动，同时数字能力也可以提升企业绩效。庄彩云等（2020）认为新创企业的数字能力能够对平台型企业的战略以及信息等资源的共享方式产生影响，从而提升企业的战略柔性。以上学者对数字能力的研究主要是创新领域，朱秀梅等（2020）认为尽管商业实践中数字能力在创业领域中扮演了很多业务角色，然而以数字化为背景的创业研究仍然较为匮乏。

数字经济时代下，越来越多地看到公司层面的创业行动，美团从最初的团购软件迅速成为涵盖外卖、电影、团购、买菜、打车等一站式生活平台；滴滴从最初的打车软件成为涵盖出租车、专车、代驾、共享单车、租车等一站式出行平台。这些公司在竞争环境下凭借着强大的数字能力，对数字创业机会保持高度敏感性，快速识别数字需求并开发数字创业机会，整合数字创业资源（Ngoasong，2018）。不断着眼于产品和市场创新，对未来的机会采取主动行动，积极试错并敢于风险承担，数字经济时代公司利用数字能力进行创业与传统创业活动已大不相同。因而，数字技术对创业活动的颠覆性作用值得深入探究（蔡莉等，2019）。管运芳等（2022）基于资源编排理论和数字跳升逻辑，对 240 份问卷进行实证分析，探究数字能力对公司创业的影响作用及竞争强度对二者关系的调节作用。研究结果表明：数字感知能力、数字运营能力、数字协同能力均可以正向影响公司创业，但数字感知能力的作用最为明显，其次是数字协同能力，最后是数字运营能力；竞争强度增强了数字感知能力、数字运营能力、数字协同能力对公司创业的正向影响。

4. 数字能力的相关研究评述。通过上述相关文献可知，数字能力逐渐得到学者们越来越多的关注，得益于数字创业相关研究和理论的快速发展，数字能力的概念和内涵得以不断丰富，相关的理论和实证研究取得了明显进展。然而，虽然数字能力的重要性在创业实践中日益凸显，但其理论研究起步时间较晚，相关的实证研究依然相对匮乏且比较分散，这导致数字能力的研究进展缓慢且存在着一定的局限性。首先，学界对于数字能力的内涵尚未形成统一的认识，绝大多数学者集中于探讨计算机互联网技术对数字能力影响的一般理论研究，对于基于大数据、云计算以及区块链等数字技术背景下的企业数字能力的研究很少。其次，已有文献对数字能力影响组织管理过程、数字创新活动和企业绩效的过程进行了探究和讨论，但是对于数字能力的影响机制研究还不够充分，对数字能力是否影响以及如何影响文创企业尚未见探讨，这极大阻碍了数字能力的研究深入和理论拓展。再次，可以发现对于经济高质量发展，已有研究验证了新型数字基础设施的正向影响，但尚无研究以数字化能力作为中介机制来检验。数字化能力在新型数字基础设施促进经济高质量发展中具有中介作用，即新型数字基础设施有助于提升数字化能力进而促进经济高质量发展，因此数字化能力是促进经济高质量发展的关键因素。对于数字化能力，虽然已有少数研究验证了数字化能力对企业层面的促进作用，但缺乏对区域层面促进作用的研究。最后，无论是理论研究还是实证研究，现有关于数字能力的研究还多集中于西方发达国家成熟市场情景，缺乏对于发展中国家尤其是中国情境下的关注。中国的数字创业实践发展迅速，数字化的创新成果以及颠覆市场的新型商业模式层出不穷，但关于文创企业数字能力的理论研究却远滞后于实践发展。基于此，本书以国内文创企业为研究对象，探究数字能力对商业模式创新的影响机制。

（二）商业模式创新相关研究

商业模式一词最早出现于1957年贝尔曼和克拉克（Bellman & Clark）发表的《运营研究》中，其一直是实践界备受青睐的用语，到1999年以后商业模式在学术界快速升温，进入理论研究阶段。商业模式对企业成功所起到的重要作用得到普遍的共识，纵使企业看到了市场机会，具有新颖的经营理念、充足的资源、优秀的企业家等，企业仍可能会失败，其中最可能的原因就是没有一个好的商业模式（Morris et al.，2005）。商业模式是企业外部商业网络和企业内部价值链的平衡系统，这种平衡是符合情境条件的最优状态（Voelpel et al.，2004）。对于企业而言，需要对商业模式现状进行分析，根据商业模式构成要素进行创新设计，从而实施新的商业模式，在实施过程中对商业模式的有效性进行评估及检验，并不断调整更新商业模式要素，这一循环过程如图2－1所示，因此对于商业模式的研究主要聚焦在商业模式概念（商业模式内涵、要素构成、分类）及商业模式创新（商业模式创新动力、商业模式创新过程、商业模式创新评估）两个大的方面。本书也将按照这样的思路对相关文献进行整理。

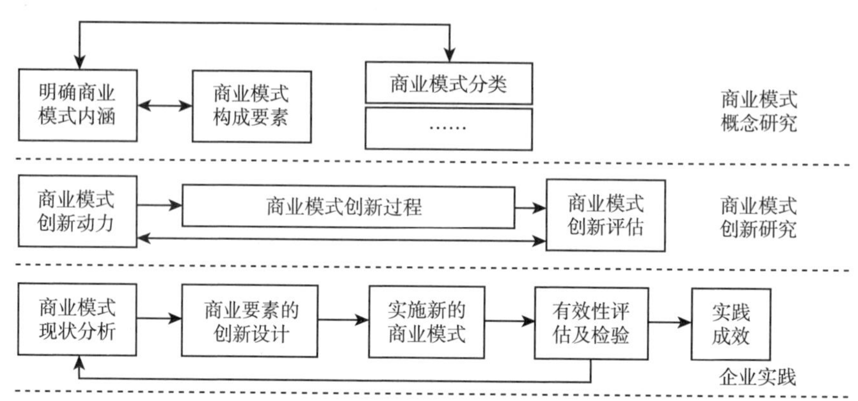

图 2-1　商业模式及商业模式创新研究综述整理思路

1. 商业模式内涵研究。目前学术界对商业模式的概念还未统一，对其研究的意义也存在争议：一是学者们在研究商业模式时研究对象不同（如电子商务企业、新创企业、传统企业、二次创业企业），理论视角不同（如创新理论、资源理论、价值链理论、顾客价值理论）或研究方法不同（如案例研究、文献归纳演绎等），所有理论演绎或实践归纳得出的商业模式概念存在偏差，其构成要素不具备普适性：不是在其他情境中不能发挥作用，就是在其他行业或者情境中根本就不存在（Klein，2008）。二是商业模式自身作为一种“大伞构念”，可包含和解释一系列不同现象；其系统性、整体性，导致商业模式的范围较为模糊，常与其他概念如战略、创业、组织结构、商业过程等的差别不清（Klein，2008）。现阶段对商业模式的研究主要有三个视角：一是战略视角，商业模式反映了企业战略选择（Casadesus-Masane，2010），武光等（2015）认为企业根据市场机会选择合适的商业模式，可以满足不同市场需求；二是价值创造视角，商业模式演变往往导致价值链重塑（冯立杰，2019），涌现新的价值主张或价值创造方式，有助于企业适应外部环境变化；三是创业视角，企业不断调整商业模式的关键要素，使其与创业过程相匹配，逐渐演变为最适合自身发展的商业模式（张敬伟，2019）。“商业模式是否具有理论发展潜力”遭到了一些研究者的质疑，但也有学者整理商业模式研究进程后提出商业模式的研究已经经历了“初期－令人兴奋期”及“效度受到质疑”两个发展阶段，目前进入通过类型学研究进行规整的新阶段。对于商业模式的分类研究，大多数研究都是非结构性的，以阐述的方式提出不同类型的商业模式，这使得我们很难准确识别和区分具体的商业模式类型，也难以用一个框架对商业模式之间进行比较。如霍金斯（Hawkins，2003）所认为的那样，由于商业模式的研究缺乏分类的系统性，其分类还不严格。

尽管目前对商业模式的研究还存在争议，但笔者认为商业模式具有分析企业价值创造与价值获取整体逻辑的全局视野；同时商业模式构成体系有利于解释很多新问题和新现象，如电子商务领域的价值创造、山寨产业的兴起。文化创意产业作为一个新兴产业，的确需要从商业模式的角度作出思考；缺乏有效的商业模式不仅是业界的呼吁，更是理论界无法回避的问题。对文化创意产业商业模式进行系统性的分析和研究，或许也有利于商业模式理论的检验及完善。

商业模式存在众说纷纭的现象，其相关的概念多达上百种，对这些概念进行分类整理的综述研究也较多。本书这里只做简单概述，其中最具有代表性的定义如下：阿普尔盖特（Applegate，1999）认为商业模式是一种描述商业结构、人们需求类型及发挥作用的简易方法，它表明公司是如何与他人发生交互作用，如何赚钱并将价值返还给顾客、供应商、合作者、雇员及所有者，以及与公司进行交易的对象期望。他认为商业模式由概念、价值和能力三个部分组成，其中，概念描述了机会和战略，价值指带给投资者和其他利益相关者的收益，能力定义了将概念变为现实所需要的资源。马格勒塔（Magretta，2002）认为商业模式就是说明企业如何运作的故事，每个有生存能力的组织都是建立在一个合理的商业模式之上。商业模式需要回答以下三个问题：你的顾客是谁？顾客重视的是什么？你如何以适当的成本来实现价值？切斯布罗（Chesbrough，2002）从技术创新视角，提出了商业模式的六个构成要素，包括价值网络、价值主张、细分市场、成本结构、价值链与获利能力以及竞争战略，明确指出一个成功的商业模式应该向顾客表明产品或服务的价值主张，这也是技术商业化必须解决的问题。詹森（Johnson，2008）认为商业模式包括顾客价值主张、核心活动等要素，商业模式是利用商业机会创造价值而设计的交易活动体系。奥斯特瓦尔德（Osterwalder，2011）认为商业模式是描述企业价值主张、创造、交换和获取的商业逻辑。盖姆巴苏（Geambasu，2012）认为信息技术是最早使用商业模式概念的研究领域，在信息技术的背景下，商业模式最初的含义是根据商业目标和资源定义的业务框架，用于指导企业信息系统建模。普里姆等（Priem et al.，2013）的研究指出商业模式是以实现顾客价值为核心的行为方式，包括提出价值主张、产生顾客价值、提供顾客价值和实现顾客价值。阿克滕哈根等（Achtenhagen et al.，2013）认为，商业模式是企业为实现组织利润而设计的一种商业结构和市场分析机制。德米等（Demi et al.，2015）认为商业模式是企业利用内、外部因素之间的相互作用来创造和捕获价值的启发式商业逻辑。昂厄利等（Angeli et al.，2016）将商业模式定义为企业与客户、合作伙伴和供应商进行交易活动的模板，也是企业联结市场和分析市场的机制。福斯等（Foss et al.，2017）则认为，商业模式是企业、客户和利益相关者进行互动的系统，包含满足市场的感知需求、活动的规范以及活动的连接方式等。曹等（Cao et al.，2018）认为，商业模式的设计和执行是企业提供价值、获取资源并创造价值的过程，是企业为消费者以及合作伙伴创造价值的核心逻辑。川特等（Chuanet et al.，2019）认为数字化在商业模式中有着重要作用，企业可以借助数字化连接能力，不断地从价值网中搜寻和吸收资源和知识以及重新组合内部资源，实现企业内部资源与外部资源的最优连接和匹配，从而形成数字化的商业模式。塞佩克等（Ceipek et al.，2021）认为商业模式是企业利用数字化能力与企业战略的关系，实现价值创造与价值获取的逻辑。

国内也有不少学者对商业模式进行了探讨，其中具有代表性的如黄卫伟在阿普尔盖特三要素商业模式基础上提出的四要素商业模式模型（黄卫伟，2003），并将其称为“生意模式”，即企业赚钱的关键因素和逻辑，四要素商业模式模型添加了“方式”这一内容，实现方式是具体的，在以往三要素（概念、价值、能力）中难以体现，实现方式这一要素既包括手段、途径、渠道、媒介、载体，也包括产品和服务。

对商业模式概念进行整理的综述研究中，较为典型的有以下几个：莫里斯（Morris，2003）在对大量的商业模式内涵的文献进行整理后，将已有文献分为了经济、运营、战略三个类别。莫里斯提出经济类的商业模式是指企业的经济模式，它描述的是“如何赚钱”的逻辑，重要的构成要素是成本和利润，以及收入来源、定价方法等；运营类的商业模式强调企业内部流程和内部的构建，其重要的构成要素是产品/服务的交付形式、管理流程、知识管理等；而战略类的商业模式强调的是企业的市场定位、竞争优势与可持续性，其重要的要素包括差异化、网络、愿景等概念。综合三个类别的商业模式研究，莫里斯给出了商业模式的内涵，商业模式是对企业战略方向、运营结构和经济逻辑三者内部关联性的变量进行定位和整合，从而在市场上获得竞争优势。

奥斯特瓦尔德（2005）对众多的商业模式概念进行了比较分析研究，综合考虑了各个内在因素之后，奥斯特瓦尔德提出商业模式是建立在一系列要素及关系上，用于说明企业商业逻辑的概念性工具。商业模式包括了四个重要的界面：一是能为客户提供的价值界面；二是企业内部结构的基础设施界面；三是交付客户、营销的客户界面；四是企业获得收入产生成本的财务界面。一个公司赖以创造和获取价值的商业模式构成要素可以细分为以下九个方面。其九个构成要素的含义如表 2 -2 所示。

表 2 -2　　商业模式九大构成要素

维度	商业模式要素	描述
产品	价值主张	公司通过其产品和服务所能向消费者提供的实用意义
顾客界面	客户细分	公司所瞄准的消费者群体。定义消费者群体的过程也被称为市场细分
	客户关系	公司同消费者之间建立联系的方式及结果
	渠道通路	公司用来接触消费者的各种途径，如市场策略、销售策略等
基础设施（经营系统）	关键业务	为了创造价值而进行的资源和企业活动的配置
	核心资源	公司执行其商业模式所需要的能力和资格
	重要伙伴	公司同其他公司之间为有效地提供价值，并实现其商业目的而形成的合作关系网络
盈利模式	成本结构	商业模式中所使用的方法和要素的金钱表现
	收入来源	公司赚钱的各种收入现金流

德米尔和勒科克（Demil & Lecocq，2011）认为，企业的商业模式是创造价值、整合资源、提升能力、传递价值主张并获取收益的过程。本书的研究受奥斯特瓦尔德理论的启发很大，因此略多用些笔墨介绍之。奥斯特瓦尔德的这个定义明确了商业模式的五个特征：它包含诸多要素及其关系；它是

一个特定公司的商业逻辑；它是对顾客价值的描述；它是对公司的构架和它的合作伙伴网络和关系资本的描述；它产生盈利性和可持续性的收入流。

原磊（2008）在莫里斯的研究基础上重新对商业模式概念进行了归类，他根据商业模式构成要素的复杂性，将商业模式分为简单罗列阶段、细节描述阶段，以及网络建模阶段。原磊认为目前商业模式的研究已经进入网络建模阶段，在这一阶段商业模式的研究不仅要说明其构成要素，更要解释各个构成要素在整体模式中的地位及其所起到的作用，并且说明各要素间的相关关系，这种网络建模的研究更加有利于打开商业模式这个“黑箱”，从而联系企业内部因素与外部因素之间的关系，特别是解释商业模式对于绩效影响的联系。原磊综合了已有概念，提出商业模式应该是一个综合的概念，包括企业如何明确顾客价值、建立内容结构、与合作伙伴形成网络关系，传递价值、获得收益并维系资金运转，因此商业模式是一个系统或整体的概念。

张敬伟和王迎军（2010）将众多商业模式概念分为经营系统、经营系统 + 盈利模式、经营系统 + 盈利模式 + 价值主张三个大类，并总结提出有助于透视商业模式基本内涵的价值三角形框架。商业模式从本质上讲是一种思维方式，为解决“企业如何创造与获取价值”这一基本问题，价值三角形是商业模式的完整逻辑，即如何定义价值、创造与传递价值以及获取价值。基于价值三角形框架研究者进一步提出由“市场定位、经营系统、盈利模式”三要素组成的商业模式架构，使得商业模式概念更加具体化，三维度概念模型有助于全面、完整地思考企业的经营逻辑。

罗珉（2015）从价值创造的视角，研究并分析了互联网时代下商业模式构成的新特点，罗珉提出，互联网时代下，传统以供给为主导的价值创造和商业模式正在走向消亡，以需求为导向的价值创造过程正成为新时代下商业模式构建的重要因素，此外，社群、跨界、资源整合以及产品设计成为互联网时代下商业模式构建的核心因素。

吴晓波和赵子溢（2017）认为商业模式是一种描述企业如何在市场中进行商业设计和活动的方式，或是一种企业进行商业活动和市场分析的模板，或是一个包含了客户和利益相关者的价值网络机制，其解决的是企业创造价值、传递价值和获取价值的过程。

孙凡淇（2022）以前人研究的成果为基础，通过归纳总结认为商业模式是为实现价值的共创共享，以顾客、生产者、合作伙伴为利益相关者，在研发生产阶段、营销交易阶段和服务体验环节形成的互补性组合及相应的交易结构和盈利模式。

许强（2022）在总结前面学者研究，根据商业模式各要素的特征，可以将商业模式分为探索型商业模式、利用型商业模式和双元型商业模式。探索型商业模式在于搜寻未来发展机会，找到新的增长点；利用型商业模式在于强化现有模式，优化现状，探索型行为和利用型行为在企业资源分配上具有一定的竞争性；而双元型商业模式旨在同时进行现有业务活动的优化升级和新业务的创新探索，使利用型行为和探索型行为在同一个商业模式中实现和谐共存，帮助企业维持竞争优势。

本书通过对商业模式概念的综述文献进行回顾，不仅能够获得商业模式的经典概念，更有助于对商业模式概念的整体把握。本书的重点在于文化创意产业适宜的商业模式研究，而非商业模式本身构念的研究，因此不再对众多概念进行分类阐述，而仅重点介绍对本书有借鉴意义的文献。

目前对商业模式的分类从多个角度入手，学者们采用了不同的方法与分类标准，造成了分类结果的差异。如泰默斯（Timmers，1998）从信息流创造增值服务的角度，对 11 个商业模式进行了定性的映射，将商业模式划分为 11 种类别：电子商店、电子采购、电子拍卖、电子商场、第三方市场、虚拟社区、价值链服务提供者、价值链整合者、协作平台、信息回扣代理、信任及其他服务。

拉帕（Rappa，1999）对商业模式分类归为两级。第一级有 9 个大类：会员服务模式、经纪商模式、信息中介人模式、制造商模式、销售商模式、社区模式、广告模式、订阅模式和效用模式。在第二级分类中，又将广告商模式分为免费模式、专门化门户网站、廉价商店、个性化门户网站、注意力或刺激性营销 5 个小类；将经纪商模式分为买/卖配送、市场交易、商业贸易社区、购买者集合、经销商、虚拟商场、在线中介商、拍卖经纪人、反向拍卖经纪商、分类广告、搜索代理 11 个小类。

皮卡德（Picard，2000）认为商业模式的构成要素会随着公司内部和产业环境的变化而变化，他将在线内容服务的商业模式分为 6 种模式：可视图文模式、付费网络模式、免费网络模式、广告插入模式、门户和个人门户模式、数字门户。

荆林波（2001）从 B2B 和 B2C 两个方面对商业模式进行了剖析，并将 B2B 模式分为：目录模式、综合运营模式、中介服务模式、拍卖模式、B2B 与 B2C 的结合模式、政府采购和公司采购模式、供应链模式、交换模式 8 种。

阎俊（2005）对商业模式的研究分为两个视角：第一个角度是从商业模式的盈利模式入手，仅从企业如何获利的方式来对商业模式分类；第二个角度是从系统的角度，将商业模式看作一个多部件组成的有机系统。从第一个视角可将所有的商业模式分为 3 种基本的商业模式类型：生产模式、平台模式、媒体模式。其中生产模式指公司生产数字内容或服务，卖给消费者，通过超出成本的部分实现利润；平台模式指一个公司转卖数字内容或服务，使得买卖双方达成交易，从中获取收益；媒体模式指广播台和电视台，向内容制造商购买影音内容，提供给听众或观众，通过吸引消费者的注意力，从而实现广告收益。

吕（Leu，2008）按照角色功能将商业模式分为 8 种原子模式：产品提供者、直销、服务提供者、价值网集成者、共享的基础设施、平台、虚拟社区、公司综合服务。曾楚宏等（2008）从企业在产业链或价值网中的定位、企业在价值链或价值网中的竞争优势以及企业在价值链或价值网中能够获得的潜在利润三个维度来衡量商业模式，得出 4 种类型的商业模式：聚焦型、一体化型、协调型和核心型，并指出这些商业模式会随着产业的生命周期表现出规律性的演化趋势。

李文莲（2013）从整个产业链的角度展开了分析，根据企业所处的大数据产业链位置将商业模式分类成数据租售模式、信息租售模式以及知识租售模式，在服务角色方面又可以分为硬件租售模式、软件租售模式和服务模式。

吴晓波（2014）基于价值网络研究视角，在价值主张、价值创造、价值获取、价值实现四个维度上，通过专家打分对中国创业板上的 62 家现代服务业企业进行聚类分析，得到 6 种商业模式：长尾式商业模式、多边平台式商业模式、免费式商业模式、非绑定式商业模式、二次创新式商业模式、系统化商业模式，并对每种商业模式的典型案例进行了分析。

哈特曼（Hartmann，2016）从数据资源的角度对商业模式进行分类。在数字化时代，数据越来越成为企业的战略资源，尤其是工业大数据，业已构成了制造企业商业模式设计的重要基础。制造企业对数据资源的积累、使用的不同，也会导致企业形成不同类型的商业模式。现有文献从数据资源的来源、角色、应用情况对制造企业商业模式的类型进行了探讨。例如，从数据的生命周期来看，数据的产生、获取、聚集、处理、分析及可视化贯穿企业整个业务流程。根据这些数据资源的使用情况进一步可以将商业模式分类成多种，包括免费数据收集和聚集模式、分析即服务模式、数据产生和分析模式、免费数据知识挖掘模式、数据聚集即服务模式以及多元数据混聚合分析模式。

肖挺（2019）、张睿军（2020）将商业模式分为产品导向型、客户导向型两种商业模式。具体来说，产品导向型商业模式是制造企业开发和提供与产品相关服务内容的模式，这些服务更多是对产品使用、功能上的完善或延续。例如对产品、设备的故障检测、维护维修等系列售后服务。在这个过程中涌现出产品服务系统等概念。相对应地，客户导向型商业模式是制造企业提供与客户体验相关服务的模式。例如向客户提供整体解决方案、技术服务、培训、咨询、金融服务等。客户导向型商业模式通过直面客户需求和痛点提供相应的服务或解决方案，从而更有可能为企业获得除产品之外额外的利润。

朱秀梅（2020）根据数字技术与商业模式的嵌入程度将商业模式分为存量型、增量型和全新型，或传统改造型、融合型、全面型。传统改造型模式是用数字技术将已有的商业模式进行局部改造和优化；融合型模式通过构建数字化平台，依托线下资源进行线上经营；全面型模式是数字技术与商业模式各个要素紧密融合，数字技术甚至改变原有商业模式的内容、结构、治理机制，商业模式的整体架构和内涵都发生显著变化。

2. 商业模式的创新研究。新创立的公司需要商业模式创新，对于已有公司也不能避免商业模式创新的问题。对新创立的公司而言，初创的商业模式往往容易受到创业者学识、工作经验的影响，而对于已有公司而言商业模式的创新往往是在内部或外部的一些动因（竞争威胁、新市场等）下，对现有商业模式的一种变革，这种变革的目的是在于找到一个更加适合其发展目标的商业模式（Peter & John，2010）。所以商业模式并不是特定的、不变的，而是根据市场的变化，将现有过时或盈利性不强的商业模式不断淘汰的过程，商业模式创新描述的是一个动态的过程，是企业价值创造的必要途径，这种创新既包括多个商业模式构成要素的变化，也包括要素间管理或动力机制的变化。佐特等（Zott et al.，2011）指出商业模式创新是有意识地改变现有的商业模式；或创造一个新的商业模式来满足客户多样化和个性化需求，或通过改变价值创造的方式，赋予企业新的竞争优势。现代信息技术的快速发展和产业生态的持续演化使企业赖以生存的外部环境日趋动荡，原有的商业模式难以构筑企业的竞争力，不断创新商业模式成为企业应对外部环境变化和形成独特竞争优势的关键手段之一。莫里斯（2005）提出企业要想在快速变化的市场环境中获得竞争优势，需要不断革新现有的商业模式，通过改革为客户创造全新的价值。福斯等（2017）认为商业模式创新则是企业基于新商业模式，试图以新价值主张为利益相关者创造、传递及获取价值的组织变革过程，是企业探索创造与获取价值的新方法、新逻辑。

对于商业模式创新，国内研究集中于前因、路径、机制、结果等领域。商业模式创新的前因包括管理认知、资源能力、组织活动、技术创新、市场机会、价值网络等内外部因素（吴晓波和赵子溢，2017）。在创新路径方面，研究者根据所研究的行业、企业特征提出不同方向，如张力等（2021）基于多层次视角，提出拓展型、复制型、整合型、模仿型 4 条新能源汽车创新路径。对于商业模式创新机制方面，学者们既从商业模式创新自身考察了创新的形成与演化原理，也从动态能力、创新方式、产业政策等因素与商业模式创新之间的互动关系方面入手进行了探索（武光等，2017）。在商业模式创新的结果上，江积海等（2016）、陈菊红等（2020）指出企业通过商业模式创新可以为客户重新设计产品或服务，提供新的产品、服务和体验，从而以快速、高质量的方式满足顾客的多样化个人需求，进而提高客户忠诚度。施耐德等（2014）指出企业通过商业模式创新可以改变现有的生产流程和运营方式，实现与供应商和客户新的交易和利益分配方式；作为一个不断通过试错学习以设计、改进的探索过程，商业模式创新能够帮助企业重新设计战略及业务系统以增强核心竞争力，促使企业实现顾客价值跳跃式增长、新市场创新或已有产业结构重塑、竞争规则及性质改变，并最终获得超额利润和快速成长（Martins，2015）。吴晓波等（2017）指出商业模式创新可以帮助企业获取新资源，通过再造资源交易的方式赋予企业新的差异化竞争优势。陈宣梅（2022）指出商业模式创新有助于企业创造和获取新的价值，从而推动企业实现更高的绩效水平。对商业模式本身的研究可以分为改变客户价值或是改变商业模式构成要素两个视角，如沃尔佩尔、莱多尔德和泰基（Voelpel，Leidold & Tekie，2004）提出，商业模式创新通过改变客户价值主张或是重构商业网络或价值链来实现。从改变客户价值角度来看，商业模式创新能够创造出优于目前方案的客户价值解决方案。如马格勒塔（Magretta，2002）提出，对商业模式的理解要从更好地创造客户价值去入手，以客户价值为根本目标，重新认识企业的价值、参与者的角色以及市场运作和市场的关系，对现存的业务价值链进行调整，从而改变客户的价值提供。从商业模式的构成要素角度看，商业模式构成要素有多少及多大程度上发生了改变，是商业模式创新的本质，如米切尔（Mitchell）和科尔斯（Coles）从商业模式的利益相关者、所提供的产品或服务、提供时间、提供地点、企业存在原因、交易方式、价格支付这七个要素去分析商业模式创新，认为在这七个要素中如果有某一个要素发生了变化，认为是商业模式的改进，改进的本质是商业模式的微调；当这些要素中有四个要素发生变化，此时商业模式发生了变革，而能够运行一个未曾使用过的或是全新行业的商业模式才是商业模式的创新。

从客户价值的改变与从商业模式构成要素的变化界定商业模式创新只是两个研究的视角，其实质是相互联系的。商业模式作为企业价值创造与价值获取的系统，各要素之间是相互联动的，当客户价值发生变化时往往其他要素也要随之变化，当商业模式要素变化时，客户价值往往有新的内容。因此一些学者在研究商业模式创新的时候，整合了以上两个视角，如钱志新（2008）提出判断商业模式的创新应该把握以下几点：围绕消费者来进行商业模式创新，以经济联盟作为载体来进行商业模式创新，以提高企业的应变能力作为关键的环节，充分利用信息网络平台获得商业模式创新的机会等。翁君奕（2004）提出商业模式是一个价值三维度空间，包括价值主张、价值支持和价值保持，而商业模式创新的本质是在一个给定的平台环境下，发现客户价值、分析伙伴背景与企业内部基础设施，以及内外部的联系所存在的价值潜力，通过这种潜力去激活商业模式创新的能力。

商业模式创新基于不同研究视角可以划分为不同的类型。吴晓波和赵子溢（2017）从认知视角将商业模式创新划分为前摄型商业模式创新和反映型商业模式创新。倪渊（2019）指出前摄型商业模式创新是指企业为打破现有市场格局，冲破发展束缚，通过动态能力主动进行创新活动的过程，属于颠覆式创新。而反映型商业模式创新较为被动。德沃尔德和杜顿耶（1986）从创新强度和力度视角，将商业模式创新划分为渐进型商业模式创新和突破型商业模式创新。渐进型商业模式创新是逐步改善现有技术、流程和方式等的过程，而突破型商业模式创新会对现有经营、管理模式或组织结构作出重大改变。二者本质区别在于企业对知识、技术、资源和能力的整合程度。乔治和博克（George & Bock，2011）从异质性研究主题视角，将商业模式创新分为效率型商业模式创新和新颖型商业模式创新。效率型商业模式创新是指重整与配置资源、优化企业组织结构、简化交易流程等以达到降本提效的目的，而新颖型商业模式创新通常会创新产生全新的组织结构。基于此，本书认为不同类型的商业模式创新是商业模式创新内在差异性的结果，通过归纳分析不同类型的商业模式创新，可以更系统地从理论视角挖掘商业模式创新的内在特征，从而有针对性地进行内在机制的分析。

在商业模式创新的研究中，主要包括三个方面：一是引起商业模式创新的动力研究；二是商业模式创新过程研究，即创新中商业模式构念内部要素之间的非线性匹配关系，及构架与情境之间的权变关系的研究；三是对商业模式创新的评价。笔者从现有研究中获得的启发是，商业模式创新是一个动态的过程，是商业模式从一个界面到另一个界面的演变。

企业的商业模式创新需要选择创新时机和实现途径，这是在一定动力的推进下完成的。在商业模式研究中，专门探讨创新动力的文章并不多，但有很多相关研究都涉及创新动力问题。本书将从以下三个方面来概括创新动力研究的相关成果。

（1）企业外的创新动力。以往研究大多数学者强调了引起商业模式创新的外部因素，主要包括技术推动、需求变化、竞争压力三个方面。但是笔者认为三个方面的动力里面，满足需求变化是企业商业模式创新的本质内容，商业模式作为一个价值创造与价值获取的整体逻辑，必须解决的就是提供符合消费者需求的价值内容。因此无论是技术推动还是竞争压力的动力机制，其隐含的含义都在于通过科技更好地满足消费者需求，或是区别于竞争对手更好地满足消费者需求。所以目前对于这三个方面的动力应该是在不同层面上的问题。

从纯粹外部的因素看，对商业模式的创新动力最早发现的是技术的推动作用，这也源于对商业模式的探讨一开始是由于网络经济的兴起。因此早期的研究者都提出商业模式创新是由于以互联网为代表的新兴技术的运用，然而在陆续的研究中发现，技术的概念更加广泛，IT 和 ICT 技术的发展，使得产业的模块化和融合现象大大存在，这种融合推动了美国、欧洲和日本多个国家和地区的相关企业的商业模式创新，同时创新了的商业模式使得企业能够在更大程度上实现技术突破带来收益（Fumio Kodama，2004；Faber，2003；Yovanof & Hazapis，2005）。随着数字技术的出现，数字互联成为一种新的经济资源，为企业带来根本性的业务变革，刺激企业的商业模式创新。李文莲等（2013）较早从理论思辨的视角系统论述了大数据资源与技术对企业商业模式的影响。魏江等（2014）指出商业模式创新受到数字技术和网络技术的深刻影响。杨格特等（Yanget et al.，2017）认为大数据资源本身并不能直接驱动企业创新，需要利用新型的大数据处理技术和工具对海量数据加以有效挖掘和应用，否则大数据将毫无用处。吉峰等（2021）指出企业数字化能力是以数据为核心，通过利用数字化技术与资产来调动企业内外部资源，减少组织信息的复杂性和不确定性，从而实现营销、研发和生产的数字化变革，以此创造更大商业价值。特拉布科和德乔·瓦尼（Trabucco & De Giovanni，2021）与塞佩克（Ceipek，2021）等认为，数字化能力与企业战略和商业模式创新存在较高相关性，表现为数字技术的出现与应用使得企业数字化能力战略得以实施，促使商业模式创新。技术是商业模式创新的一个主要动力，在多个领域都得到了证实，如华伦斯坦、瓦尔克和梅乌斯（Willemstein，Valk & Meeus，2007）研究说明生物制药企业的商业模式创新的动力也是技术的发展。总体来看，技术推动商业模式创新的根源在于技术推动下，产业融合成为趋势，不同产业链下的商业模式必须相互锁定，从而商业模式必须重新调整（王惠芬、赖旭辉、郑江波，2010）。

市场竞争与经营压力是企业商业模式创新的一个重要动力，也是企业设计和发展商业模式的契机。IBM（2006）进行了这种压力的调查，调查的范围包括全球 765 个 CEO 或者企业高管，调查结果发现约有 40% 的企业高管担心竞争对手的商业模式创新会改变行业发展的前景，为了让自己能够掌控这种创新的变化，他们往往通过企业联盟形成行业的力量去掌握行业的变革方向。

文卡特拉曼和亨德森（Venkatraman & Henderson，2008）对竞争压力如何促进商业模式创新作了探讨，他们认为竞争压力最开始并不会带来商业模式创新，但是当竞争压力逐渐增大到一个临界值的时候，企业就产生了商业模式创新的需求，其中关于临界点的假说还需要进一步地去证实。

阿韦尔萨等（Aversa et al. ，2015）认为竞争对手的商业模式创新还可能引起企业自身的学习与效仿，其信息反馈往往会促进企业优化自身产品或服务，从而驱动商业模式创新的进行。

陈劲等（2022）提出新进入者带来的行业竞争可能颠覆企业间竞争格局、重新定义行业秩序，迫使在位企业进行商业模式创新以应对行业变革。

（2）企业内的创新动力。商业模式创新的内部动力主要包括利益驱动、成就驱动或社会价值驱动（何亮，1998），其中利益驱动是核心基础。

一是利益驱动。从经济学理论出发，厂商的目标在于追求最大化的利润，因此商业模式创新的根源就是为了获得利润。罗珉等（2005）认为，企业经济租金（超额利润）是厂商追求利润的体现，其中经济租金包括新商业、新技术、新来源和新组织模式创新获得的经济租金；也包括企业及员工运用新知识创造价值获得的一种经济租金，只有在经济利益得到满足的时候，企业才会有愿望通过商业模式来实现企业的社会价值。

二是成就驱动或社会价值驱动。商业模式的创新必须在企业高层的支持下才能完成，而这一过程与企业家精神相联系，是企业家成就的驱动或是社会价值的驱动。林德和坎特雷尔（Linder & Cantrell，2000）通过对 70 个公司管理者进行访谈，并整理了大量的二手资料，发现企业的 CEO 有 30% 的创新努力都聚焦在商业模式创新上。黄谦明（2009）结合了资源基础论和企业家理论，认为商业模式创新是企业家对资源的创造性配置，其目的是企业家精神的体现，实质是追求创新租金和实现个人成就与社会价值。

商业模式创新的内部动力还可以是企业内部资源和企业高管能力。莫里斯等指出商业模式具有协调与配置企业资源的潜能，新拥有的资源与能力或要素的重新组合都可能催生商业模式创新。同时，企业多样的动态能力有助于其识别复杂环境中的变化，积极采取措施对冲现实风险，促成商业模式创新的顺利进行。张等（Zhang et al.，2021）证实了企业内部资源能力对商业模式创新的显著驱动作用。科洛维奇（Colovic，2021）认为企业高管作为企业中最具发言权的个体，其个人的认知、能力、行为等都会影响商业模式创新的启动与执行。斯尼胡尔和佐特（Snihur & Zott，2001）通过分析跨行业搜索、复杂系统思维方式及强有力的集中决策三种实践行为，解释了创业者的思维与行动驱动及塑造其企业商业模式创新的方式。此外，学者们还具体分析了管理者的创造力、自信程度（Tang，2015）、先前经验等对商业模式创新的驱动效果与作用机制及管理者特质在不同企业间驱动效果的差异。

（3）综合视角。从单一视角分析商业模式创新的原因，往往过于牵强，因为商业模式创新是一个复杂的综合体，涉及企业内外的诸多原因。因此一些学者运用了系统论来解释商业模式创新的动因，如马哈德万（Mahadevan，2004）从价值创造的角度去分析商业模式创新的方式，研究发现这种创新是不同因素共同作用的结果。在企业的现实发展中，随着新技术的运用和外部环境的变化，竞争压力及新的机遇要求企业寻找新的价值创造策略，因此企业必须去创新已有的商业模式。梁晓雅和陆雄文（2009）对中国民营企业的发展进行了案例的总结和整理，依据资源观和权变理论，构建了制度环境、资源能力、市场需求和企业家精神四个维度的商业模式，提出了受到多个因素影响的商业模式创新本质。斯尼胡等（Snihur et al.，2021）基于企业内外部两个方面讨论可能驱动商业模式创新的因素，如经济危机、技术变革等外部因素与管理者思维方式认知等内部因素。陈劲等（2022）提出商业模式创新是一个复杂的耦合过程，通常由多种因素组合驱动发生，是环境及自身资源、能力变化的共同函数。其将从企业内部资源能力驱动、企业管理者驱动、技术创新驱动、市场需求驱动、行业竞争驱动五个视角对商业模式创新驱动因素的相关研究成果进行了梳理总结。

对商业模式创新的动力研究是分析创新因素的根源，已有文献涉及了企业外部、企业内部及其综合的创新视角，但是对诸多动因的分析没有详细地研究这种影响的大小，同时很多动因只是商业模式创新的一个相关关系，还不能构成因果关系的命题。

对商业模式创新过程的研究是一个非常重要的内容，学者们希望通过商业模式创新过程的剖析揭示“如何进行商业创新”这一问题。对于商业模式创新过程的研究基本可分为两类研究视角：第一类研究视角是研究基于商业模式的构成体系，探讨在商业模式创新的过程中，各构成要素之间的演变；第二类研究视角是完全没有涉及商业模式的构成问题，而是把商业模式作为一个“黑箱”去看待，采用价值链理论、动态能力理论、演化理论等来分析商业模式这个“黑箱”的变化过程。

对商业模式创新过程研究的第一类视角是将商业模式看作一个构成体系，对其创新过程进行研究，商业模式创新可以通过提高要素的价值途径或者是改变要素之间的关系途径来实现。韦尔等（Weill et al.，2001）提出了“原子商业模式”的概念，他认为原子商业模式具有四个组成部分，包括战略目标、关键成功因素、盈利来源、核心竞争力，商业模式创新就是改变着四个要素的组合方式。

赫德曼和卡林（Hedman & Kalling，2003）认为商业模式构成要素及要素间的关系难以厘清，商业模式构成框架不能解释因果关系及反映企业长期的变化，他们提出基于企业资源观的商业模式分析框架如图 2－2 所示。

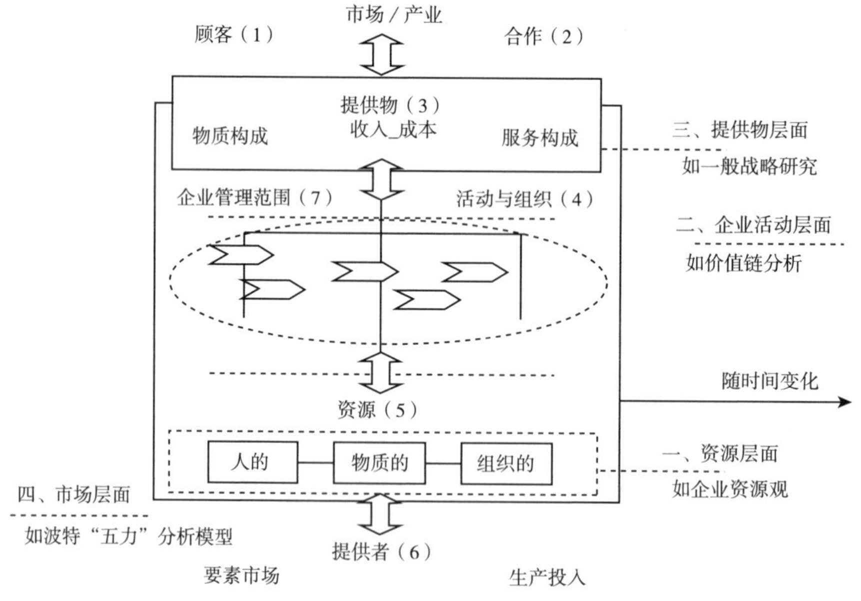

图 2－2　基于资源观的企业商业模式构成

商业模式构成包括以下要素：顾客、合作、提供物、活动与组织、资源、提供者、企业管理范围，企业面对市场竞争压力为顾客提供产品与服务，受到企业管理范围及其自身企业活动能力的制约，同时这些管理企业活动都是基于企业的资源来进行的。赫德曼和卡林提出的商业模式分析框架不仅有利于探清商业模式内部构成要素间的联系，还利于说明随时间推进商业模式创新的演变过程，从而揭示商业模式发挥作用的过程。

沃尔佩尔、莱多尔德和泰基（2004）认为对商业模式创新的思考不能片面，要从一个整体的系统去考虑，这个系统包括客户、技术、基础设施和盈利四个方面，在商业模式创新中要把这四个方面组成的系统与外部环境去匹配，从而去实现创新的过程。

奥斯特瓦尔德（2010）认为，商业模式包括九个重要的构成要素，企业商业模式的创新就是改变着九个要素内容或是改变其相互联系的过程，如改变价值主张、改变目标顾客、改变顾客关系、改变核心能力等。

达维拉、爱泼斯坦和谢尔顿（Davila，Epstein & Shelton，2005）认为商业模式创新可以从三个方面来入手，分别是改变价值主张，包括改变产品的价值或是通过开发新产品或延伸现有产品价值主张来实现；创新供应链，指的是改变创造和送达产品价值的方式，包括改进与合作伙伴的关系或者是运营整合来实现；创新目标客户，指的是企业能够发现他们目前还没有做好的细分市场。

德米尔·贝诺伊特（Demil Benoit，2010）等提出各种要素在商业模式中发挥的作用各不相同，任何组成要素的任何变化都可以成为商业模式创新的一种形式，组成要素间交互关系的变革也可能催生出系统性更强、价值更高的商业模式创新。

塔兰·亚里夫（Taran Yariv，2015）等指出一般而言，单一组成要素的变化将带来较为简单的商业模式创新，多要素同时变化的情境中往往还会伴随着要素间关系的变革，触发更为复杂的商业模式创新，而这种多要素联动的综合商业模式创新方法往往能够克服单边创新的弊端。

原磊（2007）提出了商业模式创新研究的“3－4－8”立体模块架构，这个立体模块架构，对应了商业模式创新的“长期—中期—短期”三个层次，基于作用的有效期，提出基于模块变化的短期商业模式改进路径，中期基于界面规则的商业模式变革路径和长期基于两者混合的商业模式变革路径。

李时椿（2008）认为商业模式创新的路径包括新的目标消费者、企业活动的变革或创新、价值链关键环节的重构和跨行业资源的有效整合四个方面。

王鑫鑫、王宗军、涂静（2010）从系统视角分析了软件行业创新过程中要素的协同作用及其重要性，据此将商业模式创新的要素体系分为关键要素和非关键要素。其中关键要素包括价值主张、产品和服务、资源配置、目标客户及外部的行业关键技术，非关键要素包括渠道、关系网络和收入模式，并且通过分析发现软件行业的商业模式创新是关键要素作用的过程。

张悦（2018）等则基于商业模式创新即是商业模式功能变革的基本观点，更为具体地构建出核心产品、目标市场、操作程序、价值分配准则及价值链解构五个商业模式组成要素与价值创造之间的函数关系式，从而基于商业模式组成要素具体功能及其变化的视角，分析商业模式创新的过程与机理。

对商业模式创新过程研究的第二个视角，是将商业模式看作一个看不清的“黑箱”，这一视角的相关研究也在不断地细化和深入。其中包括了两个具体的层面，一个层面集中在企业实施一个新的商业模式上，这是从无到有的过程，对应如何去设计然后去建立一个全新的商业模式。如德勤研究（Deloitte，2002）将商业模式创新的过程分为三个步骤，分别是机会的分析、模式的设计和计划的实施，这三个步骤前后依存，对应于发现一个创新的领域，然后设计并且评估创新的方案，从而再实现商业模式的价值。

奥斯特瓦尔德（2010）对新创商业模式过程的研究指出，对周围环境的分析、对商业模式要素的设计、对组织的规划和商业模式实施四个阶段构成了新创商业模式的完整过程，其中对环境的分析是需要商业模式规划成员能够对商业模式的社会、竞争、技术、法律等问题达成共识，从而在共识的基础上规划商业模式的整体框架，依据商业模式的要素组成来设计本企业的商业模式要素，设计时，企业管理者可以对一个或者多个商业模式原型进行测试；在具体地组织规划时，企业要根据商业模式的设计将商业模式整体框架分解为业务单元和具体的流程，同时需要建设能够支持商业模式执行的基础信息系统；通过以上的努力从而保证设计好的商业模式能够较好地付诸实践。

张双文（2008）重点讨论了高科技初创企业的商业模式设计问题，将整个过程分为机会识别、市场评估、资源和工具的汇聚、对风险的评估4个步骤。韩炜（2010）提出了一个新企业成长的商业模式概念模型，这个模型分别从价值、过程、控制3个维度去解析新企业商业模式的创建过程。张力等（2021）基于多层次视角，提出拓展型、复制型、整合型、模仿型4条新能源汽车创新路径。

另一个层面上，商业模式创新也包括已有商业模式的更新问题，即在现有的商业模式基础上，如何去实现创新。林德和卡尼伦（Linder & Caniren，2000）根据商业模式创新改变的程度，将企业商业模式创新分为4种类型。如图2-3所示，根据商业模式改变的程度将商业模式创新分为实现模式、重建模式、扩展模式、新创模式4个类别，其中实现模式并没有改变原有商业模式的本质，是通过挖掘企业现有商业模式的潜力去实现商业模式的创新；重建模式通过改变产品服务平台、成本结构、技术基础、品牌建设来调整企业的核心技能，从而能够使得企业的价格或价值曲线上的位置发生变动，实现商业模式创新；扩展模式是将公司现有的商业逻辑扩展到新的领域，赢得新的市场；而新创商业模式则是完全引入一个全新的商业逻辑。

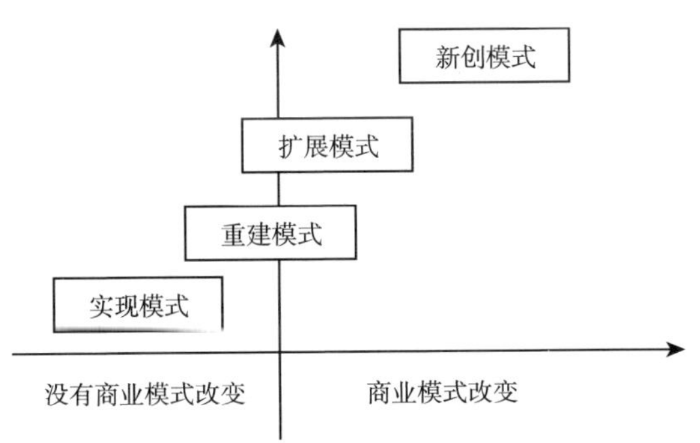

图2-3　商业模式改变程度的分类

奥斯特瓦尔德（2004）从知识的角度对商业模式创新的过程进行了梳理，提出了3个步骤的商业模式创新过程：第一步是对商业模式的不同部分进行描述，将企业很多的隐性知识转化为显性知识；第二步是对商业模式进行深入分析，将显性知识转化为隐性知识；第三步是对商业创意的整合，将隐性知识再次转化为显性知识，从而创新商业模式。

马哈德万（2004）对商业模式创新的研究考虑了两个因素：一个是商业模式创新的程度；另一个是这种创新的可持续性。根据这两个特征，马哈德万把商业模式创新的企业分为五种类型，分别是领导者、造势者、新入者、模仿者和跟随者。他认为对于行业领导者在商业模式创新时设置障碍，通过范围经济、掌控垄断资源和控制供应链等方式增加现有客户的转换成本；对于新进入的企业而言，要进行商业模式创新，如降低客户的转换成本、增加交易效率，向新客户提供特有的价值主张；而对于造势者的商业模式创新，要突出他的创新性并找到一种可持续发展的收益模式来弥补这些企业知识和能力。

莫里斯、辛德赫特和艾伦（2005）对商业模式创新的认识从企业对自身的认识出发，认为商业模式创新是企业在加深对自我了解的基础上，去调整和完善已有的商业模式。而这种自我的认识可以分为三个层面，分别是基础层、专有层和规则层，商业模式创新就是从基础层向上面两个层次迈进的过程。

麦克恩内斯（Maclnnes，2005）从技术、环境、收入和可持续性四个阶段的重要因素角度描述了商业模式创新的过程。在第一个阶段，技术是商业模式创新的重要因素；在第二个阶段，法律、内外部环境是企业商业模式创新过程重点考虑的因素；在第三个阶段，设计盈利模式，确定收入的获得是企业商业模式创新的重要因素；在第四个阶段，要重点考虑如何实现可持续性发展的问题。麦克恩内斯提出的商业模式创新过程四个阶段的重要因素，分别处于不同的影响位置，如第一阶段的技术是商业模式创新的外部动力，而第二阶段的法律、内外部环境是商业模式创新者需要考虑的因素，第三阶段的收入设计，是商业模式整体逻辑的重要内容，如何实现盈利的问题，而第四阶段的可持续性是商业模式创新一直追求的目标，把这四个阶段分开考虑往往难以体现统一性。

切斯布罗（2006）提出了六种商业模式的类型，这六种类型的趋势是一个商业模式升级的过程，切斯布罗认为商业模式创新的趋势是趋于不断开放的商业模式，此处将在下一节中重点展开。

高闯和关鑫（2006）从价值链的角度解析了商业模式创新的过程，提出了基于价值链的商业模式的五种创新途径，分别是将已有价值链延展获得收益、将价值链分拆获得新收益、创新价值获得收益、价值链延展与分拆结合的新收益，以及混合创新实现新收益。

奥斯特瓦尔德（2010）对多个商业模式案例进行了对比分析，将商业模式创新分为存量创新、增量创新、全面创新三个类别。企业需要根据自身的情况以及商业模式创新的具体需求来进行商业模式的创新，对于那些可以获得新资源、核心能力或者分销渠道的企业，可以通过存量型的创新方式来提供与过去相似的产品或者服务；而对于那些产品供给能力滞后的企业，要在现有经营模式上增加新的要素去增强竞争优势，适合于增量型创新；而对于那些拥有新技术并能获得机会的企业，要考虑在新市场形成之前进行商业模式的全面创新，从而获得对整个市场的优先抢占机会。

近些年，不少学者结合动态能力去分析商业模式创新的过程，将商业模式自身看作一个“黑箱”研究商业模式的创新，认为动态能力是商业模式创新必须有的高阶能力，也是企业动态能力为生存和竞争所起到的作用（Eisenhardt & Martin，2000；Teece，Pisano & Shuen，1997）。

如凯蒂·梅森和希纳·利克（Katy J. Mason & Sheena Leek，2008）构建了一个商业模式与动态能力结合的分析框架，此架构由网络结构、企业路径和知识形式三个部分组成，商业模式创新的过程是通过动态能力在网络结构中识别商业企业的参与者，与他们建立合作的路径，然后实现外部知识的内化，从而实现商业模式的创新过程。

布曼和海克（Bouwman & Haaker，2008）认为商业模式创新的外部驱动力是技术和市场的力量，构建了 STOF 模型分析技术研发、实施应用和商业推广三个阶段商业模式的动态变化过程。

齐欧（Chiou，2010）运用动态能力理论对商业模式创新进行了分析，研究发现对于高科技产业而言，以企业资源发展出来的独特技能需要结合动态能力和协作网络，才能确保优势的可持续性；在竞争的动态商业环境下，企业需要与产业链上下游企业建立战略性的合作关系，从而保证商业上的成功；企业成功的要素在于对战略和能力方面的研究开发，以及对于市场营销和产品的不断创新；同时企业需要不断地改造商业模式以应对产业的竞争从而获得胜利。作者以 HTC 为例，对它的协作网络、商业模式以及竞争优势和动态能力的关系进行了分析，研究发现动态能力在商业模式的塑造过程中起到了重要的作用，商业模式对动态能力也会产生影响。图 2-4 反映了动态能力、协作网络、商业模式及企业绩效的关系。

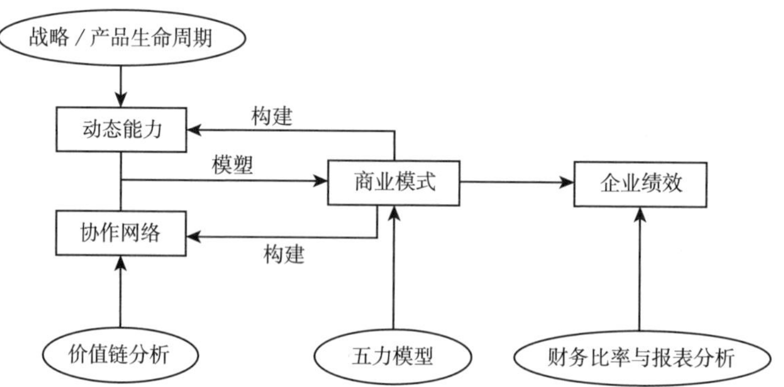

图 2-4　动态能力、协作网络、商业模式及企业绩效关系

阿拉什·纳贾梅（Arash Najmaei，2011）结合动态能力理论，构建了商业模式创新的分析原型，从理论上去展现动态能力如何形成新的商业模式，动态能力和商业模式创新之间是什么样的关系，得到的研究结果如图 2-5 所示。

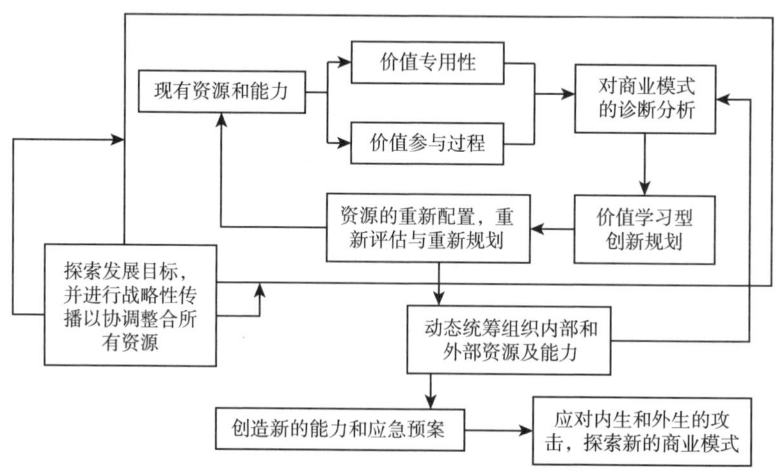

图 2-5　动态商业模式创新：分析原型

郭等（Guo et al.，2016）通过实证研究探析了企业的机会识别以及创业拼凑活动与商业模式创新之间的关系，结果表明机会识别与创业拼凑能够积极促进企业的商业模式创新。

张永强和周生辉（2017）探讨了领导者特质对商业模式创新的影响，结果证明高管的主动性可以使其主动发现具有价值的新机会，进而根本性地改变和创新已有商业模式。

肖红军和阳镇（2020）探究了数字时代下的商业模式创新，研究认为数字创业中的商业模式创新突破了专注于顾客价值创造的传统模式，更是融合了数字平台和价值网络中多元创业主体的价值诉求，包括企业的员工、供应商、政府、社会和自然环境创造价值的过程。

总体来看，对于商业模式创新过程的研究目前已经进入了深入和细化的阶段。笔者认为基于商业模式要素构成的创新过程研究与商业模式内涵、构成体系更加一脉相承，让后来的研究者更容易理解商业模式的整体架构，但是基于要素的创新过程研究还仅是一种框架式的说明，容易忽略不同企业在商业模式创新中的不同选择。脱离商业模式要素的创新过程研究更加深入，形象地描述了商业模式创新的过程及影响因素，这些研究基于不同的研究视角，不同的分析单元，往往更能说明企业特性对其创新途径的影响，但是这类研究大多“各起炉灶”，使得商业模式这一大伞构念更加错综复杂。

商业模式创新增强了企业的竞争优势，同时创造了客户价值并实现了新的财富。商业模式创新的效果如果可以得到评价，那么在商业模式创新的过程中就有了一把尺子能够很好地丈量，在必要的时刻重新评估并改善商业模式整体模型。表 2－3 列举了一些对于商业模式创新效果评价的研究。

表 2－3　　　　对商业模式创新效果评价的研究

内涵	评估步骤	作者
侧重于商业模式的盈利性评价	从效率、匹配性、独特性和盈利性四个方面来评价商业模式	哈梅尔（Hamel，2000）
从商业模式不同参与主体之间价值流动的情况来反映商业模式创新的效果	一是确定参与方的价值活动，编制利润/效用表，分析各个参与方价值流入和流出的情况；二是对商业模式各个部件进行评估，发现其中哪些部分是创造价值的主要来源，哪些部分损耗了价值的创造；三是总体描绘出商业模式实施的愿景	戈迪安等（Gordijn et al.，2001）

续表

内涵	评估步骤	作者
从盈利能力的角度来评价商业模式的潜力	首先是考察商业模式目前的盈利状况，主要是评价收入和现金流两个方面；其次是衡量利润预测因素，主要是评估利润率、市场份额以及年收入增长率这三个方面；最后是衡量商业模式的各构成因素，主要涉及十个部分，而且每个部分均包括一整套的评价指标	奥弗尔等（Afuah et al.，2001）
一个基于客户测试、技术测试、企业基础设施测试和财务测试的商业模式创新实施循环框架	客户测试考虑的是企业新的价值主张能否显著提高客户的满意程度或产生新的细分市场、原有客户能否简单迅速地适应新的价值主张；技术测试是考虑企业是否拥有实现新价值主张的技术、是否能够开发一个更新更适应企业需求的技术；企业基础设施测试是考虑企业内部组织和外部合作伙伴能否实现和传递新的价值主张；财务测试是考虑企业利润的可持续性以及竞争对手模仿商业模式对企业所产生的冲击	沃尔佩尔、莱多尔德和泰基（Voelpel，Leidold & Tekie，2004）
一个企业的商业模式是否是成功的商业模式，判断的唯一标准就是：盈利，持续的盈利	以盈利能力评价商业模式创新	李振勇（2006）
由运营方式和战略选择这两个方面决定的，它借鉴平衡计分卡这个工具，构建商业模式的平衡计分卡评价指标体系	包括商业模式战略目标、商业模式的运营效率、产品和服务客户价值以及商业模式财务价值等具有驱动关系的四大指标体系组成	李曼（2007）
商业模式创新是一个系统的过程化的战略企业活动，因此对于商业模式的评估在于对企业的能力进行评估、完善以及对多样化的资源和能力进行重新安排是至关重要的	从能力、资源方面进行商业模式的评估	阿拉什·纳贾梅（Arash Najmaei，2011）
商业模式创新就像是战略的DNA一样，是一种更高级的配置，这些配置还面临一系列的困惑和挑战	对商业模式创新的评价难以具体化	特林布（Trimble，2005）

3. 数字时代商业模式创新研究。数字经济时代，大数据不断推动企业商业模式创新。佐特（2007）指出在新兴数字技术和大数据蓬勃发展的时代背

景下，企业与大数据之间的关系变得日益紧密，大数据作为一种新的技术工具和资源不断推动企业商业模式创新。塞纳莫（Cennamo，2018）认为数字化背景下的数据收集、数据分析与数据分享能力强化了动态能力对商业模式创新的推动作用，能加速企业商业模式变革实现突破性创新。池仁勇等（2022）也认为具备大数据能力有助于企业及时准确地掌握客户的价值需求，促进企业业务的转变以及运营效率和盈利能力的提升，从而创新商业模式。

大数据作为数字技术的一部分推动着商业模式创新，但是研究指出数字技术本身和数字平台也会推动商业模式创新。佐特（2007）认为数字技术是企业商业模式创新过程中的新技术驱动。莫特（Mort，2015）和帕里达（Parida，2019）等认为数字化通过价值创造过程、价值主张过程和价值捕获过程来创新商业模式。阿尔萨拉赫（Alsallakh，2014）认为数字技术企业的商业模式具有自演化逻辑和自组织机制，甚至有学者认为利用数字技术来构建交易平台本身就是一种新型的商业模式。克雷奇默（Kretschmer，2022）研究了数字平台商业模式，他认为数字平台商业模式的核心特征是通过跨边界的要素、联系和活动，将价值创造由企业内部转移到企业边界，并通过整合平台所有者和互补者的资源实现价值共创。其本质在于平台所有者与互补者合作生产和（或）销售互补品以共同创造价值。安松和博滕（Ansong & Boateng，2019）提出了数字技术能力的概念，并认为数字技术能力是推动企业商业模式重构和组织创新的数字化能力体系。程宣梅（2022）指出企业数字能力已成为商业模式创新的新动力和新路径。并非所有企业组织都可以创造颠覆式的商业模式，更可能通过数字化技术及资源提高数字化能力，渐进式地扩展、修改已有商业模式。数字化能力已成为企业推动商业模式创新的重要动力之一，利用数字化能力创新组织流程和产品设计转变商业模式，并在动态环境中提高竞争优势。

在与企业和整个社会的持续数字化转型相关的前所未有的变革时代，一个紧迫的当代管理挑战是认识到这些变革并将其转化为数字商业模式创新（Jason Li-Ying，2021）。数字商业模式创新并不单纯的是技术上创新，商业模型本质上描述了企业的商业逻辑，以及企业如何创造、交付和获取价值（Li et al.，2017；Teece & Linden 2017）。目前数字商业模式创新已在学术界引起了广泛关注，但是学术界对于数字商业模式的定义还不一致。从数字技术的视角来看：如果数字技术的变化引发了业务开展方式和收入产生方式的根本变化，那么商业模式就是数字化的（Veit et al.，2014）。数字商业模式如何利用数字技术的范围，扩大数字支持的跨职能影响，并适应数字市场的速度和业务动态（Venkatesh et al.，2019）。数字技术对所有维度——价值创造、价值捕获和价值主张都有重大影响。数字化商业模式可能使用非常新颖或不太新颖的数字技术，但必要条件是所有维度都使用数字技术，而不仅仅是公司的某些活动（Bouncken et al.，2019）。从综合视角来看：数字商业模式是创造和利用新知识（可以是技术、组织或市场相关知识），使公司能够从互联网的破坏性属性中受益，从而设计和实施创新系统，为客户提供针对客户自身需求的高度个性化的产品和服务（Morabitoet et al.，2014）。商业模式的数字化转型涉及单个商业模式要素、整个商业模式和增值链，以及增值网络中不同参与者的联网。数字化转型的程度包括商业模式中的增量（边际）和激进（根本）变化。关于新颖程度的参考单位主要是客户，但数字化转型也会影响其自身的业务、合作伙伴、行业和竞争对手。在商业模式的数字化转型中，启用程序和技术（例如大数据）用于生成新的应用程序或服务（例如按需预测）。这些使参与者需要能够收集和交换数据的技能，以及分析、计算和评估选项的能力。评估的选项用于启动业务模型中的新流程。业务模型的数字化转型基于一种方法，该方法包含一系列在逻辑和时间上下文中相互关联的任务和决策。它影响四个目标维度：时间、财务、空间和质量（Schallmo et al.，2017）。公司如何采用和部署数字技术和商业模式，以量化地提高绩效（Aagaard，2019）。数字商业模式创新是指通过将模拟、物理对象、流程或内容转换为主要（或完全）数字格式，对商业模式的关键要素进行有目的、非平凡的动态变化（Jason Li-Ying，2021）。

通过以上分析，本书对数字商业模式的特征进行了如下总结：一是数字商业模式是有目的且深思熟虑的。公司的商业模式创新可以是自愿的，即公司在塑造其未来数字商业模式方面发挥积极作用，也可以是被动的，即计划外和意外的变化对商业模式产生不利影响，并要求进行重组或紧急运营（Kotarba，2018）。本书认为公司数字商业模式的创新是有意或有目的的，这与强大的战略学者群体一致，他们将商业模式（及其创新）视为与战略相关的独特现象（Teece，2010；Klang et al.，2014；Gassmann et al.，2016）。二是数字商业模式创新是新颖而非平凡的。有学者认为数字商业模式必须是全新的，才能被视为创新（Zott & Amit，2017；Sahut et al.，2020）。然而沃纳和韦杰（Warner & Wäger，2019）认为创建真正新的数字商业模式是不可能的，事实上，利（Li，2020）广泛讨论了新的商业模式需要什么，他得出结论，真正新颖的（数字）商业模式创新很难实现，因为先例几乎总是存在的。基于此，其他人对数字商业模式的新颖程度采取了更微妙的方法（Bouncken et al.，2019）。例如，一些人认为，新的数字商业模式必须难以模仿（Ghezzi & Cavallo，2020），业务的主要部分必须转移到数字（Kraus et al.，2019），或者数字意味着大量依赖互联网的公司（Standing & Mattsson，2018），对此，笔者认为数字商业模式是新颖和不平凡的。三是数字商业模式是动态的。数字化创造了一个高度动态的环境，有学者将这种动态性环境总结为不稳定、不确定、复杂和模糊，提出了新的名词，即 VUCA 时代（Schoemaker et al.，2018；Warner & Wäger，2019）。帕瑞达等（Parida et al.，2019）指出，数字技术和商业模式创新产生的新需求是促进持续改进，以跟上竞争对手和客户需求。其他人支持这一论点，并强调数字商业模式随着时间不断演变（Gauthier et al.，2018；Bounken et al.，2019；康尼希等（König et al.）认为正确的商业模式不太可能从一开始就显现出来（Cheah & Wang，2017；Priyono et al.，2020）。科哈马基等（Kohtamäki et al.，2019）甚至敦促管理者不断探索（数字化）商业模式创新，因为这对生存至关重要。根据这些观察，笔者认为数字商业模式本质上是动态的。

4. 对商业模式相关研究的总结。从已有研究我们可以看出，商业模式虽然呈现出“大伞构念”的特征，但其个别或几个构成要素简单加总并不能完整解释企业价值创造与价值获取的逻辑，商业模式作为一个完整的构念具有重要的现实意义。目前对于商业模式构成要素的研究已经进入分层细化阶段，商业模式既包括能够高度抽象各类企业价值规律的元模式，也包括了能够概括某一特殊行业价值规律的子模式，同时还能够对具体企业的实践进行解析。同时，对于具有普遍规律的商业模式构成体系也在不断的细化，从阿普尔盖特等（Applegate et al.，1999）提出的商业模式由概念、价值和能力三个部分组成，到奥斯特瓦尔德（2005）提出的三个界面的九要素模型，商业模式构念在不断完善和丰富。

商业模式构成体系描述了企业在一个时间段，商业模式各个构成要素之间非线性互动的平衡状态。然而在各种外部、内部原因的促动下，原来的平衡状态随即被打破，企业不得不进行商业模式创新，以便进入下一个平衡状态。商业模式创新的研究正是为了解析从一个界面到另一个界面的动态演变过程。这种成功的演变并不容易，一方面由于企业商业模式自身难以自我调整适应变化；另一方面由于企业家不熟悉新业务、不愿意改变商业模式等原因，导致商业模式呈现路径依赖。为了提高商业模式的自适应能力，学者们基于企业资源观、动态能力、价值网络等理论进行了前期的探索与研究，但这些探索与研究大多没有考虑商业模式构成要素间的互动联系，而重点将商业模式作为一个整体构念与其他构念间进行匹配分析。而笔者认为，商业模式构念内部各要素之间的匹配与商业模式创新过程中与其他构念之间的匹配应该是相互关联的，需要既观察某一平衡状态下商业模式的要素表现，也要结合其他构念去观察在平衡过程中商业模式要素的表现，这样才能更加透彻地解答商业模式是什么问题。同时，已有研究显示，商业模式创新的动力很少来源于企业内部（Morris et al.，2005）。商业模式创新成了当平衡状态被打破时，企业不得不思考去重新设计的事情。因此，抓住商业模式的本质特征非常重要，这种本质特征是一种基准模式或是标杆模式。

结合商业模式本质特征，厘清商业模式的要素构成，观察商业模式平衡过程中要素的表现及内在的机制，是分析商业模式“大伞构念”的重要方式。此外，数字经济时代，分析商业模式的创新还应考虑大数据能力、数字技术能力、数据创新能力等，研究表明：数字经济背景下的商业模式创新具有明显的数字化特征，其增加了数据要素的投入和使用。高频度的技术升级正在缩短新价值主张向服务转变过程，这种转变能有效提升商业模式创新效率（Li，2022）。然而学者也指出盲目的数字化并不必然推动传统企业发展，商业模式创新的前提是打破固有的组织模式，克服企业内部障碍，动态能力为打破这种障碍提供支持（孙国强，2021）。总之，在数字经济下探讨商业模式创新一定要结合数字能力的特点，因为当前对于商业模式的研究热点已从最初的商业模式与技术创新的关系、商业模式创新的概念内涵与机制逐渐演化为可持续性商业模式创新、商业模式创新的服务化与数字化趋势（乔晗等，2020）。

（三）数字机会相关研究

1. 数字机会的内涵。随着数字技术（如大数据、云计算、人工智能、区块链等）的快速发展与进步，现代社会正在快速迈入数字经济时代，数字技术也在不断改变着创业的方式与方法（Yoo et al.，2012；刘洋等，2020）。数字技术对创业机会的改变主要表现在数字技术的应用使得创业机会产生的方式与方法更加数字化，如随着数字组件与传统创业机会有机融合，大量的数字创业机会被催生出来。现在识别与开发创业机会的方式是通过数字平台的搜索与分析实现的，而不是传统的深入探索和分析新兴市场来实现。无论是市场中存在的客观创业机会，还是主观创造过程都受到了数字技术发展的深刻影响。数字时代的快速发展，创业机会的快速变化，都为创业理论的更新与拓展创造了新的机会，同时也提出了新的发展要求（Hull et al.，2007）。

由于数字时代的到来，学术界将创业机会与数字技术相结合，总结出了新的名词，即“数字机会”，此后学者们对数字机会给出了不同的定义。国外具有代表性的学者有戴维森和瓦斯特（Davidson & Vaast），他们认为数字机会是由大数据、移动互联网、物联网、云计算、人工智能、区块链等数字技术催生的新的创业机会，研究还提出了数字创业需要三种不同但又相互关联的机会类型，即商业、知识和制度。数字创业是通过开发和利用数字技术追求机会从而创造和获取价值的过程（Davidson et al.，2010；Sahut et al.，2021）。与传统创业机会相比，数字创业机会呈现出明显的跨边界性、共享性、可拓展性和碎片性（Yoo et al.，2010；Davies et al.，2017；Lyytinen et al.，2016；Grégoire，2012）。国内具有代表性的学者有余江等（2018）认为，数字机会是数字技术与产品、服务重构创造的市场、用户参与导致的创新以及新场景下出现的新的创业机会，呈现出碎片化和动态性特征。马鸿佳等（2022）认为数字机会是一个广泛概念，既包括生产等业务流程数字化，又包括数字化的新产品或服务，是基于数字技术产生的能为企业带来价值增值的机会。制造企业通过利用数字机会可以将传统组织的部分或全部功能、结果、过程等加以数字化，实现数字化转型。

数字机会作为一种新的创业机会，强调团队、用户、投资者、技术人员或合作伙伴等多个主体对机会的重视程度，与传统创业机会在机会获取途径、机会来源、机会主体、机会特征上表现出差异。从获取途径看，传统的创业机会产生于环境、市场需求、市场结构组织内外部的改变或创业者的创造行为，创业者获取创业机会多依靠自身的警觉性和社会网络关系等途径（Lumpkin & Lichtenstein，2005），而数字技术的应用融合了大量的不对称信息，连通了一个个数据“孤岛”，创造了大量的数字机会，数字技术的开放性也使得创业者可以通过互联网平台、数字生态系统、大数据分析等形式发现和创造更多的数字机会（Hull et al.，2007）。从机会来源看，传统创业机会来源于个体经验、新技术与新市场，而数字机会来源于数字技术与产品、服务重构创造的市场、用户参与导致的创新以及新场景下出现的新应用机会（余江等，2018）。从机会主体看，传统创业机会多是创业者个人发现并创造的，而数字机会多是由创业者、利益相关者、外部环境等因素交互创造的产物（蔡莉等，2019）。从机会特征看，传统创业机会呈现偶然性、时效性、不确定性和差异性等特征，而数字机会则呈现出了不同于传统创业机会的碎片化和动态性特征（余江等，2018；朱秀梅等，2020）。

2. 数字机会发现。数字机会发现源于机会发现观，是指创业者基于数字技术以及现有的数字业务，对数字环境的感知过程以及在数字平台、数字生态系统中进行的信息搜索过程。项国鹏（2022）认为，机会存在于客观市场中，外部环境是其决定因素，强调创业者拥有对客观环境的注意力或警觉性以发现机会的能力。余江等（2018）研究提出数字机会的发现过程是新创企业在与其他创业多主体间进行互动而发现新的数字机会的过程，也是企业通过数字平台和数字技术识别市场和用户需求的过程。研究指出，数字技术的发展使得创业主体持续性变化，数字机会拓展了已有创业机会的边界，获得创业构想和开发创业资源的个人和机构不再是特定的，数字机会的产生和发展得益于数字平台的自生长性以及数字平台间的数字融通，大量的数字机会源自数字组件和不同产品的差异化连接，这需要多种创业主体通过数字平台等方式探索和发现新的数字机会。朱秀梅等（2020）认为，数字机会发现本质上是创业者与数字技术以及环境之间的互动过程，创业者与环境通过网络紧密联系，加深了信息间的融通和结合，从而感知环境并发现新的数字机会。数字机会发现对新创企业而言至关重要，通过数字技术和数字平台搜索信息发现已有的数字机会可以促进企业更新产品生产方式和丰富已有产品的数字功能，从而提升产品的价值并增强其市场吸引力（Katila & Ahuja，2002）。

因此，有别于传统的创业机会发现过程，数字机会发现更注重对数字技术的应用，更倾向于通过数字平台进行互动以及分享信息和知识，这不仅提升了新创企业发现机会的效率，也促进了更多主体参与到数字机会的发现过程。数字机会的碎片化和动态性特征也要求新创企业不能仅凭企业自身在差异化的市场中迅速发现高质量的数字机会。这推动了新创企业不断地与潜在用户和投资者进行互动，拓展机会的探索范围，打破创业机会的边界，整合全球范围的创意思维和资源。

3. 数字机会创造。数字机会创造源于机会创造观，但在数字经济时代下，数字机会创造不仅是创业者以及创业企业与数字技术和环境互动并创造性配置现实的过程，也是创业多主体间通过数字技术将一系列不断发展的想法碰撞、融合并实现的过程。

顺彼得（Schumpeter，1942）认为技术的发展会激发创新的产生，这个过程又会导致某些行业滞后于时代发展。随着数字时代下的数字技术发展日新月异，技术革命虽然创造了新的数字机会，但也在不断破坏已有的成熟行业和市场，这促使传统产业进行数字化升级，在此过程中创造了大量的新的数字机会。格雷瓜尔和谢泼德（Gregoire & Shepherd，2012）指出数字机会创造就是利用数字技术的规模化和灵活性来创造新的机会，该研究运用机会创造理论解释了数字创业企业通过创造数字机会开展创业活动的过程。菲茨杰拉德等（Fitzgerald et al.，2014）认为，创业者对数字技术的应用创造了更多的数字机会，数字机会的创造改变了创业资源的获取路径以及企业的商业模式，从而对新企业创建和成长进程产生重要影响。南比桑（Nambisan，2017）指出，数字机会创造是基于数字平台的开放性而导致的知识和资源共享的结果，创业多主体间互动、调整和更新过程的本质在于以更广泛的、更易被接受的方式创造数字机会来创造价值并解决问题。刘志阳等（2020）指出数字机会创造是新创企业与多主体间通过共享跨组织边界和高度异质性的数字信息或知识来创造数字机会的过程。项国鹏（2022）认为创业机会存在于创业者主观意识中，强调创业者和其他主体的主观能动性，更重要的是发挥创造性的想象力，迭代地思考如何打破环境束缚。

因此，有别于传统的创业机会创造的过程，在数字机会创造过程中，数字技术促进了个体和环境的互动，推动了数字机会的创造，文创企业的创业者可以与更多创业主体共同创新，共享跨越组织边界的数字信息以及高度异质性的知识，从而共同创造数字机会。

4. 数字机会发现和数字机会创造的相关研究评述。通过上述相关文献可知，学者们已从不同的理论视角探析和研究了创业机会，机会发现观和机会创造观是独立而又对立的两种学术观点，单一的理论视角虽然能够深入地揭示创业机会的来源与影响过程，但往往却有着自身的局限性。机会发现观深度剖析了创业机会的客观性以及挖掘信息不对称的重要性，但却弱化了技术变革、制度变迁等外部影响因素对创业机会的影响。机会创造观聚焦于探索机会主观创造的过程以及机会产生的原因，但却忽略了因信息不对称而产生的机会（毕先萍和张琴，2012）。近年来，学者们提出，数字技术对创业过程的赋能深刻地影响了创业机会的成因以及机会的影响过程（González et al.，2017）。蔡莉等（2019）认为，数字技术的发展对创业机会产生了重要影响，也使机会的属性发生了变化，数字时代下更强调机会发现过程中集体参与和数据分析的重要性，也更强调个体和环境的互动对机会创造的重要性，所以研究应更注重数字时代下对数字机会发现和数字机会创造的融合研究。数字机会发现和数字机会创造存在一定区别，发现过程和创造过程所针对的数字机会内在属性并不相同，同时对数字机会利用的方式也存在差异。数字机会发现聚焦的数字机会主要产生于市场失衡和数字组件的重新组合，其发现过程更注重与数字环境之间的互动以及应用数字技术进行探索。数字机会创造关注的数字机会多是创新度高且具有一定变革性的新机会，其创造过程更注重对当前现实的重新配置以及多主体间互动的过程。然而，已有研究缺乏对文创企业数字机会发现和数字机会创造过程的深入探索。

（四）数字能力与商业模式创新研究

1. 从开放式创新到开放式商业模式。开放式商业模式是引起本书关注的重要概念。所谓“开放式商业模式”源于切斯布罗（Chesbrough，2007）在《斯隆管理评论》上的一篇论文 *Why companies should have open business models*。切斯布罗从2003年到2010年发表了多篇论文，就开放式创新和开放式商业模式提出了很多认识和看法。切斯布罗（2003）认为不断上升的技术开发成本，以及日益缩短的产品生命周期，让封闭的创新模式日益困难，企业的创新过程已经从内部一个封闭的系统转移到一个新型的开放系统，这个开放系统包括分布在供应链上上下下的众多参与者在内，对廉价的、即时的信息流的使用改变了公司之间的联系和关系，因此公司要保证有能力充分获得并利用这些信息。开放式创新指综合利用企业内部和外部的资源产生创新思想，并充分利用企业内部和外部的市场渠道服务创新企业活动。相比封闭式创新，企业必须改变创意产生和其市场化的基本方式，充分寻找并利用外部资源，创意跨过企业边界进入企业的创新过程，企业内部的创意也将跨过企业边界产生新的商业价值。封闭式创新与开放式创新的区别可由图2-6充分展示。

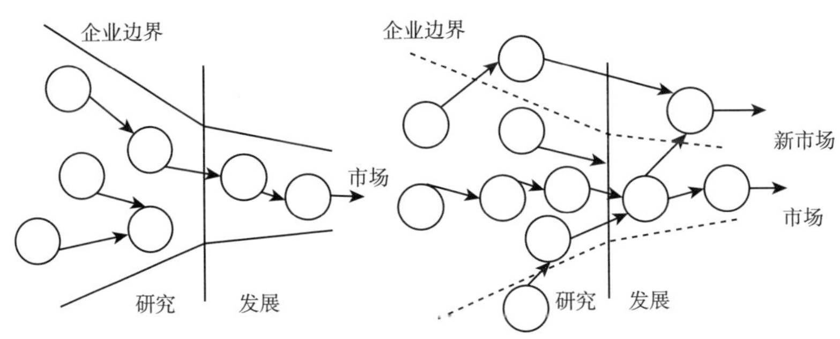

图2-6　封闭式创新与开放式创新

开放式创新为企业带来了更多的机会，内外结合的创新来源与内外合作的创新输出使得企业创新绩效大大提高，创新理念在企业的整体经营管理中发生了巨大的变革，如表2-4所示。

表 2-4　封闭式创新与开放式创新的比较

创新原则	封闭式创新	开放式创新
职员理念	雇用本领域最聪明的人为企业工作	最聪明的员工并不都为本公司工作；公司必须发现并接触公司外部聪明人的知识和专长
创意和构思来源	行业内产生创意最多最好的企业就一定能成功	能够充分利用企业内部和外部创意的企业才能成功
研究开发过程	全部在企业内部实现	企业需要充分分享外部研发成果
外部研究合作	拒绝	有条件的合作研发
市场取胜武器	新技术新产品	把产品推向市场的商业模式
知识产权来源	控制知识产权，保证竞争者不会从中获利	通过专利有偿使用或者股权合作提升和改进企业商业模式

切斯布罗（2003）在探讨开放式创新模式时也提出，一些行业没有受到开放式创新的影响，企业采取封闭的创新模式仍可有效。开放式创新的重要影响表现是，知识创造和传播的速度非常快速；企业的高级人才快速流动；风险资本非常盛行。对于那些受到开放式创新重要影响的企业而言，即使企业自己封闭从事生产经营活动，但是企业内部的专有知识和技术仍然会免费地流动到企业外部去，使得原来的研发回报比较低。那么对于符合开放式创新的企业而言，是否越开放创新绩效就越好呢？企业究竟应该开放多少？开放是否有边界?类似关于企业开放度的问题随之不断被学者提出，就此也有大量学者进行了实证研究。

在向供应商开放的研究中，弗里尔（Freel，2003）和莱德维特（Ledwith，2004）的结论指出向供应商开放和公司的创新绩效之间的关系并不显著。贝尔德博斯（Belderbos，2004）选取荷兰制造业，发现向供应商开放与公司的创新绩效间存在不显著的负相关关系。在向消费者开放的研究中，越来越多的学者认可在开放式创新下，用户对于产品的改进扮演了一个重要的角色，并且用户参与产品的开放与市场的接受度间的关系得到了实证，特别是领先用户的创意可以让企业发现、开发和定义新的创新（Franke & Hippe，2006）。在向同行企业（竞争对手）开放的研究，英克彭（Inkpen，2005）认为向竞争对手开放，可以共享资源和知识，产生协同效应，也可以让公司了解对手的技术水平与战略，利于公司未来的发展，通过案例研究指出向竞争对手开放比其他外部源更有利于企业的创新。洛夫（Loof，2003）通过实证也支持向竞争对手开放有利于新产品的销售。然而米奥蒂（Miotti，2003）却发现与竞争对手合作与产品创新绩效之间是不显著的负相关关系。在对科研机构开放的研究中，很多学者认为从科研机构中有利于获得新知识，从而提升公司的创新绩效，特别是由企业资助的高校研究会带来外部知识溢出效应（Colyvas et al.，2002），但米奥蒂（2003）的实证研究却指出来自科研机构的新知识和创新绩效负相关。综合各种外部合作类型，劳森和索尔特（Laursen & Salter，2006）提出了开放度的概念，他们用企业与外部资源合作的广度（外部合作类型数）和深度（与外界合作频率）来衡量企业的开放度，研究发现自变量和因变量之间呈现倒 U 型，也就是说有一个阈值存在，当开放度提高的时候企业可以获得更好的创新绩效，但是当超过这个阈值时，创新绩效反而不得以发挥。

开放式创新为企业获取外部创新资源、尽快市场化内部创意提供了机会，但是并非所有的企业在向外部开放的过程中，都获得了理想的创新绩效。学者们虽然采用实证方法检验了不同种类外部信息对创新绩效的影响，但得出的结论并不一致。为此，是什么影响了企业通过开放获得创新绩效？这一问题继续升温。内加西（Negassi，2004）认为企业需要有一种内部能力，这种内部能力可以保证企业从外部获益同时成为有魅力的合作伙伴。王翔（2010）也认为企业在获得外部创意源及输出内部创意的过程中，需要具备一定的能力保证外部创意的内化以及内部创意的外化。对于这种能力的研究，学者们较多地关注吸收和学习能力，吸收能力是对外部创意知识的识别能力和应用能力（Cohen & Levinthal，1990），学习是一个创造、更新和提升组织能力的过程（Carayannis，1999），学习和吸收能力，是可以有效地将外部创意向企业内部转移、扩散，进而转化为企业新的创意要素的能力。霍相东（2017）认为企业在内向型开放式创新模式下，外部知识技术等资源流入内部，企业在外向型开放式创新的模式下，内部技术等资源得以向外部转移，两种模式可以单独或共同作用于企业创新体系的建设，进而实现商业模式的补充和完善。

为了更好地解释开放度与创新绩效间的复杂关系，切斯布罗（2007）认为从向外部开放获得创新绩效企业不仅仅需要的是一种能力，而是价值创造与价值获取的整体逻辑，开放式创新的经济价值未充分释放出来的根源在于企业没有一个开放的商业模式。开放式商业模式是在创造价值的过程中，也在获得价值的过程中，运用开放式创新这种创新的劳动分工，通过更多的外在的概念的融合，创造新的价值；通过运用关键的资产、资源或商业优势（不仅包括公司自身的商业优势，也包括其他公司的商业优势），获取大量的价值。开放式商业模式的经济逻辑如图 2－7 所示。

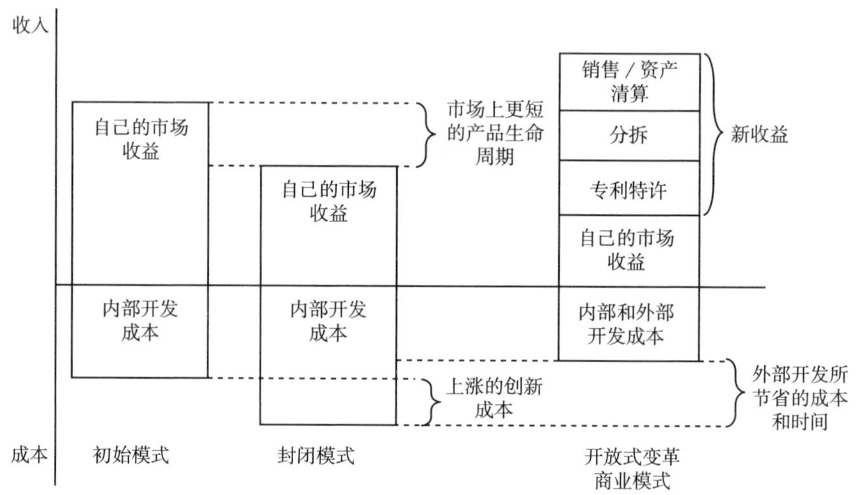

图 2－7　开放式商业模式经济逻辑

资料来源：Chesbrough H.，Vanhaverbeke W.，West J. Open Innovation：Researching a new Paradigm［M］. Oxford：Oxford University Press，2006.

杨晴（2022）认为对于企业而言，开放式商业模式是价值逻辑循环的表现，分别从价值洞察、价值创造和价值获取循环往复，如图 2－8 所示，价值创造是传输工具，连接洞察与获取的主要途径。以开放式创新理念为依托，将其内涵与商业模式的实质相连，商业模式只有在创新理念下才能发挥其最大效能。以三种价值维度将企业开放创新的过程分割为不同阶段，并以不同阶段的形式分析创新角度与商业模式的联系。

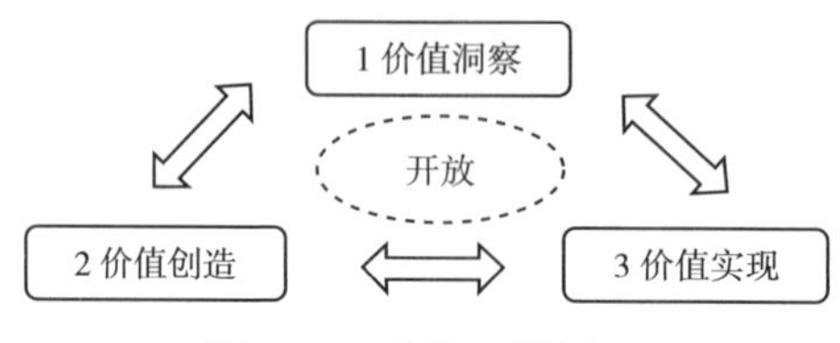

图 2－8　价值逻辑循环

开放式创新使创新更富有成效，但商业模式如何配合这种开放的环境，使得开放式创新在成本、时间和风险管理等方面更加有效，开放式商业模式是企业从开放式创新中盈利的必然选择。开放的商业模式通过将外部的创意带入企业内部创造新的价值，同时将自己力所不及的创意授权其他公司使用发展出一条获得更多的价值和支撑自身发展的新路。

切斯布罗（2007）按照商业模式发展的趋势，将商业模式分为六个类型，分别是无差别的商业模式、有部分差异的商业模式、市场细分的商业模式、能够获得外部支持的商业模式（开放式商业模式）、能够整合公司创新程序的商业模式和能够动态适应市场变化的商业模式，切斯布罗商业模式的六种模式是趋于不断的开放式创新与管理，因此企业要想获得更好的创新绩效，就应该着力推动商业模式向上一个层次递进，商业模式能够递进的关键在于现有商业模式能否得到足够的资金支持，企业是否有足够的开放程度来获得外部的资源以及企业家是否愿意出售自己不需要的非核心资源，如表2－5所示。

表2－5　　　　六种商业模式的划分

类型	商业模式	创新程序	知识产权管理
一	无差别型	无	无
二	有差别型	特别	活跃
三	细分型	根据计划	被动
四	开放型	外部支持	赋予资产
五	集成型	和商业模式融为一体	财务资产
六	自适应型	确立新的商业模式	战略资产

从切斯布罗的分析看，创新程序与商业模式的融合程度，以及知识产权管理的核心位置是企业商业模式升级的重要途径。王翔（2012）总结了三种实现开放商业模式的基本路径："由外而内"的融合路径，"由内而外"的分享路径，"内外结合"的耦合路径。第一种指企业在自己的商业模式中融入外部的资源；第二种指企业通过将自身的未充分利用的资源共享给其他企业使用；第三种指企业通过联盟、合作和合资等方式与互补性的合作伙伴一起共同开展创新和商业化。这三种路径都是供企业自主选择的潜在方案。对

于第一种路径，企业要打破组织惯性，提高吸收能力；对于第二种路径，企业面临的障碍包括共享资产的属性、独占性战略倾向、伙伴的能力、与伙伴间的协调成本；对于第三种路径要同时关注整合资源与分享资源。王锋正等（2016）总结了开放式商业模式的三大维度，以及三大维度下的十大构成要素，即价值主张下的“战略目标、用户价值、市场定位”，价值创造下的“用户关系、营销策略、关键能力、服务网络和合作网络”，以及价值获取下的“收入来源和成本结构”。江积海等（2016）通过梳理现有文献，认为开放式商业模式存在以下几个构成维度：价值主张、核心资源能力、外部合作生态、网络关系和盈利模式，与传统商业模式相比，开放式商业模式下的这些构成维度更加开放化、柔性化。

2. 数字化与开放式商业模式。近年来，随着云计算、大数据、物联网、人工智能、3D 打印等数字技术的迅猛发展，企业的创新活动随之发生了巨大变化（Nambisan S.，2017）。这种变化主要表现在以下两个方面：一是数字技术的发展打破了组织原有的边界，使得环境中各主体原有的稳定的、不可渗透的边界变得越来越模糊，各主体之间相互渗透，企业面临的环境变得不稳定和不可预测；二是在传统的环境下，企业与外部环境中各主体的关系往往是单向的、割裂的，但是在数字化环境下，这种单向与割裂的关系也不复存在，企业与外部环境各主体之间实时双向连续互动，各主体间关系密切，这使得企业面临的环境更加开放与动态（Karimi J.，2016）。此外，数字化商业环境中，企业价值创造的方式也发生了很大变化，催生出很多新颖的商业模式（Sorescu A.，2017）。

王雨（2022）认为随着网络化时代的到来，网络技术的快速发展对市场产生的影响也越来越大，而开放式商业模式因其能够随着外界变化作出灵活调整逐渐成为主流的商业模式发展方向。开放式商业模式作为商业模式的一个分支，在网络化、数字化快速发展的时代下，企业在向开放式商业模式的转型中需要根据当下企业战略的变化，对企业的经营活动进行开放式的转型调整，以此来使得企业的经营活动更符合技术与社会发展的变化趋势，优化企业的经营效果，推动企业绩效不断向好发展。

对于数字化、网络化背景下的开放式商业模式，学者们给出了新定义，具有代表性的有李若辉和关惠元（2018）等认为开放式商业模式是通过网络技术的应用，对原有商业模式下企业价值链全环节的经营活动进行开放式转型，使商业模式的价值创造过程更具备开放性特征。利希滕塔勒（Lichtenthaler，2017）指出开放式商业模式是一种主要应用于设计、研发类企业的商业模式，采用开放式商业模式的企业能够与其他利益相关者进行大规模的互补性社会协作，实现创新资源在其中的充分流动，提高彼此的设计、研发效率。王雨（2022）指出开放式商业模式是网络化时代的产物，其对外界的开放化程度更高、范围更广，具有极强的外部意识。开放式商业模式作为商业模式的一个新兴的子支，则是在企业网络化战略下，利用网络技术的应用而构建起的更加灵活、高效的经营活动框架，以实现企业与各方利益相关者之间更高效的交易。开放式商业模式下，企业的“开放”不仅仅体现在研发活动中，而是存在于各项经营活动中。首先，企业以不断变化的用户需求作为经营发展的方向，提高用户在企业经营活动中的参与程度。其次，企业利用强大、便捷的网络技术建立起更加开放的外部合作网络，使企业可以脱离固定的合作范式，从更广泛的外部环境中寻找互补性资源和技术，这使企业与客户和供应商更加广泛且紧密地联系在一起，取长补短地进行高效的社会协作，是一种能随外界环境的变化而灵活反映的商业模式。最后，在开放式商业模式下，企业内部各经营活动之间可利用网络紧密联系，在信息共享、互动协同中对内外部资源进行有效整合，提高经营效率。

综上所述，开放式商业模式是网络化时代下产生的更加灵活、高效的商业模式，它具备“以用户需求为导向”“具有广泛外部合作网络”“内部经营活动高效协同”的显著特征。开放式商业模式下，企业通过便捷的网络技术改进企业的各项经营活动、开放企业的边界，从而加强企业与外界的交流与合作，提高整体经营效率，建立起异质性竞争优势。

3. 知识产权管理与开放式商业模式。开放式商业模式是融合开放式创新过程，将商业模式要素与知识产权管理联系起来的商业模式。然而开放式创新和知识产权是一把“双刃剑”，知识产权制度的目的在于保护创意不被他人所用，但是在开放式创新下，企业需要跨过公司边界充分地与外部互动，企业内部的知识产权要向外部传播扩散，同时也要从外部获取企业需要的发明创意，这与知识产权制度的初衷具有难以调和的矛盾（Hall，2009）。因此，开放式商业模式需要企业对知识产权管理建立起一套完全不同的思考模式，管理知识产权并不是限制其他人对知识产权的使用，而是要找到获取外部知识产权产生利润及分享内部知识产权获利的方式和方法（Chesbrough，2007）。知识产权价值的实现依赖于公司的商业模式，在开放式创新的大环境下，知识产权的保护以及应用需要开放式商业模式。开放式商业模式认为，在企业外部存在着大量丰富的知识技术资源，所以企业必须成为积极的支持产权购买者和出售者。开放式商业模式可以加快知识产权的利用速度和效率，知识产权的管理需要随着生命周期的阶段与相应的知识产权相结合，这样才可以充分实现其价值。同样，知识产权管理的不完善也会影响开放式商业模式（高欢，2014）。

切斯布罗（2007）提出开放式商业模式的观点将知识产权视为公司整体商业模式的支撑，当创新直接和公司的商业模式连接在一起的时候，它们将会给公司的商业战略的其他部分带来意想不到的动力和影响。相反，当缺少这种连接时，即使是好的创意都有可能价值甚少或毫无价值，因为它们缺少将一种创意转化为实实在在的价值的要素。开放式商业模式下对内部创新、外部创新和知识产权的管理需要有一个内部创新网络来保持与各种外部创新社团的联系。因此在开放式创新下企业的专利战略要做相应的调整，同时以专利经营为主的中介市场将逐步成型。专利经营公司是一个创新的整合者，他们集中完成了创新商业化过程中的某些部分，所以创新整合者必须能够在多个公司间发展伙伴关系，专利经营公司之间也会相互授权专利，这个中介市场便逐渐形成。创新中介的出现进一步拓展了新技术的使用方法及数量的增大，并使得创新的专业化分工更加明确，创新中介将原本分散的专利进行集中管理，这种专利集中战略也成为交易市场上可以借鉴的模式。与此同时，创新中介还建立了一套程序保护机密信息和所有权信息，包括交易双方的身份；建立了可信的证据，在交易期间和完成后向交易一方或双方证明自身的价值；创新中介还规划了市场双方，创造了更高的交易资产折现力和多样性更广泛的可能解决方案。

创新中介的出现为企业更好地获得外部创意源及输出创意提供了便利，但企业也必须构建一种知识产权开放与保护相结合的商业模式，并以知识产权为根基不断调整商业模式。即当商业模式的某些方面直接应用于基于知识产权的情况时，商业模式的其他方面也需要调整以便很好地匹配。为此，切斯布罗（2007）提出了基于知识产权生命周期各个阶段采取符合相应阶段的管理方式，有效的管理方式随着周期阶段变化而变化，而不是“一刀切”的管理方式。在知识产权产生阶段，知识产权管理的重点就是支持公司在能力范围内使该项技术成为主宰技术，并促成公司自觉同其他公司共享该项技术，吸收更多的公司来采用该项技术。在知识产权成熟阶段，企业知识产权管理必须支持知识产权能够应用到现阶段行业内的新领域，并且发掘出知识产权在其他行业内的新应用。在知识产权衰退阶段，企业应该采用多种有利可图的方式从那些看似毫无价值的知识产权中榨取价值，并在适当的时候放弃继续经营。同时切斯布罗也认为基于知识产权的商业模式必须经历很长时间的努力奋斗才能成功，基于商业模式的六个功能如下：一是清晰的价值主张；二是辨认的细分市场；三是定义公司创造和分配产品所需的价值链结构，同时决定支持价值链中公司地位所需的一些附加资产；四是确定公司的收入产生逻辑，就是在确定的价值主张和价值链结构的前提下，估算成本的组成和产品的潜在利润；五是描述公司在供应商和客户关系中，确认潜在补充者和竞争者的价值网络位置；六是制定竞争战略，取得并保持相对于对手的有利位置。一旦基于知识产权的商业模式能够确定目标市场和生成进入市场的价值主张，商业模式的其他方面，如发展价值链和围绕价值网络、指定支付机制等所有这些环节都要与知识产权紧密结合起来。

4. 对数字能力影响商业模式创新的研究总结。开放式商业模式作为数字商业模式的一个子模式，既能通过数字能力更好地从外部获得资源创造价值，也能更好地将企业不能充分利用的资源输出获得收益。开放式商业模式将开放式创新的优势充分发挥出来，企业的创新绩效大大提高。开放式商业模式与企业的创新绩效具有正相关关系，如图2－9所示。

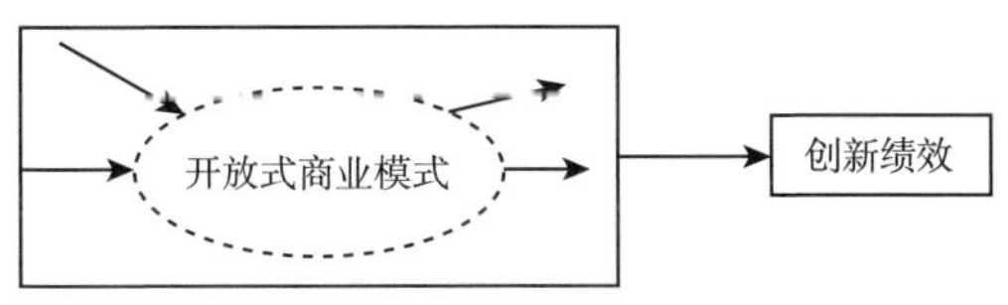

图2－9　开放式商业模式与创新绩效

开放式商业模式被切斯布罗称为一种高阶的商业模式，是企业商业模式创新的发展趋势，开放式商业模式将创新系统很好地结合起来，融合知识产权管理能够使企业在开放式创新的环境下获得更好的创新绩效。切斯布罗将商业模式分为六个类型，分别是无差别的商业模式、有部分差异的商业模式、市场细分的商业模式、能够获得外部支持的商业模式（开放式商业模式）、能够整合公司创新程序的商业模式和能够动态适应市场变化的商业模式。从这个分类看，开放式商业模式是一个循序渐进的过程，开放式商业模式还有不同的发展阶段，如能够获得外部支持的、能够整合创新程序的和能够动态适应市场变化的，但是切斯布罗的研究还没有给出六种商业模式的构成体系及要素内容，特别是在商业模式创新的过程中，数字能力发生的作用是什么？其规律和内在机制是什么？

数字化情境下，创新开放广度对新企业绩效具有正向影响。动态能力理论指出，企业需要持续地搜索外部环境，不断获取新的知识以感知环境变革带来的新机会。首先，数字化情境下，企业可以突破传统的时间、空间限制，与环境中的主体进行广泛互动。企业的创新开放广度越大表明企业获取创新知识的外部来源数量越多，所获得的创新知识越全面，促使企业在创新活动中创造更多新思路，从而为顾客提供更好的解决方案并创造价值产出。其次，数字化情境中，与企业相互连接的外部环境中的主体也变得更加丰富多样。此时，企业的创新来源越广泛，意味着与企业相互连接、互动的外部环境的主体范围越广，促使企业更加全面地掌握外部环境变化。因此，创新开放越广的企业，在面对环境中浮现的新机会与威胁时越能及时调整企业战略，从而比竞争对手更快速地作出响应。最后，企业感知外部新机会的动态能力在变革环境中发挥更重要的作用。数字化商业环境具有很高的不确定性和复杂性。对于文创企业来说，广泛地搜索外部环境并与环境中的各类主体进行不同程度的互动来获取创新知识，提高了企业在感知新机会方面的动态能力，从而促进企业快速成长。

数字化情境下，创新开放深度对企业绩效也有正向影响。首先，数字化技术的发展大大增强了企业连接外部环境与整合外部知识的能力，而企业的创新开放度越深，意味着企业与这些外部知识来源或渠道的联系与互动越紧密，这表明企业能够与这些外部来源建立并保持稳定的协作关系。因此，企业通过这些来源获取的创新知识更容易与企业现有知识结合，对于企业内部创新活动具有更高的价值，从而转化为企业绩效。其次，数字化情境下企业面临的环境具有高度的不确定性。因此，企业需要利用与外部环境主体的稳定连接与共同协作撬动外部知识资源来创造价值、应对变革。而创新开放深度反映了企业对某些对于企业内部创新活动来说十分关键的知识来源的深度利用，在与这些来源深度互动的过程中能够快速、准确地获取与企业发展定位相契合的创新知识，加快企业创新进程，从而促进企业成长。最后，数字化情境下产业边界变得模糊，对于企业来说明确市场定位至关重要，企业可以通过与外部环境中利益相关者的紧密联系形成优势互补，弥补资源与能力的不足，帮助企业专注在一定范围内进行创新，促进企业在初期的快速成长。

数字化环境的无边界性、互联性以及不确定性特征放大了开放式创新的价值，但遗憾的是现有研究对数字化情境的关注十分有限。近年来，数字化技术（例如云计算、大数据、物联网、人工智能、3D 打印）的爆发使得企业创新活动发生了巨大变化。一方面，数字化技术打破了原有的组织边界，使得环境中各主体间原来稳定的、不可渗透的边界变得越来越模糊与不稳定，企业面临的环境也愈发不确定、不可预测。另一方面，传统环境下，企业与外部环境中的主体间的信息往往是单向的、离散的，环境中各主体间的关系相对割裂；而数字化环境下，企业与外部环境中的顾客、供应商、竞争者等实现了双向的、连续的以及实时的信息互动，企业面临的环境更加开放和动态。因此，在数字化情境下研究企业如何通过开放式创新创造和获取价值具有重要意义。

（五）文化创意企业商业模式研究

文化创意产业的特性指向了一个开放式的商业模式，然而开放式商业模式是否就是文化创意产业商业模式的理想选择，我们结合以往对开放式商业模式的研究进一步作出判断。

第一，创新特点。文化创意产业尽管十分推崇创造者的个人创造力，但它又不同于过去时代文学家、艺术家在象牙之塔中闭门造车独自完成的那种“独创性”。文化创意产品必须由创意策划、技术制作、传播操作、管理协调、商品销售等多方合作才能最终完成，它是各方协同联合的产物，其创作的过程远比一般产品复杂。同时，创意产品的成功与否很少能根据过去的经济发展形势来判断其是否能满足现在的需要，消费者对新产品的评价难以确定，企业必须不断捕捉和吸收新兴技术、时尚潮流、个体嗜好等因素，因此文化创意产业需要不断地与外界结合，才能不断地产生新的盈利模式（Markusen & King，2003）。再者，文化创意产业的衍生环节会创造大量的价值，企业间联合是文化创意产业的一个重要运作方式（彭艳，2007；黄思源，2010）。开放式创新是文化创意产业所处的大环境，而在开放式创新的背景下，企业应该发展出一套与开放式创新相匹配的商业模式，即开放式商业模式。

第二，产业特性。首先，文化创意产业以知识产权为核心，满足消费者日益增长的精神文化需求，其提供的观念价值具有非消耗性，即在不断反复使用和消费过程中，会增加知识产品的自身价值，并使知识边际效益递增，特别是依托高科技，具有快速传播、广泛使用的趋势。其次，文化创意产品符合公共物品的特征，公共物品具有两个基本的属性特征，即消费的非排他性和产品自身的非竞争性。文化创意产业的消费不具备排他性，然而排他性越弱，获取其创造的价值越容易，其商业模式开放的可能性和可行性就越高（王翔，2011）。文化创意产业创造价值的企业活动主要存在于原创的知识含量中（Brown & Cohen，2000；Waleott，2002），这种文化创意知识往往具有独特性，使得其具有非竞争性，其资源的竞争性越弱，就越有可能创造其他的额外价值，开放共享的可能性就越高，在实践中如专利、版权等知识产权，企业很容易将此类资产与其他企业共享。

第三，是否受到腐蚀性因素的影响。从切斯布罗（2003）提出的受到腐蚀性因素影响的行业应该采取开放的商业模式，依据此标准来看，文化创意产业受到了严重的影响：一是文化创意与科技的进一步融合，尤其是受到Web2.0等新兴信息技术的深刻影响，使得其知识创造与扩散的速度越来越快；二是创意阶层是产业发展的中坚力量，然而这些高级人才却广泛流动；三是文化创意产业以中小企业居多，盛行承担高风险、谋求高回报的风险资本形态。

文化创意产业不能闭门造车，要紧密结合消费者与关联企业，关注知识产权开发与运营问题，以需求为驱动力，动态地、实时地整合知识产权供销结构，形成多方参与的商业模式（陈一宏，2012）。开放式商业模式对于文化创意产业具有较好的适应性，我们将文化创意产业的商业模式进一步聚焦在开放式商业模式上，由于以往对开放式商业模式的研究并没有给出其构成体系及与封闭式商业模式的主要区别，我们一方面进一步梳理开放式商业模式的体系逻辑，另一方面通过理论演绎及案例分析的方法进一步去验证开放式商业模式对于文化创意产业的普适性。同时这种开放式商业模式有无持续性？在广泛开放的环境下，是否容易出现商业模式同构，企业能否建立独特的、有生命力的商业模式？如何发现、选择和确定适合自己的商业模式？这些问题都是为了更好地解答“开放式商业模式这种理想商业模式是如何实现的?”即开放式商业模式的实现机制问题。

1. 文创企业数字商业模式的本质特征——开放性。对于商业模式的研究，应该从反映商业模式内涵与要素构成的元模式、反映商业模式类别特征的子模式，以及反映特定企业经营特征的具体模式三个层面进行分析，从而以不同的抽象程度来描绘企业的核心经营逻辑，这三个层面的商业模式概念不是相互排斥的，而是相互衔接、逐渐递进的，这有助于我们全面、完整地理解商业模式的内涵与外延（Osterwalder，2005）。因此对于文化创意产业开放式商业模式的研究，需要构建出开放式商业模式最高抽象程度的元模式，明确“元模式”的内涵及构成要素，由于开放式商业模式概念的提出并没有给出其相应的元模式，因此我们需要从商业模式的一般框架入手，结合开放式商业模式的内涵，得出开放式商业模式的元模式。

商业模式是企业为了获取利润进行的各种相关企业活动的整体性设计与描述（Osterwalder，2005），旨在说明企业如何对战略方向、运营结构和经济逻辑等方面一系列具有内部关联性的变量进行定位和整合，以便在特定的市场上建立竞争优势（Morris，2003）。一种好的商业模式应该兼顾所有利益相关方的动机与需求，并设计多种合作与交易机制以满足各方的需求（Magretta，2002）。然而对商业模式的研究并没有形成普遍认可的理论体系，从本质上看商业模式解释了价值创造和价值获取的方式（Amit & Zott，2001；Chesbrough，2007；Teece，2010），涵盖价值主张、价值创造和价值系统整合等多方面的内容。张敬伟和王迎军（2010）从商业模式基本内涵“价值三角形”框架入手，将商业模式看作是市场定位、经营系统和盈利模式三个维度组成的有机体系，来表达所有企业经营的完整逻辑，如图 2－10 所示。

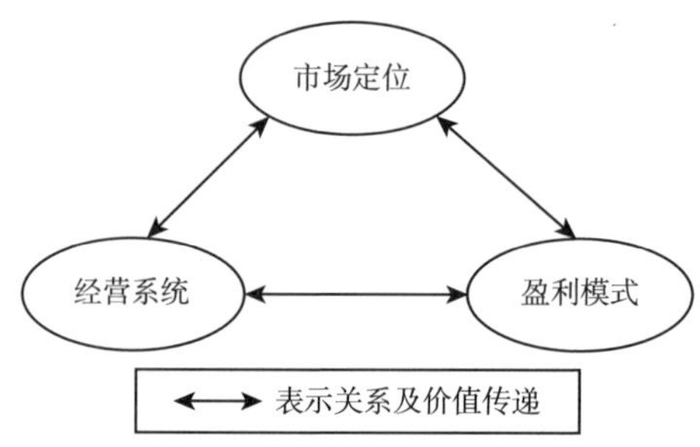

图 2－10　商业模式三维度有机体

其中，市场定位反映了企业提供给顾客的价值定义的内容，包括企业所瞄准的目标顾客，顾客是谁？顾客的需求是什么？围绕这些问题企业设计顾客方案形成价值主张，经营系统以企业价值创造和价值传递的运作为前提，是一系列企业价值创造与价值传递的资源与企业活动，围绕这些资源和企业活动，企业需要在价值网络中找到有利的位置，来提升价值创造和价值获取的能力；盈利模式表达的是企业价值获取的机制，包括企业的成本结构、收入来源和收入潜力等问题，是企业在向顾客传递价值的同时获取利润的机制。商业模式三维度有机体是所有商业模式必须遵循的框架，我们不仅可以利用它发现商业模式的构成要素，也可以用它检验商业模式要素构成的完备性。

奥斯特瓦尔德（2005）在对已有商业模式的总结归纳下，提出了商业模式的九要素框架，也成为目前商业模式研究中最具代表性的构成体系。这一构成体系包括产品/服务、客户、基础设施、财务四个界面，这四个界面里包括了九个组成要素，其中产品/服务界面的价值主张是目前商业模式已有研究中最一致认可的要素，它是最为活跃的维度，商业模式其他部分受到价值主张的引领，并反作用于价值主张；客户界面包括客户细分、客户关系与渠道通路三个要素，描述了企业如何发现客户并与客户建立联系；基础设施界面包括重要伙伴、关键业务与核心资源，它是企业围绕价值主张进行的一系列资源配置与企业活动，是重要的生产经营企业活动；财务界面包括了成本结构与收入来源两个要素，是企业付出成本与获得收入的结合，代表了企业盈利的模式。这四个界面相互关联，产品/服务界面价值主张处于核心位置，与其余三个界面相互影响，构成商业模式的整体逻辑，如图 2－11 所示。

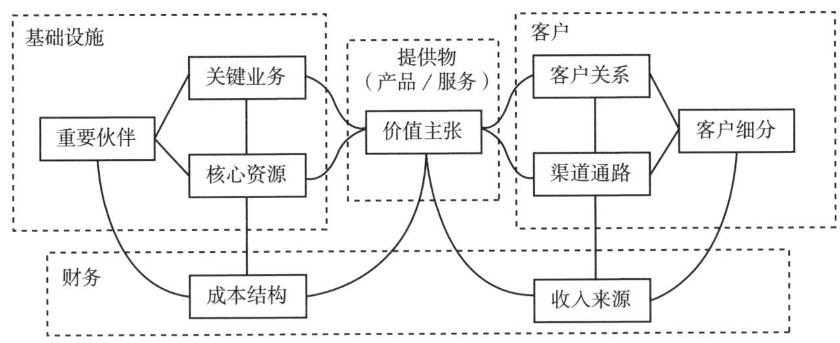

图 2－11　商业模式总体框架

开放式商业模式是对外部创意和进入市场的方式更为开放，把外部的创意带入公司内部的创新过程创造新的价值，同时将闲置的创意授权其他公司使用获得更多收益的模式。从开放式商业模式的内涵出发，我们借助商业模式九要素构成体系推理得出开放式商业模式的一般框架，同时将得到的构成框架结合商业模式三维度有机体进一步去检验，看其是否能够很好地解释在开放式创新的背景下，企业价值创造与价值获取的逻辑。

开放式商业模式需要打破企业边界，与外界充分交互，实现内外资源的有效整合。企业获得外部创意的主要来源包括目标消费者与合作伙伴，将企业闲置创意授权出去的对象也是目标消费者与合作伙伴，因此开放式商业模式有必要拆分九要素的四个组成界面，将目标消费者与合作伙伴放在创意来源与创意合作的重要位置，借助九要素商业模式的构成体系，我们得到开放式商业模式的一般框架，如图 2－12 所示。

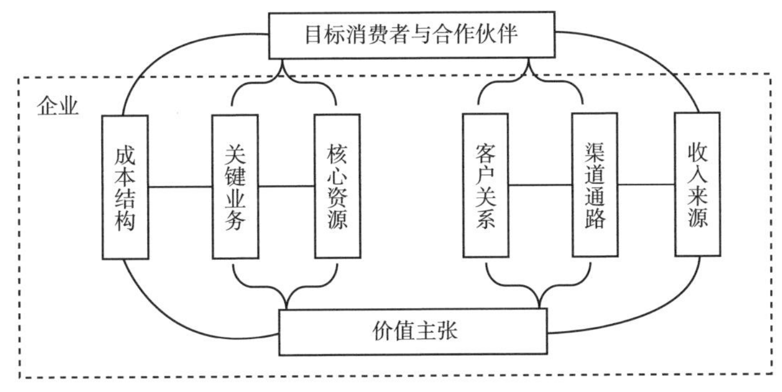

图 2－12　开放式商业模式的一般框架

从图 2－12 可以看出，开放式商业模式价值主张的形成直接和目标消费者与合作伙伴相连，目标消费者及合作伙伴是获得创意来源的主要途径，客户关系与渠道通路不仅可以识别目标消费者，更重要的在于识别外部创意源，获得有效的创意咨询，从而指导企业利用核心资源与关键业务将外部创意更好地融入企业的生产经营从而获得更多收益；同时充分利用企业闲置的创意也将成为企业附加的价值主张，闲置的创意通过外包、出售、合作、合资等形式，也将从目标消费者与合作伙伴那里获得额外的收益。开放式商业模式的各个要素都需要向企业外部开放，充分获得外部支持，从而实现在开放式创新下提高企业的创新能力，缩短进入市场的时间，实现更大的盈利。

在得到开放式商业模式的一般框架下，我们用商业模式必备的三个维度进一步检验开放式商业模式一般框架的逻辑及构成要素的完备性，其三个维度包括了开放式商业模式构成体系的全部内容，如表 2－6 所示。

表 2－6　　以商业模式三维度归纳开放式商业模式构成要素

维度	商业模式要素	描述
市场定位	价值主张	除其向消费者提供产品和服务以外，共赢合作也是重要组成部分
	目标消费者与合作伙伴	目标消费者与合作伙伴都是企业实现盈利的重要群体，同时也是企业获得外部创意的主要来源。生产者兼消费者的现象广泛存在
经营系统	渠道通路	公司用来接触消费者的各种途径，比如市场策略、销售策略等
	客户关系	公司同消费者之间建立联系的方式及结果
	关键业务	为了创造价值而进行的资源和企业活动的配置
	核心资源	公司执行其商业模式所需要的能力和资格
盈利模式	成本结构	商业模式中所使用的方法和要素的金钱表现
	收入模型	公司赚钱的各种收入现金流

由表 2－6 可见，开放式商业模式的一般框架涵盖了市场定位、经营系统与盈利模式三个维度，市场定位不仅要以消费者需求为导向，消费者是价值创造的出发点和归属点，同时市场定位还必须得到合作伙伴的认同，才能实现创意的充分利用，从而获得额外的收益；经营系统是企业价值创造与传

递的主要部分，它涉及企业如何识别消费者与合作伙伴，获得创意来源的渠道通路与建立良好的客户关系，同时还包括企业利用核心资源进行生产经营的过程；盈利模式反映了企业价值获取的机制，可由成本结构和收入模型体现，在开放式商业模式框架下，收入模型更加丰富，除了产品与服务的收入来源外，企业更加关注如何利用存量创意来获得新的收益。

从开放式商业模式的基本框架看，开放式商业模式区别于传统封闭式商业模式的根本在于其商业模式的构成要素都能跨过企业边界充分地与外界互动，实现开放式创新条件下的资源获取、资源利用、资源输出、资源增值，为企业带来更好的创新绩效。切斯布罗提出的六种商业模式的总体趋势也是公司不断趋向于开放式的创新和管理。我们根据商业模式构成要素仅在企业内部以及在企业内外部交互作用下的表现来整理封闭式商业模式与开放式商业模式构成要素的区别，这也将成为我们判断一个企业是否实施开放式商业模式的重要依据（见表2－7）。

表2－7　　　封闭式商业模式与开放式商业模式的主要区别

商业模式要素	封闭式商业模式	开放式商业模式
价值主张	由企业战略决定，较为稳定	由企业内部与外部互动产生，较为灵活
目标消费者与合作伙伴	分为两个不同的界面，目标消费者处于顾客界面（获得收入），合作伙伴常指供应商，处于企业基础设施界面（发生成本）	二者具有部分重叠，生产者兼消费者现象大大存在
渠道通路	单向方式，企业主导	双向方式，企业内部与外部共同主导
客户关系	生产者与消费者的关系	较为复杂的客户关系，生产—消费与合作—共赢的关系
关键业务	围绕企业内部生产经营企业活动展开	围绕企业内部与外部的互动企业活动展开
核心资源	源于企业内部，较为固定	源于企业内部与外部，较为灵活
成本结构	主要体现是经营成本	除经营成本外，还体现在沟通成本、交易成本上
收入模型	较为固定、单一	较为灵活、多样

2. 文化创意产业开放式商业模式的构成。文化创意产业最适合的商业模式是开放式商业模式，开放式商业模式的优势在于通过与商业网络的合作能

够缩短产品服务进入市场的时间，从而提高企业的创新能力；同时开放式商业模式在积极整合外部创意、技术和资源的同时，也能够将企业内部没有能充分利用的创意、技术和资源向外界输出，从而产生新的收益。

文化创意产业的开放式商业模式遵循开放式商业模式的一般框架，商业模式处于一个新型的开放系统中，这个开放系统包括合作伙伴、用户等众多参与者，企业允许更多的外部创意流入并使内部没有充分利用的创意流出，开放式商业模式将企业外部与内部有效地衔接，为价值获取带来新的动力。文化创意产业的开放式商业模式的构成要素是在一般开放式商业模式构成要素的指导下，寻找能够解释文化创意产业企业行为的具体要素，为此我们进行了充分的文献整理，从中抽取出能够反映文化创意产业特质的要素内涵。

（1）文化创意产业开放式商业模式“子模式”构成要素与“元模式”一脉相承。第一，市场定位是企业根据目标消费者的期望与合作伙伴的认同，积极从外部获取创意，形成价值主张的过程。首先，目标消费者与合作伙伴的认同是价值主张形成的基础，一切生产经营企业活动要以消费者需求为导向，顾客是价值创造的出发点和归属点，同时企业的价值主张不仅要与顾客的需求相符，还需要得到合作伙伴的认同；其次，将获得的创意源融入企业创新企业活动是价值主张的关键支撑，文化创意产业创造价值的企业活动取决于原创的知识含量中，在开放式商业模式的框架下，这些原创的知识不局限于内部生产，更重要的是有效地从外部获得原创知识；最后，价值主张是结合目标消费者需求、合作伙伴意愿，生产创意或获取创意所形成的观念价值，这些观念价值是能够与目标消费者的精神追求或文化崇尚，产生“共鸣”的无形资产，是价值主张的具体体现，用以向消费者表明实用意义。

第二，经营系统是企业价值创造与传递的主要部分，它是企业为实现价值主张的具体生产运营流程，通过经营系统形成一系列的行动为价值主张的实现创造条件（Alexy，Criscuolo & Salter，2007）。一方面企业要着眼于各方需求的洞察和理解，在关系网络中找到有利的位置，从而改善价值创造与传递的效率和效果；另一方面企业要保护和预防企业的核心资源——知识产权不受侵犯（Smith & Hansen，2002），并通过对知识产权的管理随时根据消费需求的变化形成新的提供物，将创意转化为实实在在的价值，使知识产权资产化价值得以体现。

第三，盈利模式反映了企业价值获取的机制，文化创意产业的产品和服务凝结了创意阶层的智力劳动，创意阶层是产业发展的中坚力量，文化创意产业的成本结构主要体现在创意阶层的开支上。其利润中心主要由衍生价值体现，如动画片《喜羊羊与灰太狼》，可以切分成多个角色、短片、图像等，角色可以授权服装、文具、玩具等多个行业开发衍生产品，短片可以形成手机短片、互联网视频、电视开机短片等，图像可以印成图书、卡片、屏保等，一部动画片版权能够转化成多个版权产品。知识产权的传播与不同的物质载体结合，产生多种衍生产品从而实现盈利。

文化创意产业是以知识产权为核心资产，通过文化与新兴技术结合并进行商业化运作的各类行业。文化创意产业开放式商业模式为我们审视这一产业类型的价值创造与价值获取提供了视角，其整体构成如图 2 - 13 所示。

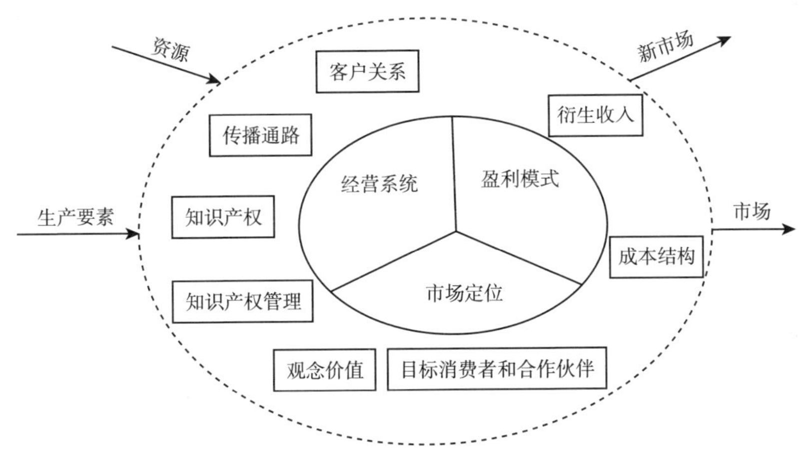

图 2 - 13　文化创意产业的开放式商业模式

（2）文化创意产业开放式商业模式的各构成要素的内涵。第一，目标消费者与合作伙伴。处于企业外部是商业模式构成体系开放性的重要体现，其与商业模式其他要素之间都有联系。其中“目标消费者”描述了企业产品及服务销售对象，来自消费者的需求是一种信息，文化创意企业需要识别、获取、吸收这种信息，去指导企业价值主张的形成，其可分为关于信息需求的信息、关于体验需求的信息、关于文化需求的信息三个方面；“合作伙伴”是文化创意企业在价值创造与价值获取中需要团结的对象，其中既包括了提供创意知识的重要来源——创意源，也包括了企业建立合作的外部组织，如上下游企业、资源互补企业等，企业需要充分利用合作伙伴的资源，在企业内进行转化从而为企业带来收益。文化创意产业具有需求不明确及需求变化快的特点，文化创意消费者往往难以清晰表示其所需要的产品特征，并且这种需求常受到社会舆论、流行趋势、他人行动的影响，如即使不是电影迷，在一部电影引起社会关注时，出于与他人有讨论焦点、好奇心等因素，也会产生消费。

第二，观念价值。观念价值是文化创意产品及服务的价值主张，区别于以往价值主张由消费者需求决定的逻辑，文化创意产业的观念价值的形成较为复杂。文化创意产业观念价值的形成离不开顾客提供的需求信息，外部创意源提供的创意知识，以及合作伙伴对此价值主张的认可。从观念价值的实用意义出发，可将其分为信息价值、体验价值与文化价值，分别对应于目标消费者的信息需求、体验需求和文化需求。文化创意产品及服务能否赢得市场，关键在于其观念价值是否具有吸引力，能否引起消费者的情感共鸣。

第三，传播通路。各种传播渠道是文化创意产品与服务到达消费者的重要途径，也是维系客户关系的重要纽带。对于单一文化创意企业而言，因其社会影响力、覆盖率等的限制，企业应该充分利用合作伙伴的传播通路，来提高产品及服务的抵制能力，改善客户关系。如不少文化创意企业建立了媒体联盟，其目的就是扩大企业的传播通路。

第四，客户关系。“情感共鸣”体现了文化创意产业客户与企业关系的最佳效果，在业界这种关系也常常称为“粉丝”。在文化创意产业“情感共鸣”的客户关系中，客户掌控着主动权，企业无法用以往的方式来控制管理客户关系，企业需要不断利用观念价值通过传播通路去影响客户关系，在复杂的关系及互动中，培育客户情感上的“共鸣”。

第五，知识产权。知识产权是文化创意产业的核心资产，是企业成长的战略性问题，是企业核心竞争力的重要组成部分。文化创意企业知识产权产生要充分整合企业内外的力量，提高创意知识获取的能力，加大对知识产权的合作开发，同时充分挖掘知识产权价值，形成各种有待引起消费者情感共鸣的观念价值。

第六，知识产权管理。文化创意产业要以知识产权为工作核心，围绕知识产权的管理，通过系列企业活动，形成知识产权的市场化与增值化。

第七，成本结构。文化创意产业的成本结构不仅由其经营系统产生，包括人员开支、设备设施、日常办公等，还突出体现在与企业外部交互时所产生的交易成本、引入知识产权的采购成本上。

第八，衍生收入。文化创意产品及服务一旦引起了消费者的情感共鸣，往往将引发社会媒体的关注，从而版权所有企业通过一系列的合作经营，并不断提高产品服务的影响力与覆盖率，其衍生收入将为企业带来巨大的经济价值。如国际上动漫产业衍生品的经济收益大约为动漫作品直接收益的 3 ~9 倍。

（3）文化创意产业开放式商业模式的各要素间关系。以上 8 个要素构成了文化创意产业开放式商业模式的“子模式”，区别于一般商业模式的重要表现，在开放式创新的环境下，商业模式各个要素都将透过企业边界与外界联系，企业的消费者具有多样化的特征，他们既是企业价值链的最后一个阶段，也是企业整个价值创造活动之中的积极参与者，从消费者作为合作设计者的角度出发，从消费者和使用者那里收集和整合信息，从而进一步地创新、修正和规范产品服务，甚至直接从消费者和使用者那里获得创意是必不可少的过程。知识产权管理成为开放式商业模式的重要内容，获得外部创意、激发内部创意、创意价值化、价值资产化是知识产权管理要完成的内容，同时知识产权管理不仅要实时监控版权资产的流转，有利于规避风险，测算绩效，更在于盘活企业的存量版权资产，实现精细化运营。

文化创意产业作为凝结一定程度的知识产权的创造性产品和服务的生产、扩散、聚合体系，其核心内容是创新企业活动，本质特征体现在对创新产权的收益上，知识产权的重要性在于能够保障创意主体持续的创新原动力，从而保证文化创意产业的持续稳定发展（赵弘和张西玲，2006）。知识产权的保护与管理是文化创意产业繁荣的必备要素（王萌，2010）。文化创意产业发展的核心在于知识产权的管理与运用，已有研究也显示对于科技型企业（文化创意产业紧密依托于科技）有形资源上的劣势短时间难以改变，但通过知识产权资产的有效管理和运用却可以促进企业的快速成长（Kitching & Blackburn，1998；Simcoe，Graham & Fedman，2009），知识产权是企业成长过程中的战略性问题，是企业核心竞争力的重要组成部分（Rivette & Kline，2000；Smith & Hansen，2002；Reitzig，2004）。文化创意产业开放式商业模式是契合了知识产权管理过程的商业模式，是知识产权的获得与运用可以跨过企业边界，实现价值最大化的商业模式。切斯布罗（2006）提出了根据技术生命周期的发展阶段对企业知识产权进行动态管理；唐方成、全允桓（2007）提出了对知识产权的管理放弃控制和排他的逻辑，开发评估知识产权价值的工具和手段，培育知识产权交易市场，将知识产权同商业模式联系起来。可见无形资产知识产权的价值直接影响了文化创意产业的发展，文化创意产业开放式商业模式的重要内容是对知识产权的管理及对知识产权价值的激发。

从文化创意产业开放式商业模式的构成逻辑看，在市场定位维度通过内部创造、外部获取（创意引进、兼并收购、合作联盟）等多种策略创造和获取知识产权（Granstrand，1992，2000；Lambe & Spekman，1997；Rigby & Zook，2002）；在经营系统维度，企业一方面要保护和预防知识产权不受侵犯（Smith & Hansen，2002），并使其资产化价值得以体现；另一方面企业要为其价值的实现创造条件（Davis & Harrison，2003；Alexy，Criscuolo & Salter，2007；Reitzig，2004），形成相应的支撑体系。经营系统的主要内容是使得知识产权资产化、产品化，在盈利模式维度，知识产权管理的出口包括自主使用与对外授权两个方面。

对于经营系统组成内容的知识产权管理过程，格兰斯特兰德（Granstrand，2000）总结了从“概念化”到“研究开发和技术获取”再到“商业化”的三个阶段和知识产权管理模型；黎兹格（Reitzig，2007）提出的“知识产权价值链”，认为企业要重视“获取和产生”“保护”“利用和实施”三个方面的策略和能力；戴维斯和哈里森（Davis & Harrison，2003）提出的“价值等级理论”，把企业的知识产权管理看作五个层次的金字塔，从下往上分别是“知识产权保护”“成本控制”“利润中心”“整合开发”“愿景引领”。知识产权管理过程是文化创意产业如何利用知识产权创造价值与获取价值的逻辑（Davis & Harrison，2003），归纳总结相关研究，我们以获取和产生、保护、整合开发、利润中心四个阶段来阐述知识产权的管理过程。

知识产权是文化创意产业的核心资产，是企业竞争优势的重要保障，有效的知识产权管理能够成为企业利润的驱动力。对于文化创意产业，它的知识产权形态主要包括版权（著作权）、专利和商标，其中版权占到 90% 以上，版权是文化创意产业的灵魂和货币（陈一宏，2012）。

从版权的管理看，狭义的版权是指作者对其所创作的作品享有的权利，广义的版权包括作品的传播者，如表演者、录音制品制作者和广播组织的权利，也可称为邻接权或相关权（陈一宏，2012）。其管理逻辑前端导入的是作品及合同，包括自创的版权（法人作品、部分职务作品）、采购的版权（通过转让、许可获得的作品），除作品本身外还需导入证据文件。由于版权自动产生，证据留存极其重要，无论是原创证明还是许可授权合同，都需要动态、全程地管理。版权管理的保护指的是清晰的产权界定，明确其资产化属性，这也是版权市场交易的前提，需要对版权资产进行梳理，是否有作品无授权、权属无效、失效、瑕疵、权属证明丢失。在获取产生和保护的基础上，版权管理的核心是整合开发：第一，版权资产具有可切分、可衍生、可组合的特点，一个版权资产可以转化为多个版权产品，独立开发与运营。比如动画片《喜羊羊与灰太狼》的例子。第二，版权资产可多次交易、持续开发、长期运营，并且过期的版权资产仍然具有很高的价值，可以继续采用常规的版权资产管理方法进行管理。如一部《聊斋》，经过多次交易、持续开发、长期运营，形成了不同历史时期的不同版权产品。版权管理的目的在于形成多元化的利润中心，使用主体分为自主使用或是对外授权，也是版权管理的两个出口。自主使用在于规范自主使用行为，避免侵权动态记录使用方式，辅助版权运营。对外授权首先要对接各种版权输入输出渠道，如中移动音乐基地、云视天创、厚德资本、土豆网、读览天下、ECB 等版权输入输出渠道；其次提供多种版权的开发模式，如盛大文学通过“同版权”开发模式获得了网络作家的广泛参与；最后特别是建立企业自己的版权供应链体系，如目前我国网络视频土豆网建立的现代一站式版权供应链管理体系服务模式。通过自主使用和对外授权两种方式：一种是实现产品经营，以商品形式直接销售给消费者；另一种是实现产权经营，以素材形式销售用于作品生产与创作，以授权方式销售用于衍生品开发。

从专利的管理看，专利包括发明专利、实用新型专利及外观设计专利，是国家以法律形式授予申请人或其权利继受人在法定期限内对其发明创造享有的专有权。一方面，文化创意产业对专利的需求体现在其对高新技术的依托性上，文化创意产业产品与服务对专利的依托表现出文化与科技的融合发展，专利作为文化创意产品化、服务化的加速器，有利于拥有科技含量的企业开展文化创意的价值提升，专利也作为文化创意企业获得竞争优势的必要武器存在。例如雅昌艺术网，源于雅昌印刷，正是由于在高仿真技术上的专利，雅昌印刷开始试水文创，以其独特的竞争优势快速赢得了市场。另一方面，文化创意产业的专利还体现在外观设计专利上，外观设计的专利类似于版权的管理，较易用于转让、许可，或作为知识产权出资与他人合作开发等。

从商标的管理看，商标是文化创意产业显著性文化元素，在实践中文化创意产品应该尽快进行商标注册，取得商标权。注册时相关联的商标都应该注册，取得与文化产品相关字样，有效规避市场一些恶性竞争。

综上所述，知识产权管理是整体文化创意产业开放式商业模式的重点，其存在于经营系统，但有效地连接了市场定位与盈利模式，促进了内部与外部的创意转化为实实在在的利润。其中版权资产是文化创意企业核心价值的重要组成部分，目前我国文化创意企业现存大量的“沉默”版权资产无法发挥价值，如何盘活这些资产是产业界面临的现实挑战。对版权资产进行科学管理，不仅能够有效规避企业无形资产的流失，更能防范侵权事件的发生。同时专利是文化创意企业价值提升的重要手段，特别是对于科技型专利企业，结合文化创意的特点，是实现企业价值提升的一个重要手段。

3. 文化创意企业开放式商业模式的运行。文化创意产业开放式商业模式构成体系是一个逻辑严密的概念组合，商业模式作为全面解释企业价值创造与价值获取的大伞构念（龚丽敏、江诗松、魏江，2011）。通过元模式、子模式两个层面的分析，有利于我们了解文化创意产业的商业逻辑，开放式商业模式子模式是具有某些共同特征的商业模式，可以刻画文化创意产业类企业的行为特征，揭示了文化创意产业商业模式不同方面的重要性及不同的要素，提出了以知识产权为重要内容的商业模式逻辑。但从开放式商业模式的实现机制研究入手，不仅要解释中观层面的构成要素及其关系，更重要的在于指导企业具体的实践，即开放式商业模式是如何实现的？为此，我们将子模式映射到具体的实例模式，不仅能帮助我们加深对商业现象的理解，并且通过微观的实例模式的分析，为其他企业模仿或据以创新提供参照。然而由于不同的企业拥有不同的资产、资源和市场定位，并拥有不同的历史，这些不同使得他们对待商机的方式不同（David Teece，Gary Pisano & Amy Shuen，1997）。在商业模式的整体框架下，企业 A 和企业 B 的商业模式不可能完全相同，如图 2 - 14 所示。因此，商业模式实施时并不能依赖于复制，企业没有唯一的成功模式，重要的是在商业模式逻辑中，充分考虑环境变化与企业自身条件，找到适宜的生存法则，并形成不断更新的动态过程。

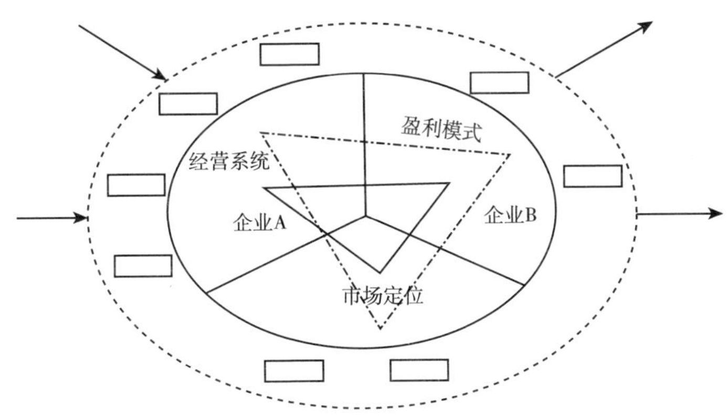

图 2 - 14　商业模式子模式与实例模式

如图 2 - 14 所示，企业 A 和企业 B 虽然都处在商业模式“市场定位、经营系统与盈利模式”三个维度结构中，三个维度相互衔接并与外界发生交互，但其组成要素的内容却不相同，如目标消费者与合作伙伴不同、价值主张不同等，各构成要素与外界交互的方式也会不同。如企业 A 主要通过企业家社会关系网络来获得外部创意，而企业 B 则构建了 Web2.0 资源分享平台来获得外部创意。可见开放式商业模式子模式提供的是企业在设计商业模式以及商业模式创新、实施时的概念工具，有助于企业结合外部环境变化与自身条件形成商业模式，同时随着外部环境的变化，具体实施的商业模式会出现新的含义，才能在具体实践中取胜。

不同的文化创意企业具有不同的开放式商业模式，从子模式到实例模式的映射有无限可能，现实中不同的开放式商业模式实施有成败之分。那么开放式商业模式到底有无优劣之分？企业适宜的生存法则究竟是如何形成的？成功的开放式商业模式能否抽象出一系列有效的指标？成功的开放式商业模式是如何实现的？这些将成为实例模式研究中有待解决的问题。

开放式商业模式的元模式与文化创意产业的子模式为我们展示了企业商业状态的静态剖面，但在企业的经营过程中，这些模式难以体现过程的变化及因果联系，为此我们借鉴了乔纳斯·海德曼和托马斯·卡林（Jonas Hedman & Thomas Kalling，2003）基于企业资源观提出的商业模式分析框架，主要考虑有两点：一是基于企业资源观的商业模式分析框架并非“另起炉灶”，而是与商业模式构成体系紧密对应，从资源观的角度看待商业模式的要素关联，更加有利于商业模式理论自身的发展；二是文化创意产业商业模式是契合了知识产权管理的商业模式体系，知识产权是文化创意企业的核心资源，基于资源观的分析框架有利于揭示其内在的逻辑。因此，我们根据开放式商业模式的内涵“商业模式各要素能够跨过企业边界，通过与外界的互动来推动企业创新成果的实现”以及文化创意产业开放式商业模式子模式构成要素，得到了基于企业资源观的文化创意企业开放式商业模式实施分析框架，如图 2－15 所示。

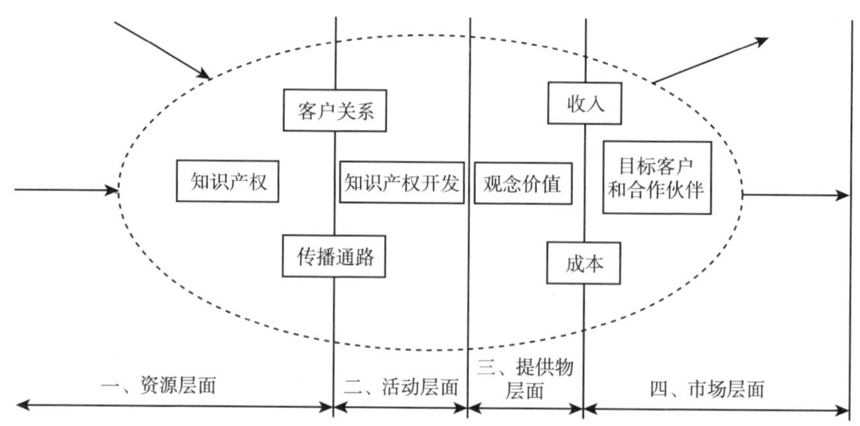

图 2－15　文化创意产业开放式商业模式实施分析框架

文化创意产业开放式商业模式 8 个构成要素，涵盖了企业商业逻辑的 4 个层面，分别是位于基础位置的资源层面、企业经营企业活动的组织企业活动层面、向外界提供产品和服务的提供物层面及企业所处的市场层面。文化创意企业本质是提供创意产品与服务背后观念价值的商业模式要素组成的独特组织，其创造价值和获取价值的关键在于其是否具有独特的知识产权、良好的客户关系及快速有效的传播通路，以及企业对这些资源组合及分拆的企业活动，同时这些企业活动也受到了企业面对市场提供产品服务的变化而随时调整。

理论演绎的开放式商业模式构成体系是否具有说服力？基于资源观的商业模式分析框架能否归纳出文化创意企业开放式商业模式的实现过程？为了进一步搞清楚这些问题，笔者还开辟了另一条分析路径，即从实践出发进行理论提炼。鉴于以往的研究中缺少对文化创意企业的深入性观察，商业模式的讨论难以深入的现实，笔者拟找到一些文化创意企业作为成功案例，通过解剖麻雀的方式，从实证角度对具有典型性的成功文创企业商业模式运作的动态过程进行具体观察。从现实中抽象文化创意产业开放式商业模式的作用元素，归纳成功开放式商业模式的实现过程。利用案例分析的认识，一方面可以对上述开放式商业模式构架的理论分析结果作出初步的检验和修正；另一方面还可以进一步解决第二个潜在的理论问题，即上述开放式商业模式的实现机制是什么?

四、范围与内容

通过以上分析，“文化创意产业的概念模糊”“文化创意产业的数字化能力如何”“数字能力在文化创意产业和商业模式创新中的中介作用”使得本书的探讨需要先明确研究的范围与内容。结合本书问题“文化创意企业数字能力对商业模式创新的影响?”我们确定了文化创意产业、数字能力与商业模式创新的概念范畴，以及数字能力与商业模式创新之间的逻辑关系。

（一）概念范畴

第一，文化创意企业的定义，本书关注的文化创意企业是以知识产权为核心资产，利用文化资源与新兴技术的创意性结合进行商业化运作的行业里的组织。

第二，数字能力的定义，本书所指的数字能力不仅仅是一种对数字技术的应用能力，也体现为企业内外部技术、资源、机会与能力相互结合、彼此协奏以适应数字环境变化的一种动态能力。

第三，商业模式创新，本书描述的商业模式是企业价值主张、价值创造、价值传递与价值获取等活动及要素间关系的过程架构，其最终目的是促使企业实现价值共创、价值共享。在复杂的、高速变化的商业环境中保持竞争优势，公司需要设计、开发和实施商业模式创新。商业模式创新涉及价值主张、价值传递和价值获取的整体逻辑。

（二）逻辑关系

第一，数字化能力赋能企业对外部环境变化及时作出调整与反馈。由于数字化能力使得企业组织价值创造和价值获取方式发生了变化，企业商业模式的其他构成要素如顾客关系、供应商网络和盈利模式等必然发生相应调整，商业模式也呈现出从封闭式向开放式转变。

第二，数字化能力是商业模式持续改进、创新的赋能因素。能够增强对经营运营管理各个环节的洞察力，从而制定更符合企业发展的战略与商业模式。

第三，数字化能力能够使文化创意企业克服商业模式惰性。企业已形成的商业模式会随着时间的推移而受到组织惰性的影响，但是企业可能通过数字化技术及资源提高数字化能力，渐进式地扩展、修改已有商业模式。

基于以上概念范畴和逻辑关系的明确，我们采用逐层深入的分析方法，解析文化创意企业商业模式的本质特征，继而讨论文化创意产业数字化能力怎样推动商业模式创新。结合案例分析的方法，探讨规律，找出内在机制，同时应用实证定量分析的方法，检验研究结果的一般意义。

| 第三章 |

案例研究与内在机制的发现

一、研究问题

（一）案例研究方法

案例研究的本质为基于丰富的实证数据，创建构念、命题、理论（Eisenhardt，1989；Yin，2003）。案例研究关注的研究对象少，易于深入开展，适宜情形复杂、理论尚不成熟的研究领域，是理论构建初期常用的方法。文化创意开放商业模式实现机制的研究，一方面，由于文化创意产业的相关研究刚刚起步，从理论演绎的开放式商业模式子模式的构成要素及其关系有待通过实践去检验并进一步完善，特别是我国文化创意产业有其自身的特点，更适宜采用基于实地的案例研究；另一方面，开放式商业模式的实现机制在于探讨成功实例模式的共性及其作用过程，这更离不开对案例的深入解析，从而才能提出研究假设。

由于本书涉及两个方面的研究问题：一是对文化创意产业商业模式的检验；二是对文化创意企业数字能力如何作用商业模式创新的过程机制的探讨。因此，本书采用内容分析与叙事分析相结合的方法，其中内容分析是基于编码的方法，通过对数据的显性内容进行编码并量化分析，得到与之相关的潜在内容的特征（Krippendorff，2004）。因为对文化创意产业开放式商业模式的构成体系已经形成一些具有“身份特征”的认知性概念，采用内容分析的方法较为客观，也可以降低在阐释性解释中出现的偏差，同时内容常常作为其他分析策略（如叙事分析、扎根理论）的补充，被用于阐释现象意义。

叙事分析不仅可以用来描述现象模式，还可以用来解释现象机制（Boje，2001）。彭特兰（Pentland，1999）指出，叙事的结构从表层到深层包括四个层次，分别是文本、故事、一般化描述和生成性机制。彭特兰（1999）认为，通过叙事来解释现象，需要从现象的表层结构深入到深层结构，对现象机制的解释也就是探索叙事的深层结构。兰利（Langley，1999）也认为，最有趣、最具说服力的叙事并不是单纯描述性的，其中应该嵌入理论性的情节和主题来作为解释的手段。同时为了揭示“开放式商业模式获得创新绩效背后的机制”，我们采用了过程研究的视角，研究的重点即揭示结果是如何随着时间而产生的，以及为什么产生这些结果（Boudreau & Robey，1999）。研究过程中，我们始终保持研究思路的开放性，并遵循了案例研究步骤和规范（Eisenhardt，1989；Yin，2008），以及解释性研究的原则（Klein & Myers，1999）。

总体上，本书选取了具有典型代表性的文化创意企业，运用二手资料收集及深度访谈法获取数据，并采用叙事分析为主的数据分析策略进行案例分析。通过叙事分析归纳出企业开放式商业模式设计及实施过程中发生的事件，采取的行动，出现的结果。对各个案例分析完后，再进行多重案例分析、建构和检验理论。

（二）研究问题的界定

案例研究的目的在于发展理论，案例研究侧重于利用数据的丰富性创造新理论，但这并不意味着案例研究是完全开放的，不需要理论的指引。相反，一个好的、严谨的案例研究始终贯穿着理论的指导（Yin，1994）。基于我们对文化创意产业数字能力和商业模式创新的实例模式的分析，我们以图 3 -1 所示的文化创意产业数字能力对商业模式创新实施研究框架为基础，一方面通过案例分析对理论框架进行重复检验，不断完善结论；另一方面依据研究框架，深入案例研究，突出情境、展示过程和揭示关系（Elsbach，2010）。

基于这样的研究框架，我们进一步明确了三个层面的 12 个方面（见表 3 -1），第一个层面是文化创意产业开放式商业模式的构成体系，包括这一构成体系的 8 个要素，检验理论演绎是否符合实践，及其在实际中呈现出

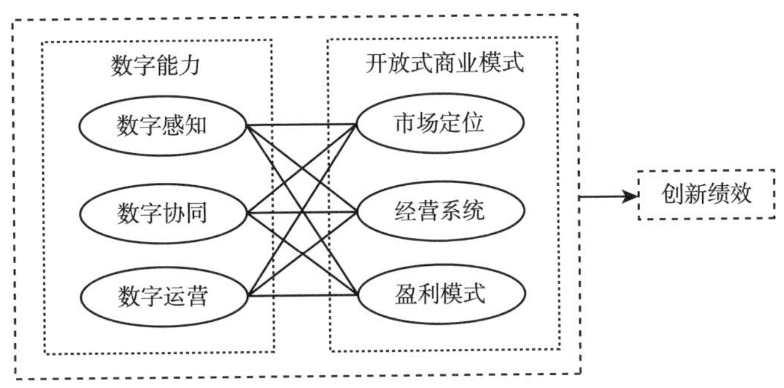

图 3－1　文化创意产业数字能力对商业模式创新实施研究框架

来的尚未发现的内涵。第二个层面是数字能力的三种表现形式，即数字感知能力、数字运营能力、数字协同能力，通过对数字能力三种表现形式内在逻辑地打开，有利于企业针对性地进行商业模式创新。第三个层面在于数字能力是如何促使商业模式创新的？这一过程是否能抽象出统一的规律？这些问题相互依存，循序渐进，旨在逐步深入地剖析文化创意产业数字能力对商业模式创新的实现机制。

表 3－1　　案例研究问题汇总

三个层面	12 个方面		具体问题
开放式商业模式构成	市场定位	目标消费者与合作伙伴	1. 顾客、外部创意来源及合作伙伴的范围 2. 他们是否影响价值主张的形成
		价值主张	1. 价值主张是否可以概括为观念价值 2. 数据、情感价值、文化价值是否是观念价值的主要组成内容
	经营系统	渠道通路	1. 更多的传播渠道是否是接触消费者的最佳途径 2. 通过传播通路是否能够捕捉外部信息 3. 企业的市场策略是否可提炼为“不断拓展传播渠道”
		客户关系	1. 产品与服务是否引起了消费者的情感共鸣 2. 消费者是否是参与者、合作者
		核心资源	知识产权是否是企业的核心资源
		关键业务	1. 围绕知识产权的管理工作是否是企业的关键业务 2. 知识产权管理是否可以概括为获取和产生、保护、整合开发、利润中心四个部分
	盈利模式	收入来源	衍生收入是否是企业收入的主要来源
		成本结构	创意人员的成本是否是企业成本的主要体现

续表

三个层面	12 个方面	具体问题
数字能力的三种表现形式	数字感知能力	1. 如何主动识别客户需求，将客户视为价值创造的参与者 2. 如何扩展产品的连接功能与感知功能
	数字运营能力	1. 如何进行数据基础架构、数据库、分布式缓存、分布式文件系统 2. 如何进行数据中台搭建、日志快速接入、实时计算引擎、任务编排安装
	数字协同能力	1. 如何建立新颖的连接或强化现有连接，形成众多相关业务的集成 2. 如何形成以价值分享机制为核心，并让不同主体能够从平台交易的情况中获益
数字能力如何促使商业模式创新	1. 机会层面，如何感知和捕获机会，实现增强、扩展及重新定义客户价值主张（数字感知能力） 2. 企业的资源情况，企业如何与外部创意源进行互动的，及其获得外部资源的过程（数字协同能力－外部协同） 3. 随着资源的变化，企业的经营活动作了哪些调整，遇到什么困难，是如何解决的（数字协同能力－内部协同） 4. 企业提供的产品与服务发生了什么变化，其业务如何实现流程化（数字运营能力） 5. 创新后市场经营的效果，其创新绩效如何（商业模式创新成果）	

二、案例选择

（一）案例筛选过程

现有对文化创意企业开放式商业模式的研究不能为我们打开商业模式的“黑箱”，因此需要结合实践去探索这个“黑箱”内部的运作机制，这对案例的选择具有较高的要求。首先需要确定研究问题的分析层次，本书是对文化创意产业开放式商业模式实现机制的研究，商业模式作为企业商业逻辑的概念性工具，描述的是企业价值创造与价值获取的逻辑，因此本书的分析层次为企业层次。其次，由于文化创意产业包含了众多的细分行业，可供选择的案例数目比较多，我们实施了两阶段筛选程序。

第一阶段，借助中国创意产业年度大奖①获奖企业案例作为档案资料，同时基于以下四条标准将备选案例压缩至6个：案例具有一定的典型性，在行业中具有较大影响力；案例商业模式特征符合开放式商业模式特点；案例单位近两年推出的新业务、新项目较多；优先选择一手案例和更为典型的案例。

第二阶段，向文化创意产业业内专家进行请教，共征询了三位专业人士，三位专业人士除在档案资料中确定三个案例外，另推荐北京重力聿画盈影视有限公司作为最值得关注的案例研究对象，一致认为北京重力聿画盈影视有限公司是目前文化创意产业领域数字商业模式的典型代表。笔者即联系和接触了以上四家文化创意企业，基于资料获得的便利性、访谈的可能性及其他条件限制，最后仅雅昌集团有限公司、日本C社和北京重力聿画影视有限公司三个企业配合完成了全程案例深入调研，案例筛选过程如表3－2所示。

表3－2　案例选择过程

阶段	案例	依据
第一阶段	视讯中国	1. 手机电视领域的典型代表，2007年成立至今视讯中国以超过100%的速度快速发展，跻身国家新媒体平台的龙头企业。 2. 近两年开创了很多新业务，形成手机电视、手机报、手机阅读、手机教育、手机娱乐等展现形式，特别是推出@TV互动电视的概念
	盛大文学	1. “盛大文学”是一个“全版权运营公司”，其中“版权内容”涉及网上电子版权、线下出版权、手机上的电子版权、影视和游戏改编权以及一系列衍生产品的版权等，具有较大的行业影响力。 2. 推出基于云计算的创作协作平台。开放、正版、数字书城平台；独特的内容创收（安全、稳定、透明、实时结算）和阅读收费（免费加灵活购买）模式
	光线传媒	1. 电视节目联供网的业务模式，国内最大的长达7万小时的娱乐视频资料库，E标已经成为电视界著名标志之一。 2. 节目形式的多样化，联播网、发行网的建设

① 北京市文博会的一个奖项，用于表彰全国优秀的文化创意企业典型。

续表

阶段	案例	依据
第一阶段	雅昌集团有限公司	1. 首创“传统印刷+IT技术+文化艺术”的雅昌商业模式，形成环环相扣的文化产业链，为艺术市场提供全面、综合的一站式服务。将传统行业演变成以艺术品数字资产为核心的文化产业。此模式被长江商学院和商界传媒评选为“最佳商业模式”。 2. 近两年，不断推出新的产品与服务，如“艺术数字出版物、互联网艺术出版物、艺术品电子商务、高仿真艺术品和其他艺术衍生产品”，及各类企业活动，如“雅昌艺品流动美术馆”“CACC艺术中国”等
	广州毅昌科技股份有限公司	1. 工业设计类的行业领袖，形成设计—制造—销售一体化的DMS（Design设计、Manufacture制造、Services服务）模式。 2. 2011年，推出广东省级版权服务贸易平台
	慈文紫光数字影视公司	1. “软件技术+影视艺术”使得动漫产业链上、下游完美结合。 2. 近年来作品集中在动画、电视剧和电影等领域，并正进军手机平台
第二阶段	视讯中国	手机电视领域的佼佼者，模式比较新，互动性比较强
	盛大文学	“内容+渠道+终端”的全产业链，知识产权管理较具代表性
	雅昌集团有限公司	从印刷业发展起来的文化创意产业，目前文化创意的比例已经远远大于传统行业部门，从理念模式上在中国具有开创意义
	日本C社	文化创意产业领域的一朵奇葩，产品初音从一个歌声合成软件形象进化为魅力四射的虚拟偶像，其影响力从日本传向了世界各地。初音5年发行唱片超过350张，在世界多个地方举办了3D演唱会，带动形成了系列虚拟唱歌角色产品－V家族
	北京重力聿画影视有限公司	1. 国内新生代互联网原创动画内容开发公司，开发制作了多部国产动画IP。IP开发双维度打开了全新的动漫IP商业模式，领跑整个虚拟IP及直播电商行业。 2. 业务涵盖抖音、快手、小红书、哔哩哔哩、爱奇艺等，并在动画短视频带货、直播

（二）案例背景

1. 雅昌集团有限公司（以下简称雅昌）。企业家万捷于1993年创办了深圳雅昌彩色印刷有限公司（雅昌集团有限公司的前身），不同于传统将印刷业定位为文化教育事业的思路，万捷提出“印刷是服务业”的创新理念。

雅昌把“服务”贯穿到了每个环节：从与客户洽谈开始，直至把印刷品交给客户，整个过程中，一切以客户为中心。正是为了满足客户更多更高的需求，深圳雅昌彩色印刷有限公司不惜投入大量资金引进先进设备，如1994年引进DTP电脑制作系统，实现印前作业由电脑制作，1996年购买了世界上最先进的数字摄影设备3300万像素的哈苏专业数码相机；并积极与企业外部合作，推动企业的快速发展，如1994年与深圳中轻印刷包装有限公司合作，奠定雅昌生产服务一条龙的基础，1996年与北京印刷学院实习工厂合作，进一步扩展北方市场。

正是雅昌精湛的服务水平，雅昌逐渐积累了一大批“老客户”，他们的印刷品非雅昌莫属，其中大多客户是画家、摄影家、收藏家、拍卖行和知名的艺术机构。雅昌也在为顾客提供印刷服务的同时，积累了大量的图片数字资源，雅昌并没有像传统印刷业那样把这些占用内存的数据进行删除，而是做了完好的保存。2000年企业家万捷以超前的思路和眼光，独创“传统印刷+现代IT技术+文化艺术”的“雅昌模式”，并创办了国内著名的艺术类门户网站——雅昌艺术网，雅昌艺术网由综合资讯频道、专业子网频道、行业服务子频道、互动社区和英文网组成，通过高品质的专业服务为收藏投资者及艺术爱好者提供权威、深入、全面、丰富、及时的艺术界资讯信息。2004年雅昌顺势推出了以提升艺术家核心价值为终极目标的“艺+”服务，提供了包含艺术家的出版服务、展览服务、数字资产管理、互联网服务等全面的一站式服务。雅昌艺术网为艺术品经营机构及相关的商业机构提供了基于雅昌艺术网的综合媒体推广解决方案。目前雅昌艺术网的会员数已超过了50万人、每天的浏览量达到800万人次，在中国互联网协会评测的全球中文互联网排名中位居400名以内。并拥有自1993年国内首场中国艺术品拍卖会至今近10000个专场、270万件中国珍贵艺术品的详细交易资料，且正以每年近2000个专场、近50万件拍品的速度递增。雅昌的数据库里已经拥有60000余名艺术家、2000多万件艺术品珍贵的图文资料。

从“为人民艺术服务”到“艺术为人民服务”，依托雅昌的知识产权资源库——《中国艺术品数据库》、高水平的色彩管理标准（ACMS）、独有的版权管理机构（CISDO）以及先进的微喷输出技术（Giclee+），2010年雅昌推出“艺品”服务，向大众市场提供雅昌艺品名家限量复制艺术品和多种衍生品。围绕集团整体资源整合营销理念，利用集团三大数据库《中国艺术品数据库》《中国艺术家数字资产管理数据库》《中国摄影家数据库》为核心平台，以及雅昌艺术网、雅昌艺术图书网、雅昌艺术体验中心及 VIP 客户管理 CRM 系统等，2011 年雅昌更是大力推进数字出版服务，充分结合 iPhone、iPad 等新型智能终端的优势和特点，让更多的人能随时随地看展览、欣赏藏品、加深对中国艺术的了解等，充分发挥文化艺术的知识传播与文化教育的功能。

过去的 30 年雅昌为保护与传承中华优秀文化，践行“为人民艺术服务”宗旨，积累了丰富的艺术数字资源，从数据库和互联网平台衍生出了设计、摄影、印刷、出版、艺术市场信息、互联网广告服务、艺术数据库、数字资产管理、艺术图片版权交易等服务和产品。未来，雅昌不忘“艺术为人民服务”的目的，将利用雅昌积累的艺术资源不断服务社会大众。

2. 日本 C 社。2004 年，雅马哈公司推出了英语版的语音合成引擎 Vocaloid 1.0，实现了电脑“人声唱歌”方面的突破。在此之前，电脑上的虚拟乐器基本具备大多数乐器功能，但是却难以做好人的声音，只发出单音阶的“A –”“U –”。利用 Vocaloid，人们只需要输入音调和歌词，就可以听到合成的类似人类声音的歌声。然而，Vocaloid 只是类似于汽车引擎的加工工具，要想合成人声还需要特定的声库，为人声合成提供素材。而且，从技术成功转化为市场成功还有相当大的距离。这时候，雅马哈公司采用了类似于谷歌对待安卓系统的态度，将 Vocaloid 授权给一些愿意使用该技术的公司。其他公司可以与雅马哈公司签约来获得使用该技术的权利并开发相应的声库，开发出来的声库和基于该技术的新产品都归签约公司所有，这就为 CRYPTON 公司（以下简称 C 社）提供了市场机会。

C 社的创始人伊藤原是日本北海道大学工学部精密工程部的老师，由于从小对音乐创作的兴趣爱好，加之对程序设计的熟练，抱着“试一试”的想法，伊藤曾在一本名为 Keyboard 的英语杂志上刊登广告——“贩卖自己的声音”，意外大受好评，承接业务直线上升。后来，他发现没办法再快速适应庞大的委托量，便辞去了学校职位，于 1995 年成立了 C 社。

在日本国内桌面音乐制作软件的使用者约有 50 万人，而虚拟乐器更是其中一个狭小的市场细分。2004 年，C 社抓住雅马哈公司推出 Vocaloid 日语版发布的机会，乘势推出了自家的女性虚拟歌手 MEIKO。11 月，MEIKO 开始贩卖，当年达到了 3000 套的销售量。但当时只有音乐制作界有兴趣，在专业的音乐软件使用群体中获得了一定影响力。2006 年 2 月，C 社发布了男声版本的 KAITO，但当年仅有 500 套销售量，后续市场反响平平。

2007 年 1 月，雅马哈公司推出了第二代语音合成引擎，比起第一代更接近人类且更自然。C 社的 CEO 伊藤果断采用了该技术进行产品开发。8 月，C 社开始销售融合了虚拟偶像“初音未来”的音乐制作软件（下文简称初音）。产品推出之后，很快受到大众的欢迎，仅三个月就创下音乐软件行业罕有的 2.5 万的销售数额。C 社在日本音乐软件公司的市场占有率在一个月内由 6% 急速上升至约 33.9%。谁也没有想到，这个原本只是为了使软件更有亲切感而创作的虚拟人物促成了软件的大卖特卖。

初音诞生 5 年来已经发行了超过 350 张唱片，在世界多个地方举办了 3D 演唱会，带动形成了系列虚拟唱歌角色产品——V 家族。C 社也从虚拟乐器开发软件商转变为具有社群网络、提供网络音乐销售中介服务等为一体的平台型企业，实现了版权交易、定制服务、利润分成、增值服务等业务收入。可以说，随着初音的大红大紫，C 社实现了令人瞩目的成功。

3. 北京重力聿画影视有限公司。重力聿画影视有限公司是国内新生代互联网原创动画内容开发公司，业务包括：原创动画视频、电影开发、原创动画短视频开发及相关 MCN（Multi-Channel Network）、电商业务等，MCN 本质是一种新的网红经济运作模式，通过将专业内容生产将内容联合起来，在资本的有力支持下，保障内容的有力输出，从而最终实现商业的稳定变现。2016 年公司正式成立，开发制作了中国首部美食番《食神魂》等多部国产动画 IP。业务内容包括：原创动漫超级 IP 孵化，动漫短视频制作，电商带货，直播，广告，创意策划，新媒体营销等各领域。业务涵盖抖音、快手、小红书、哔哩哔哩、爱奇艺等，并在动画短视频带货、直播，IP 开发双维度打开了全新的动漫 IP 商业模式，领跑整个虚拟 IP 及直播电商行业。

2019 年进入短视频内容领域，出品了国内首部真正拥有强带货力的顶级流量动漫短视频 IP《我是不白吃》等作品，被业界称为“动漫 IP 带货一哥”。该美食类动画 IP 自推出以来，不仅独立推出了走遍全中国的美食之旅“真人 + 二次元”动画纪录片《不白吃的食神之旅》，讲解山海经中传承的中华历史文化的《不白吃话山海经》动画短视频系列等，亦携手央视新闻、人民日报等官方主流媒体推出献礼建党百年系列动画短视频《百年“食”光机》、献礼“中国农民丰收节”主题动画短视频、冬奥会美食动画短视频《很遗憾，这几位将缺席冬奥会菜谱》，更率先开启动漫短视频带货新模式，助力众多食品生产企业实现电商转化，实现了社会效益与经济效益双丰收。

截至2021年12月，国民级美食IP“我是不白吃”全网（哔哩哔哩、抖音、快手、微博、小红书）粉丝超过4000万，互动量超过10亿，视频曝光量突破200亿，荣登2021年度国产动画热度TOP2。系列作品《不白吃的食神之旅》成为哔哩哔哩纪录片榜第一，评分高达9.9；《不白吃话山海经》荣登国创区TOP3。2021年度，《我是不白吃》还获得由《人民日报》颁发的优秀自媒体创作者，并荣膺2021年度商业价值IP、2021年度十大文化消费品创意IP，亮眼的运营成绩也获得了知名媒体和机构的认可。

三、数据收集

（一）数据来源

为了进一步保证数据的可靠程度，对于数据收集的方式采用多元资料获取。数据的主要来源包括以下三个方面。

1. 到实地去参与观察。笔者在中国版权保护中心版权事业部参与了中国版权登记代理平台的项目，在与案例单位人员的接触和交流中，获得了第一手的丰富数据。根据实地参与观察的情况，又对部分关键人员进行了开放式访谈。

2. 对案例单位进行开放式访谈与焦点访谈。访谈主要采取开放式访谈与焦点访谈相结合的方式，针对案例研究方案中的一组问题进行焦点式发问。为了保证数据的可靠性，我们注意受访者前后回答的一致性，并向多个人员询问验证。同时开放式地请受访者详细描述1～2个项目的执行过程，如何与外部顾客进行互动的？遇到什么困难？是如何解决的？以及受访者认为公司发生的比较有趣或记忆深刻的事件？在开放式访谈中，笔者根据受访者描述线索，不断深入询问，以期还原事件发展线索。

3. 二手数据。除了以上的资料来源，本书还充分获得了系列二手数据，其中包括媒体采访、市场部资料、公司宣传品、企业家简历、培训资料以及报纸杂志报道，这些二手数据为我们的有效研究做了充分的补充。

（二）数据收集路径

在案例研究分析的过程中一旦发现有材料缺失的情况，我们立刻通过电话与案例单位进行沟通确认，如果不同来源的材料信息内容出现了不一致，则通过增加其他的来源资料来进一步验证，或是参考信息提供人的意见来进一步澄清。总体通过参与观察、访谈和文档数据的相互印证，从而降低分析结果出现偏差的可能性。

对于日本 C 社，由于访谈的不便，我们采取来自对案例企业的开放式问卷和二手文档获得数据。首先，我们在各种媒体报道、研究报告、学术文章之中寻求对案例的全面理解，并且为编制问卷提供足够的启示。其次，我们围绕研究问题，设计了 15 个问题的开放式问卷，通过跟初音公司有业务往来的合作伙伴将问卷传递给初音的业务负责人，最终得到了近 5000 字的问卷答案。最后，我们利用问卷答案和我们收集的 47 份二手文档建立了本书的二手资料库。

四、数据分析

我们采用了数据编码和理论框架相结合的策略，既借助理论来诠释现象，又基于数据对理论进行丰富和情境化（Orlikowski，1993）。首先分析单个案例，包括一手数据和二手数据，突出强调那些同时被不同数据收集源（Jick，1979）和数个信息提供人证实的主题。形成开放式商业模式构成体系，开放式商业模式如何与外部交互，形成创新绩效的独立见解。在首个案例研究中，我们尽可能忠于原始数据进行初始编码，对访谈材料“自底向上”地进行分析和归纳（Strauss & Corbin，1998）。其次，我们对初始编码进行汇总和归纳。在此过程中，我们不断寻找相关理论中与数据最契合的概念和关系，在概念化编码基本稳定之后，再寻找合适的汇总概念，将概念化编码归纳到更为抽象的概念中。概念化和汇总概念经历了若干轮的迭代，直至在与理论保持对应和与数据保持紧密联系之间达到平衡（Langley，1999），形成较为稳定的编码结果。进一步借鉴相关理论中概念之间的关系，尤其是基于资源观的文化创意产业开放式商业模式实施模型，对编码结果进行分析和解释（Klein & Myers，1999）。之后我们开始跨案例分析，寻找这些案例中类似的构念和主题（Eisenhardt & Greabner，2007）。为了保存跨案例中复制逻辑的完整性（Eisenhardt，1989；Yin，1994），我们在大多数据被收集之后开始这种跨案例分析。使用表和其他单元的设计，比较一些可能的构念（Miles & Huberman，1994），三个案例配对，以突出异同。从涌现的结构和主题中，形成这些构念的初步关系。最后，通过复制逻辑，提炼这些初步的关系，重新比较和验证每个案例中具体构念、关系和逻辑的发生。理论和数据之间的迭代帮助我们锐化构念的定义和测量，构念之间的理论关系，加强理论论据（Eisenhardt，1989）。在理论框架澄清后，我们将与现有文献比较突出相似性和差异性，加强发现的内部效度，锐化构念的定义和测量，提高涌现理论普适性。最后，在数据、文献、理论之间反复迭代，直到我们的理论和数据有很强的匹配性。

在使用和解读数据时，我们尽可能遵照解释性案例研究的原则（Klein & Myers，1999），以实施中的组织实践为参考的时间轴，确定概念之间的关系（Orlikowski & Yates，2002）。为了保证解释的效度，我们采取了以下措施：一是尽可能借助已有的理论框架，在数据和相关文献之间迭代对比，寻找最具有解释力，同时又有理论根基的概念与关系；在原有理论框架不能涵盖数据的丰富信息或不能解释现象之间的关系时，再尝试用研究者的视角添加合理的解释。二是两位作者分别进行数据编码，在对编码结果进行组织和分析时，其中一名充当挑战者，一名充当辩护者，挑战者不断对结论进行质疑，辩护者则依据数据和理论进行解释，讨论一直进行到双方意见统一为止。三是将重新演绎的案例故事（论文草稿）反馈给企业相关人员，根据反馈调整和修改内容。

（一）雅昌案例数据分析结果

经过分析，我们发现雅昌开放式商业模式之所以取得巨大的成功，主要原因是企业家万捷倡导的“印刷服务业”的经营思路为雅昌建立了良好的客户关系，并且雅昌有准备地积累了这些客户所带来的大量数据资源；当数据资源积累到一定程度时，雅昌充分利用现代 IT 技术，围绕数据资源，灵活配置企业活动，开发创新的产品与服务；当这些新产品与服务获得市场反馈及企业认可后，雅昌不断调整企业组织架构，形成新的业务模式，从而成功地实现商业模式的创新。通过不断衍生新的业务模式，不断创新企业的商业模式，雅昌获得了很好的创新绩效。雅昌实施开放式商业模式的过程，体现出从资源层、企业活动层、提供物层到市场层的联动性，为此我们将雅昌公司开放式商业模式的过程分 5 个阶段即 5 个层面进行分析。

1. 雅昌如何捕获和感知新的机会。雅昌从成立之初就选择攻克最难的印刷技术环节，形成自身的技术优势，立足于市场。2005 年，雅昌率先发布了“雅昌 COLOR”——行业内首个色彩标准。此举具有里程碑意义，标志着雅昌成为中国印刷标准化技术应用研究基地。雅昌在艺术印刷市场上建立了标准，逐步成为行业的领导者，为其带来了丰厚的利润回报及良好的业界声誉。

印刷行业的大多数企业的价值链大体由采购、研发、印刷、订单交付构成。这条价值链的普遍性使得行业竞争环境激烈。雅昌之所以能异军突起，成为行业老大，离不开其创新的价值链。如图 3－2 所示，实线为普通价值链，虚线为雅昌增加的环节。对于印刷后的资料，许多企业将之视为废弃物处理，然而雅昌将其“变废为宝”。基于多年的资料存储以及印刷经验，雅昌建立了中国艺术品数据库，并在此基础上创办“雅昌艺术网”。凭借着数据库的存在，雅昌进行再一次的印刷时可以避免许多繁琐复杂且成本很高的步骤，如：数据的采集、反复修正等，将成本优势进一步扩大。其增值服务——雅昌艺术网，更是成为其第二大主营业务，不仅宣传了公司，而且创造了价值。网站为客户提供各种需要的信息，如艺术品行情指数、拍卖指数等，其对客户的影响力相当大。客户想要在网站上做预展就需要先在雅昌进行印刷。这又促进了印刷业务增长，形成良性循环。其他企业要想模仿雅昌创新的模式，首先要拥有如此资源丰富的数据库。

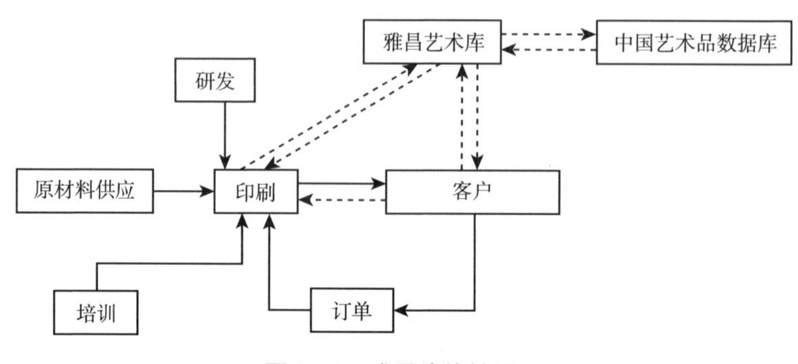

图 3－2　雅昌价值链图示

对于雅昌来讲，“互联网＋”印刷是如何实现的？雅昌以艺术印刷为主要业务，以互联网和信息技术为基础，围绕客户需求打造了互联网平台，借助线上平台，满足客户对精品案例、个性化定制、在线快速报价、在线数据编辑处理等服务的需求。同时通过互联网和信息技术，能够实现销售、生产和客户之间的实时沟通和有效反馈，满足客户在不同业务场景的需求。从而重新调整企业与客户之间的联系方式，帮助企业降低时间成本，提升企业对客户的响应力，这是雅昌的核心指导思想。2019 年，雅昌和上海小羚羊共同开发建设了现在的线上运营平台，以承接雅昌的按需印刷业务。雅昌的核心优势在于：第一，积累了丰富的行业印刷经验；第二，借助线上平台系统，能够为客户针对复杂的艺术类图书印制需求提供快捷方便的在线报价服务；第三，线上平台能够实现对于类型丰富的艺术类产品的个性化定制，用户可以随时对所需产品进行下单；第四，雅昌拥有一支全亚洲乃至全世界最好的艺术品设计及编辑团队，并把相关设计师的资源公布至网络平台上，供客户选择。

随着数字时代的来临，各行各业对产品的数字化也有了更多的需求。雅昌充分发挥自身优势，以文博机构业务需求为核心，以不断创新的技术手段为支撑，采用线上线下相结合的新型文博机构发展模式，开发出适应文博机构数字化发展要求的完整的智慧博物馆方案，能够提供艺术品数据采集、编辑、处理、存储与管理应用等“一站式”服务。如在艺术数据采集方面，雅昌提供的服务包括艺术品平面数据采集，将平面类艺术品转化为高精度数字图像信息，真实还原艺术品的色彩，用于在线浏览、搜索、印刷出版；在空间数据采集方面，雅昌拥有超越谷歌采集器50倍的专业空间场景采集设备，为客户提供数字虚拟展馆（VR、AR）；在立体数据采集方面，雅昌提供艺术品3D数据采集，如三维重建、环物拍摄、3D扫描、艺术品DNA数据采集、音视频录制；在艺术品DNA采集方面，雅昌提供包括高清采集、显微采集、光谱采集等服务。采集工作完成后，雅昌还会为其建立一个完善的数据管理系统，并通过技术的手段，将实体博物馆搬到网上来，通过音频讲解、实境模拟、立体展现、360°展览等多种形式，让用户通过互联网即可身临其境地观赏珍贵展品，更便捷地获取信息、了解知识，实现电脑端和手机端的同步展现，让用户随时随地都能感受到历史文化的沉淀，足不出户逛博物馆。另外，针对珍贵的文物数据，雅昌提供多点的数据灾备解决方案，保证文博机构的数字化文物数据安全无忧。迄今为止，雅昌已为故宫博物院、国家美术馆、国家博物馆、中国美术馆等文博机构提供了大量服务，并与他们一起搭建了智能生态系统，运用科技的力量促进我国文化艺术教育的推广普及。如2015年，雅昌历时四年完成西藏布达拉宫壁画的数据采集工作。2018年，雅昌还与故宫博物院合作，引进了“发现养心殿”主题数字体验展，让故宫走入大众的生活。2019年，雅昌更是获得了故宫博物院“发现养心殿”主题数字展的授权，在全国乃至全世界传承和传播中国优秀文化。

2. 雅昌如何汇聚大量的外部资源。相比传统的印刷产业，雅昌之所以能够华丽转型，在于其积累了丰富的艺术数据资源。这些大量的数据资源的积累并非偶然：一是雅昌的“服务”经营理念形成的企业文化满足了艺术家的潜在需求“需要专注于创作”，同时雅昌灵活的企业活动为后续各种各样的服务提供奠定了基础；二是随着资源的不断积累，雅昌充分发挥其数字能力的优势，借助互联网、物联网、大数据等数字技术，生成新的客户关系和伙伴关系，开拓了资源获得的新的渠道。雅昌确定了“为人民艺术服务”的价值观，这种服务的“正能量”价值理念通过企业领导对员工的感染，不断地得以延续。雅昌的员工不仅做到了高质量的服务，更想尽办法为服务增值，从细节感动客户。

自2016年起，为进一步提升企业服务能力，雅昌逐步加强了多种先进数字印刷设备，以及各类适用于小批量生产的装订设备的引进工作，并陆续上线了雅昌影像、雅昌云印等互联网平台。以互联网为媒介，不断向广大客户展示雅昌在艺术印刷领域强大的策划与生产能力，让更多的客户能够以更为便捷的方式享受雅昌专业化的艺术印刷服务。雅昌云印是雅昌在2020年前后推出的一个全新线上印刷平台。兼具在线报价、在线设计、在线订单、在线合同生成、分销机制、大客户解决方案、互联网接口服务、后端生产系统自动化对接八大功能的同时，雅昌云印整合了企业多年来服务艺术类客户的宝贵经验，通过互联网等方式将自身丰富的艺术类IP资源积累、优质的印刷技术等综合优势对外输出，为客户提供精品级的定制化印刷服务，以"一键式"的快捷生产模式，满足客户对"小而美"的需求。同时，针对客户类型与需求的不同，其也推出了更具针对性的印刷解决方案。在面对艺术类B端小型企业或者C端专业用户时，雅昌能够提供以艺术云印平台为基础的互联网商城服务。用户除了可以在线上购买或定制各种艺术类产品外，还可以使用线上设计系统的编辑工具实现定制画册等个性化产品的制作。

雅昌的服务理念，赢得了客户的高度认可，也是为了更好地践行这种服务的理念，雅昌人灵活地开创了一些新的服务项目。正是由于服务理念的履行，融合了服务对象"艺术家与艺术机构""需要更加专注于创作"的潜在需求，雅昌能够让艺术家和艺术机构更加安心、更加放心，所以雅昌与客户建立了"朋友式"的合作关系，从而获得了大量的来自艺术家和艺术机构的数据资源、版权资源，还结交了艺术家的朋友。在这个过程中，雅昌唤醒了艺术家很多的潜在需求，前期积累的资源也为后续满足需求，开发新的市场奠定了基础。

随着外部资源地不断流入，雅昌看到了这些资源巨大的价值，企业的传统经营也受到了挑战。雅昌建立了统一的客户管理部门，并实现与艺术家一对一的管理模式，统一谈权利，争取最大的权限与最长的时间。同时雅昌也发现有些资源不是仅仅依靠提供优质的服务、客户认可的企业文化就能获得的，为此雅昌精心策划，充分依托已有的客户资源，发动政府和行业的力量，开拓新的资源获取渠道。雅昌通过精细的客户关系管理，主动获取更多的外部资源，在充分利用已有的客户关系形成行业的力量后，还借助政府的力量，从而获取更多企业自身难以得到的外部资源。整个过程总结如图 3 –3 所示。

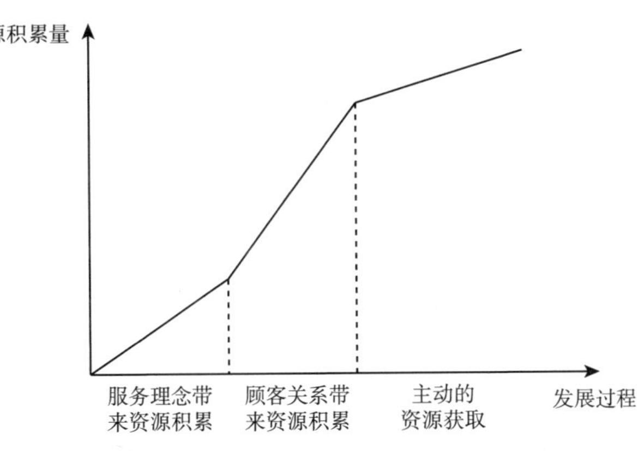

图 3 –3　雅昌案例资源获得的过程

3. 缜密的知识产权管理与灵活的企业活动相结合。在积累数据资源的过程中，雅昌对这些数据进行了严格规范的加工，逐步形成了“中国艺术品数据库”并通过严格的质量管理保证了数据的高质量。这种严格规范的加工是对获得的数据资源将关联信息进行补充及整理的过程。

雅昌不仅严格规范地做好了数据资源的补充整理工作，更形成了严格的质量管理体系，保证数据的高质量。严格的质量监管首先体现在雅昌常设了质量管理部门；其次，质量管理部门形成了规范的管理流程；最后，相关部门间形成了良好的沟通机制及解决问题的机制。

在雅昌数据资源的整理与管理是“铁打不动”的硬规矩，然而围绕数据资源开发利用的业务却显现出极大的灵活性。这种灵活性首先体现在新想法来源的灵活上；其次表现在人力资源的灵活上；最后体现在项目制的工作机制上。雅昌的企业活动如图 3 –4 所示。

正是雅昌紧密围绕企业资源开展了灵活的专项工作，这些专项工作形成了多元化的产品与服务。同时其中经得住总裁办会议考量的专项工作，雅昌成立了事业部代替前期的专项组，进一步巩固了产品/服务的供给。由专项工作组演变来的事业部如图 3 –5 所示。

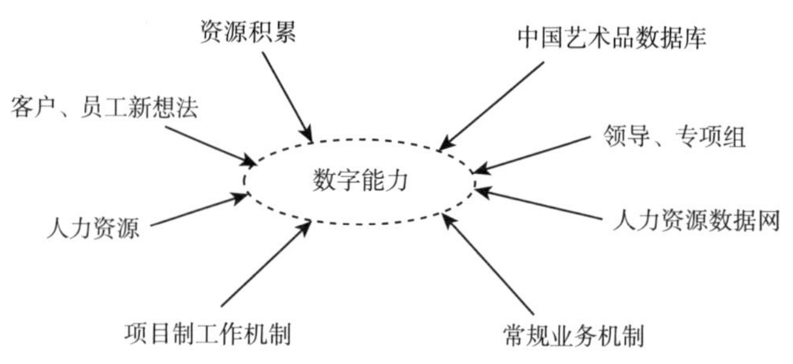

图 3-4　雅昌公司的灵活资源活动配置

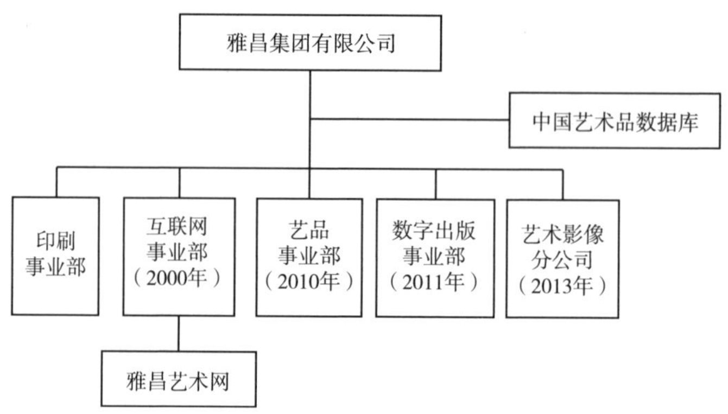

图 3-5　雅昌公司的事业部建设

2000 年雅昌成立了互联网事业部，并开创了“传统印刷 + IT 技术 + 文化艺术”的雅昌商业模式，推出新业务雅昌艺术网。2004 年，该互联网事业部又推出艺 + “艺术家综合服务”项目。2010 年成立艺品事业部，推出“艺品”服务，高仿真复制画。2011 年成立数字出版事业部，推出数字出版服务及基于移动终端的相关服务。2013 年成立艺术影像分公司，推出电子商务服务。2015 年，雅昌打造了“雅昌影像”在线平台，提供极致服务的 PC/IOS/安卓全平台入口，满足全场景的用户需求。2020 年推出雅昌云印全新线上印刷平台，提供兼具在线报价、在线设计、在线订单、在线合同生成、分销机制、大客户解决方案、互联网接口服务、后端生产系统自动化对接等服务。此外，雅昌还推出雅昌大讲堂、雅昌公开课等线上项目，以文字、图片、视频、音频等各种形式，为大众讲述艺术知识，提升大众的艺术修养，让艺术走进每一个人的生活。

这些事业部及分公司的前身都是雅昌人所谓的应试应景的专项工作，专项工作短则开展半年就立马上线分公司，如艺术影像分公司；有的则开展了数年才成立事业部，如互联网专项工作从计划到实施历经了3个年头。每当雅昌成立新的事业部的时候，雅昌都会重新盘点相关资源，并精心策划获取需要的资源。

4. 多元化产品/服务的形成。由灵活的专项工作与稳定的事业部/分公司机制相结合，雅昌不断推出了新的产品与服务。这些产品与服务主要包括三个阶段：第一个阶段是传统的印刷产品，第二个阶段是版权的经营，第三个阶段是围绕消费者的相关经营。雅昌的消费者经营分为两个部分：一是“为人民艺术服务”，服务对象是艺术家和艺术机构；二是“艺术为人民服务”，服务对象是社会大众。当前的雅昌已经步入“艺术为人民服务”的重要阶段，高度重视积累稳定的具有艺术消费习惯的客户资源。

雅昌三个阶段的产品/服务主导，走过了漫长的30年，用雅昌人的话来说“最初的十年是做好产品，开创版权的十年，后续的十年是摸索贯彻‘为人民艺术服务’的十年，而接下来的二十年将是雅昌走进大众消费，真正落实‘艺术为人民服务’的历史时期。”

5. 与市场紧密结合的创新调整。雅昌所提供的整体产品与服务，在市场上基本没有竞争对手的存在，特别是雅昌精心打造的《中国艺术品数据库》，成功地将大多数珍贵艺术品的图文资料，以数据的形式永久地存储起来，填补了中国艺术品数据领域的空白，其中包含16万位艺术家权威资料，16万本艺术图书资料，1000多万个拍卖和艺术展览数据，4500万件艺术品图文资料，1400家拍卖公司、7000多家文博机构、8000家艺术机构的翔实资料，有20多万件的艺术家作品经过鉴证备案，是人类文明的重要数据。雅昌收录了自1993年以来中国90%以上拍卖机构的拍卖产品目录、成交价格等数据资源，基于此开发的“雅昌指数”目前已经成为中国艺术市场的“晴雨表”。雅昌为艺术家、艺术机构提供的一站式服务，满足了客户的相关需求，并不断地创造出新的需求。雅昌的整体发展是与市场紧密结合的创新过程，表现在与消费者需求紧密结合，并能够适时创造新的需求。

6. 雅昌案例的讨论与结论。雅昌创造的“传统印刷 + IT技术 + 文化艺术”的商业模式，是借助数字能力从传统行业向现代文化创意产业成功转型的先行者。雅昌的商业模式从传统印刷的“供—需”生产关系，走向与客户、合作伙伴共推共荣的开放阶段，其商业模式由传统走向开放依托的是企业强大的数字能力，其开放式商业模式也是数字商业模式的一种变体。我们首先依据文化创意企业开放式商业模式分析框架的四个层面，对雅昌案例进行了编码；然后我们根据开放式商业模式的形成过程对企业数字能力进行了编码，得到了如表 3 –3 所示的结果。

表 3 –3　　　　雅昌案例编码结果

主要内容	一阶编码	二阶编码
数字感知能力	数据资源的准备	提前积累数字资源
		充分利用互联网
		建立数据资源库
		引进新的数字设备
		考虑如何应用新技术开发服务
		专注于数字技术的应用和开发
	单位验证	帮助顾客梳理需求
		提供具体的实施方案
		征求顾客意见
		与顾客换位思考
		开发个性化的产品与服务
		提供多样化的产品与服务
		建立数字平台整合资源
数字协同能力	外部协同	与外部创意资源保持沟通
		争取更多的合作伙伴
		征求合作伙伴的意见
		消费者的精细化管理
		与用户持续充分互动
		围绕消费者的增值服务
		与政府等多主体合作
		灵活的合作方式
		多样的在线平台

续表

主要内容	一阶编码	二阶编码
数字协同能力	内部协同	统一的客户管理
		对柔性资源的重视
		对当下业务资源现状的清楚认识
		借助政府与行业的力量
		人力资源的柔性
		灵活的项目制工作方式
		充分利用外部资源开展企业活动
		企业内部各产业要素之间、部门之间、员工之间相互合作
		通过数字平台等实现企业所有业务流程深度融合和协同统一
		员工快速吸收新知识，运用新技能
数字运营能力	重新配置资源	人力资源的灵活调整
		部门合理分配企业资源
		企业与政府合作
		通过互联网、大数据等手段实现多边资源的积聚和匹配
		企业越来越重视社交媒体
		企业运用在线平台配置资源
	内部运行流程化	统一的资源管理及利用来源
		规范的知识产权加工
		重点部门实施质量监管工作
		规范的质量管理流程
		良好的质量问题沟通机制
		快速成立事业部门
		年度预算机制
		具备完备的运营网站
		线上销售系统
		客户关系管理系统
		供应链管理系统

我们根据雅昌案例的发展过程，将编码概念逻辑进行整理，得到如图3－6所示的雅昌开放式商业模式的过程逻辑图，以便揭示雅昌如何借助数字能力实现这一开放的商业模式，以及开放式商业模式的过程中各商业模式要素的

数字化联系，从而解释数字化商业模式的实现机制问题。

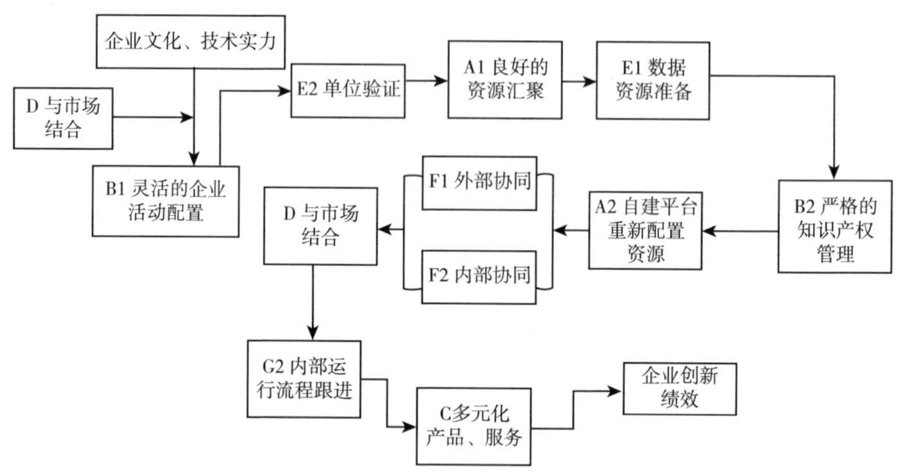

图 3－6　雅昌公司开放式商业模式过程逻辑图

经过整理，雅昌开放式商业模式实现新的收益过程包括三个重要阶段。第一阶段是 B1—E2—A1—E1—B2 的过程。在第一阶段，雅昌公司在传统印刷行业具有较高的技术实力，加上企业整体“服务理念”的企业文化，赢得了消费者的认同，雅昌围绕服务的理念，开展了灵活的企业活动配置，在配置时可以获取新的知识、资源，并降低资源配置的成本，获得了资源汇聚的基础，在对艺术品资源进行汇聚的同时，也为雅昌后来的数字资源汇集奠定了基础。雅昌的技术实力与服务理念，加上一系列的服务实践，艺术家信任雅昌，与雅昌建立了较好的关系。雅昌不断积累客户资源，其传统的经营系统逐渐得到调整，知识产权的管理成为一项重要的企业活动。

第二阶段是伴随着“B2—A2”与“B1—E2—A1—E1—B2”的不断发展，产生 B2—F1—F2 的过程。在第二阶段，随着知识产权资源的不断丰富，雅昌意识到一些重要资源难以自动流入企业内部，于是利用数字技术、数字能力，通过灵活的企业活动来获取更多外部资源，不断充实企业知识产权。在这一资源不断积累的循环过程中，雅昌通过全员创新、积极引进外部创意等内外结合的方式，不断形成专项小组负责新业务的探索，并通过企业成形的项目控制机制，将成型的新业务活动转化为企业的常规活动。并在此过程中将不同的个体、组织和社会因素结合，提升与多主体间的深层次互动，通过灵活的合作方式、多样的合作平台，积极寻找合作伙伴，获得外部协助。此外，雅昌还积极将外部获得资源与企业内部进行整合，并通过 AI 等实现企业所有业务流程深度融合和协同统一，做到内外部协同统一。在这一阶段，企业通过第一阶段灵活的企业活动的不断循环，不断调整市场定位，并按照“计划—讨论—实施”的方式，为新的市场定位匹配经营系统。

第三阶段是“F2—G1—G2—C”的过程。在第三阶段，企业将外部获得的资源整合到企业内部，通过内外部协同实现企业资源的重新配置，并借助数字技术形成了完备的运营网站、线上销售系统、客户关系管理系统、供应链管理系统，开发了新的运营流程、惯例以及规范，不仅形成了多元化的产品与服务，更充分与外部企业合作，开拓新的市场，从而实现“为人民艺术服务”到“艺术为人民服务”的产品扩展，为企业带来源源不断的创新绩效。

（二）日本 C 社案例数据分析结果

我们同样按照基于资源观的商业模式分析框架对日本 C 社的案例进行分析，着重聚焦“初音”形象的形成和推出过程，观察日本 C 社在资源、企业活动、提供物及市场四个层面的变化、原因及结果，保持与雅昌案例分析内容的一致性，并从中发现异同。经过分析，我们发现日本 C 社之所以能够在数字时代实现成功的商业模式创新，首先是其在数字时代拥有敏锐的市场洞察力，能够快速捕捉数字机会。其次是 C 社拥有较好的数字协同能力，起初初音只做了最基本的人物设定，并摆脱了以歌手形象为产品象征的传统思路，这留给了消费者很大的想象空间，符合了日本“宅文化”的特征；同时初音产品在推出时提供了让用户参与创作的投稿服务，更是激发了御宅族们参与创作的热情。再次是 C 社在看到最初的市场反馈后，采取开放初音形象、允许二次创作的版权的管理态度，获得了用户极大的肯定，创作热情再度高涨，初音一跃成为日本一线明星；适应了数字时代商业模式的特点，充分数字协同能力，将内外部资源协同起来，共同打造数字时代初音形象。最后是 C 社良好的数字运营能力，随着初音的大红大紫，C 社不断调整经营思路，逐渐从一个软件制造企业演变为以增值服务为主的平台商，近年来不断与其他行业、企业深入合作，打造数字商业模式。

1. 初音推出的前因后果。2004 年，C 社抓住了日语合成引擎这项新兴技术面世的契机，推出了第一款日语人声合成音乐制作软件 MEIKO。在软件画面上设计了一个手握麦克风、有朝气的漫画女孩，擅长演唱流行乐、摇滚、爵士、R&B、儿歌等多种风格的歌曲。初音创意性的包装，使用时跃动的节奏和丰富的表现力，很快把产品从专业音乐制作人领域拉向了普通大众。MEIKO 上市后，发售首月即实现了 3000 套的销量。此时 C 社遵循的是传统的软件开发企业的商业模式，即采纳新技术之后进行产品开发，产品开发成功之后进行推广营销，靠销售软件来获利。在开发上也只注重声库制作和产品的形象设计。然而，在新产品初音的开发中，寻找合作歌手的难度远远超出了公司的预料。无奈之下，公司调整了思路，开始摸索二次创作。以原作为蓝本进行创作，多由网友自主编辑完成之后上传至网络。摆脱现实歌手，将软件的声音本身塑造成角色形象，采用借虚拟偶像的人格设定来为电子音乐制作带来更多想象空间的全新思路。在产品开发过程中，C 社也采取了一定的开放性尝试。在产品上市前 2 个月时建立了企业博客，将潜在消费者的反馈融入产品设计中，也就是说企业在博客上发现潜在消费群后会立即在企业网站上向这类消费群公布虚拟形象，并支持他们围绕插画形象自行创作。C 社在产品设定上也留出了最大的开放空间，对创作者的"二次创作"仅做了最小限度的设定，如只公布了最基本的生日、年龄等几项数据。公司采取的开放性尝试，使得初音能够随着粉丝们的创作而展现千变万化的形象，成为广受欢迎的电子歌姬。

随着初音在 Niconico、youtube 等视频分享平台上迅速走红，C 社逐步制定了更多开放措施，用来拓宽著作权法所限制的使用范围。比如，创作者在非营利使用的情况下可以不用征询公司就公开二次创作的作品。这一方针的制定极大地鼓舞了用户创造内容的热情。2007 年 Niconico 上仅日本本土网友为初音未来制作的歌曲和 MV 就多达 2 万余首。看到 Niconico 上二次创作火热的情景，C 社很快建立了以初音产品为核心的插图、音乐、视频等二次创作投稿网站 PIAPRO。经过 1 年多的精心运营，PIAPRO 平台收录的创作已超过 50 万件，通过鼓励用户创作，协助合作伙伴挑选优秀作品，甚至在平台上定制一些创作，营造了一个新的经济系统，C 社也由此衍生出版权交易、定制服务、销售中介等业务模式。如 Project DIVA（初音未来—名伶计划），在平台上获得用户的创作，游戏也创下前所未有的佳绩。音乐游戏《初音未来—Project DIVA》，在平台上应募歌曲、插画和服装设计。

基于 PIAPRO 平台取得的成绩，C 社进一步扩展专业化服务，包括从 PIAPRO 平台分离出主要面向 iTunes Store 和 HearJapan 等售卖平台发行 Vocaloid 使用者制作歌曲的平台 KarenT，目前 KarenT 已经成为世界最大规模的电子歌手音乐发行网站；以及针对日本海外的用户，建立了英文社交网站 Mikubook。

在“外部引入”的同时，C 社也积极推展“内部转出”程序，包括协助各知名品牌创作角色作品，授权初音相关衍生产品开发，如电子游戏、漫画、人物模型等领域。

正是 C 社制定的系列开放策略，让消费者参与到价值创造中，初音粉丝基础不断扩大，C 社实现了多元化的盈利模式，包括：与其他音乐、视频网站的版权交易；对合作品牌、企业的定制服务；衍生产品开发的授权业务；促进用户创作商业化的利润分成；以及营运平台的增值服务等。伊藤社长说，“企业目前的三大业务是推动社群网络的创作机会、网络音乐销售中介、虚拟乐器开发。”C 社已从虚拟乐器产品生产型企业向产品加服务的平台型企业成功转型，形成了版权交易、定制服务、品牌授权、利润分成、服务收费等多元化的盈利模式。企业的商业模式发生了根本改变，在虚拟乐器、社区网络、电子游戏、演艺、玩具等多个领域获得了成功。

2. C 社如何捕获和感知价值。“初音未来”作为一个虚拟偶像自 2007 年诞生至今，已拥有了广泛的粉丝且受到了普遍的关注。它的成功离不开雅马哈（YAMAHA）公司所提供的语音合成技术——Vocaloid，以及 C 社所采用的开放式商业运营模式。2009 年 8 月 31 日，是 Vocaloid2 软件日语音源库诞生两周年纪念日，日本 C 社以虚拟偶像“初音未来”的名义在东京新木场 Studio Coast 举办了一场大型虚拟演唱会。这是第一次以虚拟偶像为主角的演唱会，自此以后，每年的 3 月 9 日，同样形式的演唱会或相关纪念活动都会在日本举办。除此之外，在美国洛杉矶、泰国曼谷、中国香港、中国台北和上海等城市也举办过同样的虚拟演唱会，每场演唱会都是人气爆满。

“初音未来”背后的核心技术是雅马哈（YAMAHA）公司发布的语音合成引擎 Vocaloid 软件，该软件将配音演员的声音摘录进系统中做成“音源库”，然后用户可以通过输入歌词和旋律的方式直接生成歌曲。自 2004 年第一代 Vocaloid 发布，至今，其日语音源库下的虚拟偶像“初音未来”已取得了巨大的成功，造成了广泛的社会影响。究其原因，这既包含语音合成技术本身的发展，又包含 C 社围绕该软件所进行的成功的商业策划。

随着数字时代的到来，C 社意识到必须清楚地识别数字机会，以此来推动商业模式的创新。自此，C 社在初音设计与推出的全过程中都跨越自身的边界与外部伙伴进行创意、技术、知识及其他资源的交流、交换和交易以创造出协同效应，从而增强企业的价值创造和价值获取。最初，“初音未来”的产品开发工作只涉及两个部分：一是声库制作等技术开发工作；二是虚拟歌手“初音”的形象设计。但是在制作声库的时候公司遇到了寻找配音演员的困难，因为大多数知名的演员或歌手都不愿意看到一个自己之外的虚拟人物用自己的声音演唱歌曲。因此负责产品开发的佐佐木涉先生决定将“初音未来”的音库本身塑造成一个虚拟的偶像歌手，即彻底与提供音源的现实歌手相分离。于是在对“初音”形象的塑造方面，C 社采取了开放性的策略。他们在“初音未来”正式上市之前建立了企业博客，将潜在消费者的反馈意见融入产品设计当中。随后，在意识到动漫迷这一庞大的潜在消费群体之后，公司在企业的网站上公布了“初音”的形象插画，并鼓励网友围绕插画形象进行二次性创作投稿。最后，为了进一步推动二次创作，公司在产品发布时对“初音”这一人物形象只做了最小程度的设定，只提供了如生日、年龄等一些基本的数据。最初的“初音”形象宛如一张白纸，给了消费者极大的二次创作空间。

在产品设计方面的开放使得“初音未来”迅速走红，C 社又进一步在软件的使用以及二次创作产品的流通方面采取了开放措施。C 社将著作权法所限制的使用范围拓宽，使得创作者“在非营利使用的情况下可以不用征询公司就公开二次创作的作品”。这一措施的制定又极大地激发了消费者的创作动力。消费者们使用 Vocaloid 引擎创作“初音”的音乐作品，用画笔描绘出各式各样的“初音”形象，用 AE 等软件创作图声并茂的 MV，用 3DMAX、MAYA 等软件制作“初音”的 3D 人物模型，并为其编舞，使模型像 3D 动画一样在视频里舞动。除此之外，还有各种对“初音”cosplay 的行为。以上现象，都足以证明人们积极投身于塑造“初音”人物形象，为“初音”

创作作品的热情。

之后，基于上述迅速发展起来的二次创作，C 社建立了专门的二次创作投稿网站 PIAPRO，用来进一步鼓励“初音未来”的用户及粉丝进行音乐、绘画、同人小说、3D 模型等内容的创作，并从 PIAPRO 平台中分离出了专门的电子歌手音乐发行网站——KarenT，用来发行用户创作的“初音”歌曲。

3. 日本 C 社如何汇聚大量的外部资源。日本 C 社原是一家以桌面音乐虚拟乐器开发为主的软件企业，在其产品初音未来走红之前，C 社所积累的资源集中体现在软件开发的人力资源、软件产品的知识产权上，这些资源并非 C 社后期获得竞争优势的异质性资源。日本 C 社之所以能够聚集大量的外部创作资源，得益于产品初音未来感知到了数字商业机会，采用了开放性的商业模式。

我们将日本 C 社汇聚外部资源的过程分为三个阶段（见图 3 –7）：第一阶段是开放策略带来的资源汇聚基础。首先，初音未来的开发思路在遇到合作歌手不愿意配合的情况下，日本 C 社全体员工积极寻找新的思路，并努力学习新的知识。其次，C 社迅速调整产品开发思路，新的产品开发思路虽然在内部引起了一定的争议，但是得到了企业家伊藤的快速确认。最后，初音产品之所以调动了用户参与的积极性，在于 C 社摸索了一些开放的策略。例如，通过企业博客获得用户反馈，提供动画投稿服务，开放产品设定。这些开放的策略，让用户能够参与到新产品初音的开发过程中，同时也契合了当时日本“宅文化”的特点。“很多御宅族其实都有一技之长，他们需要一个虚拟的交流空间，同时初音给了他们很大的幻想。”

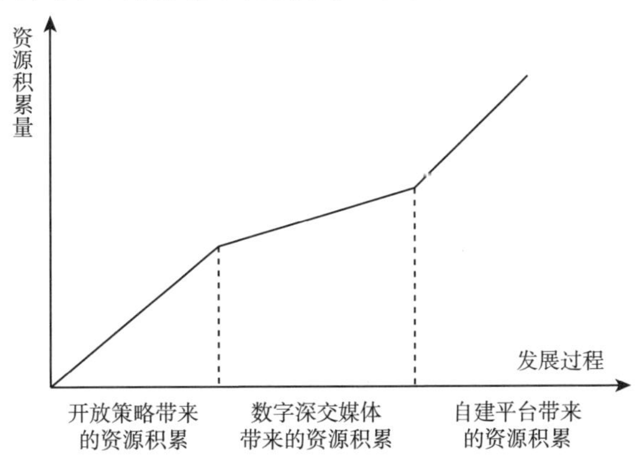

图 3 –7　日本 C 社在三个阶段资源积累

第二阶段是数字社交媒体带来资源价值增值，这一阶段随着用户的积极参与创作，一时间关于初音的二次创作作品风靡各大网站，引起了数字社交媒体的广泛关注，数字社交媒体的关注更激发了用户的创作；同时日本 C 社也积极与外部合作伙伴共同经营初音版权，更是引起了数字社交媒体与用户创作的互动，C 社也在这一推动下意外拥有了价值巨大的初音版权。

第三阶段是企业通过自建平台汇聚资源，看到 NICONICO 上二次创作火热的情景，C 社经过一年多的精心策划，建立了以初音产品为核心的插图、音乐、视频等二次创作投稿网站 PIAPRO，进一步巩固开放策略，获得更多的外部资源。并从 PIAPRO 平台中分离出了专门的电子歌手音乐发行网站——KarenT，用来发行用户创作的“初音”歌曲。日本 C 社尝试的开放策略为用户参与创作提供了可能性，用户创作的作品及对初音形象的二次创作受到了数字社交媒体的关注，此时 C 社与日本世嘉公司的合作更是扩大了初音形象的影响力，初音成为在日本家喻户晓的一线明星，C 社也因为拥有初音的原始版权而大大获益。在第三阶段，C 社自建的投稿互动平台形成了稳定的对外部资源获取的机制，大量的外部资源集聚在该平台上。

4. 灵活的企业活动。根据我们所搜集的关于日本 C 社的二手资料，以及由日本 C 社回复的开放式问卷内容，反映出日本 C 社的企业活动非常的灵活。

C 社起初采取的是传统思路——开发软件，销售获利。新产品初音的定位并不是一开始就计划好的，而是在应对“歌手、声优们不愿意合作的事件”后探索形成的，从“尝试借虚拟偶像的开放设定来为电子音乐制作带来更多想象空间与乐趣”这一想法的形成，到通过博客了解到动画迷这群潜在的消费群体，C 社立刻对新产品构思了基本的人物数据，并提供了动画投稿服务。C 社采取的开放尝试，带来了用户的广泛参与和社会媒体的传播，这些讯息不断反馈公司内部，C 社根据市场反馈，进一步明确系列开放措施来巩固用户的参与。这些灵活的企业活动发生在没有事先规划的情况下，C 社通过这些灵活的活动将整合外部资源与分享内部资源交织在了一起。

对新产品初音未来辅助的开放措施，获得了意想不到的效果，初音产品创新成功后，NICONICO 等视频网站初音创作热情高涨，C 社为了更好地支持初音的二次创作颁布了相关的方针，也推出了自主运营的平台 PIAPRO，

PIAPRO 平台为初音的二次创作提供了专业的服务；同时，C 社积极推动初音品牌的商业化合作，形成了各个领域的商业合作。基于 PIAPRO 平台的成功，公司更是将版权交易、海外社交等服务独立出来，最终形成了多元化的盈利模式。我们以 C 社汇聚资源的三个阶段为依据，对这些灵活的企业行动进行整理，如表 3－4 所示。

表 3－4　　C 社灵活的企业活动

三个阶段	背景	灵活行动	涌现现象	后续行动	结果
开放策略带来资源汇聚	Vocaloid1.0 发布（日语发音合成引擎）	举办使用软件创作的比赛，重点进行产品的市场推广	在音乐创作界创造了一定话题，当年实现 3000 套的不错销量	推出与 MEIKO 类似的产品 KAITO	KAITO 销售量非常一般
	1. Vocaloid 2.0 版本发布。 2. 原开发计划受挫	1. 开发新产品初音。 2. 建立博客与用户沟通	引起动画迷的关注	1. 开放设定新产品初音。 2. 公布插画，并举办插画投稿服务	初音取得一系列销售奇迹，成为流行趋势
数字社交媒体带来资源价值增值	围绕初音的创作大量传播，引发社会媒体广泛关注	1. 制定二次创作准则激发初音相关创作。 2. 开发系列产品 V 家族	1. 关于初音的二次创作热情高涨。 2. V 家族系列产品获得消费者认可	积极与外部企业合作，开发初音及 V 家族其他成员衍生品	初音影响力不断扩大，成为日本一线明星，V 家族其他成员也纷纷走红
自建平台汇聚资源	围绕初音及 V 家族的创作不断激增；初音成为日本家喻户晓的明星	推出用户创作内容平台 PIAPRO	经过 1 年多的运营，PIAPRO 平台收录的创作超过五十万件	1. 从 PIAPRO 分离出专业创作歌曲授权的平台 KarenT。 2. 建立面向日本海外用户的社交网站 Miku-book。 3. 积极推进商业化合作	新的业务体系，在多个领域获得成功

5. 多元化的产品与服务。日本 C 社的产品与服务，从最初的软件售卖，到逐渐重视经营初音及 V 家族版权，到目前对内容分享平台的运营。这一过程中，形成了大量的多领域的产品与服务，其中只有软件、技术服务与平台运营由 C 社完成，其他大部分产品与服务是日本 C 社与合作企业共同打造的

结果。C 社多元化的产品与服务也可以分为产品、产权及围绕消费者相关的经营三个层面。

产品层面，C 社创立初期以输入音源素材为主，如发售 CD 或 DVD 的效果音、背景音乐、音乐软件，因为输入音源素材的业务客户群较少，所以公司一直在思考提供一般人也能够接受的商品和服务。2001 年正值移动电话出现以再生 PCM（脉冲编码调制）的机种，C 社意识到未来的广阔市场，开始转入彩铃服务方向，营运手提电话的铃声、效果音，也因此开始了与 Vocaloid 技术提供商 YAMAHA 公司接触合作。2004 年 C 社以虚拟乐器的软件实现彩铃服务为目标，开始贩卖 YAMAHA 第一代 Vocaloid 技术产品英文唱歌软件 LEON 与 LOLA，但整体市场反应欠佳。产品 LEON 和 LOLA 的市场失败让伊藤社长陷入了深深的思索。2004 年在 YAMAHA 的 Vocaloid 日语发音的成功基础上，C 社抓住本土市场化的机遇，乘势推出了新产品 MEIKO，MEIKO 希望吸引不止电子音乐制作的客户层，新产品强调歌唱的人格，制品包装设计为动画风格（一个手握麦克风、有朝气的女孩）。2007 年 1 月，YAMAHA 公司推出了 Vocaloid 2 语音合成引擎，C 社基于 Vocaloid 2 新技术开发新产品初音，初音在开发的过程中遇到了外部合作的阻力，C 社逐步实施开放的策略，获得了意想不到的销售量。在产品初音的成功经验上，围绕消费者的不同偏好，C 社又陆续开发了镜音、巡音等系列产品，形成了以初音为核心的 V 家族。C 社的产品经营具有以下几个鲜明的特点：首先，重视产品经验的积累，并充分指导新产品的开发。其次，逐步扩大产品消费者范围。

产权层面，当基于初音的作品及二次创作风靡各大网站，社会媒体广泛关注的时候，C 社意识到初音版权的价值远远高于最初的虚拟唱歌软件。此时一些商业企划案也被纷纷送到 C 社，C 社非常重视“内部转出”的程序，对送来的企划案进行了细致的考量，考量的原则并非以经济效益为主，而是充分考虑到这些企划对初音人物设定的影响。在授权服务或合作开发的过程中，初音的社会影响力不断扩大，C 社不断推出新的虚拟角色，形成以初音为代表的 V 家族。我们将 C 社产权经营的特点归纳为以下几点：一是 C 社具有清晰的产权经营目标；二是 C 社对合作内容有严格的考核；三是 C 社的合作方式比较灵活，授权开发、合作开发、技术支持等形式都有。在中国，C 社将“初音未来”全权交给上海新创华文化发展有限公司来运营。中国用户可以将自己根据“初音未来”所创作的“改编作品”和“二次元创作作品”发布在 Poppro 初音未来官方中文投稿网站上。而除“改编作品”的著作版权仍归版权方所有之外，其他作品的知识产权归属由作者、上海新创华文化发展有限公司和版权方所共有，任何一方要将此作品进行发布或用于其他商业用途时，都必须取得其他方的书面同意。

C 社围绕消费者的经营主要体现在推出了用户创作内容平台 PIAPRO，初音创作的持续增长，让 C 社意识到庞大的粉丝群所能带来的价值。2009 年，初音未来就受邀作为嘉宾参演了 Animelo Summer Live，这是初音未来的第一次大型演出，获得了热烈的反响。自 2010 年起，雪未来成为札幌冰雪节的应援角色，并每年都会举办“SNOW MIKU”活动。2011 年 12 月 16 日，“初音未来”出任 Google Chrome 日本的代言人，演绎了 Google Chrome 浏览器宣传影片，广告曲 Tell your world 也成为初音未来的名曲。2014 年 4 月 6 日，Lady Gaga 宣布，她最喜欢的电子流行音乐明星初音未来，将会参加她的 artRAVE：ARTPOP Ball 巡回之旅。2017 年，初音未来更是成为亚洲冬季运动会的宣传大使。这些活动不仅带来了直接的盈利，更是扩大了“初音未来”的影响力，甚至变成了一种文化，这对后续的持续盈利意义重大。基于此，C 社不仅进一步完善了开放策略，并推出用户创作内容平台 PIAPRO，在 PIAPRO 成功运营的基础上不断形成 KarenT、Mikubook 等专业网站。虚拟偶像“初音”及 V 家族是消费者最开始集中在 PIAPRO 平台上的原因，但 C 社也为集中的消费者提供了精细化的管理，特别是鼓励用户创作，促成商业化的应用，从而为用户带来了收益，使得更多的用户稳定地聚集在这里，版权交易、定制服务、销售中介等业务模式也都是在这里形成。

6. 与市场紧密结合的创新调整。在初音产品之前 C 社的发展主要是与科技应用紧密结合，C 社作为一家声音软件的开发企业，积极采纳新的技术成果，开发新的产品，具有较强的技术推广应用能力。在产品 MEIKO 的开发中，企业家伊藤已经意识到如何扩大产品的影响力，添加了动漫人物的产品包装，目的是想将产品受众范围扩大到动漫迷这一群体。当产品初音在开发过程中遇到外部阻力后，C 社更是充分为引入动漫迷这一消费群体做了大量的工作，从初音的形象设计到让用户参与新产品的设计，不仅满足了动漫爱好者的需求，更是符合御宅族的宅文化特点。C 社的整体发展是与科技和文化紧密结合的过程，科技方面C社对YAMAHA新技术的采纳与应用，充分应用Web2.0形成用户互动的聚合平台。文化方面不仅充分考虑本土的动漫文化、宅文化等特点，更是通过Web2.0平台满足了新兴的社交文化。

随着初音影响力的扩大，它和其他行业的合作也越来越密切。例如与游戏企业合作，其影响力最大的是由日本电子游戏公司SEGA开发并发行的歌姬计划系列，它是一个音乐节奏游戏。该系列游戏为Sony主机独占（PSP、PSV、PS3、PS4），PSP版由SEGA与DINGO，INC. 联合开发，PSP以后的版本由SEGA自身开发。“初音未来”在中国也发布了一款手游——初音速，它是由北京蜜柚互动科技有限公司研发、网易游戏运营的初音未来正版授权音乐手游。所以她的PGC生产过程，就是由“初音未来”的版权持有者CRYPTON找到类似SEGA和北京蜜柚这样的游戏公司对“初音未来”进行二次开发创作，然后再由此公司或者其他运营公司（如网易游戏）直接进行发售。

7. 日本C社案例的讨论与结论。日本C社从传统的“技术采纳—软件市场定位—产品创新—单一盈利模式—软件市场成功”的商业模式转变为“产品线、产权运营、平台获利”多元的商业模式，是一个借助数字能力逐步走向开放的过程，我们依据机会、资源、活动、提供物、市场五个层面，对C社案例进行了编码，得到如表3-5所示结果。

表3-5　　日本C社案例编码结果

主要内容	一阶编码	二阶编码
数字感知能力	数据资源的准备	应用新技术开发产品与服务
		结合流行的技术应用
		专注于数字技术的应用和开发
		积极引进数字设备
		Web2.0平台的应用
		建立网上商店、开发应用程序

续表

主要内容	一阶编码	二阶编码
数字感知能力	单位验证	帮助顾客梳理需求
		提供具体的实施方案
		开发个性化产品与服务
		提供多样化的产品与服务
		建立数字平台整合资源
		信息感知水平提升
		独特竞争优势
		培育新产品
		获取新知识
数字协同能力	外部协同	对消费者进行精细化管理
		充分的用户互动
		更多吸引用户的方式
		多渠道的创意来源
		不断扩大顾客范围
		与外部创意源保持沟通
		争取更多的合作伙伴
		征求合作伙伴的意见
		积极获得外部协助
	内部协同	很多员工都拥有多种知识和技能
		员工都能自觉接受公司分配的不同工作
		员工能在很短时间内适应新的工作
		随时沟通的项目讨论
		面临新问题时能够探索和尝试新的解决方案
		企业内部各产业要素之间、部门之间、员工之间相互合作
		通过数字平台等实现企业所有业务流程深度融合和协同统一
		员工快速吸收新知识，运用新技能
数字运营能力	重新配置资源	用户参与创作大量作品涌现
		社会媒体对新现象的关注
		对当下业务资源现状的清楚认识
		部门合理分配企业资源
		通过互联网、大数据等手段实现多边资源的积聚和匹配
		企业运用在线平台配置资源

续表

主要内容	一阶编码	二阶编码
数字运营能力	内部运营流程化	不断完善的知识产权管理机制
		规范的知识产权加工
		利用平台对资源进行统一的管理
		稳定的业务线形成一些较常规的企业活动
		清晰的产权经营目标
		对合作内容的考核
		规范的质量管理流程
		具备完备的运营网站
		良好的客户关系管理系统

我们根据日本C社案例和其数字能力的编码结果，对C社实施数字商业模式的过程进行整理，得到C社数字商业模式的过程逻辑图（见图3-8），揭示了C社数字商业模式的过程及数字商业模式过程中各商业模式要素的数字化联系，从而解释数字商业模式的实现机制问题。

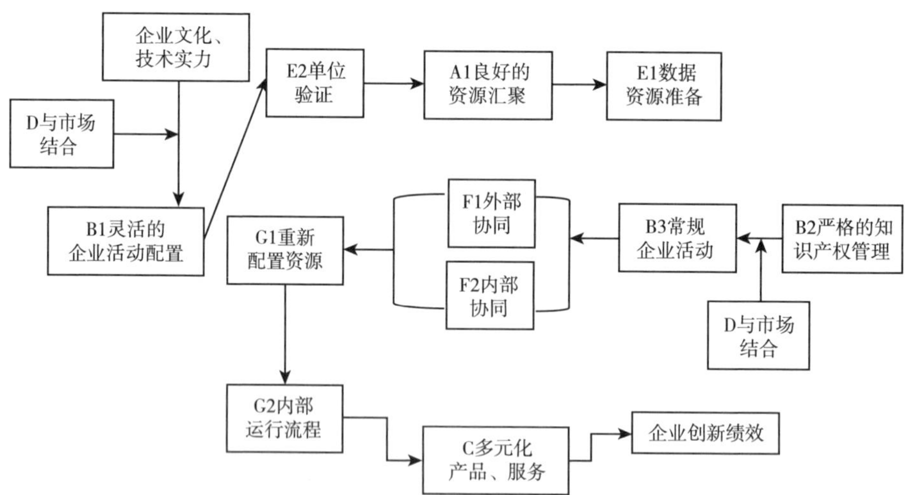

图3-8　C社实施数字商业模式的过程逻辑

C社数字商业模式实现新收益包括三个重要阶段。第一阶段是B1—E2—A1—E1的过程。在第一阶段，日本C社在声效软件领域具有一定的技术实力，积极探索新技术的应用，并不断寻找更加大众化的市场。当

YAMAHA 公司推出虚拟唱歌技术，C 社不仅应用了最新的技术成果开发产品，更探索了如何将用户扩展到“对唱歌会有反应的阶层”。当新产品开发计划受挫时，C 社并非是将这一计划搁浅，而是开展灵活的企业活动，寻找新的解决方案。初音最开始尝试的开放策略，意外收获了动漫迷的关注，并带来了基于初音的创作风靡。此外，C 社还建立了以初音产品为核心的插图、音乐、视频等二次创作投稿网站 PIAPRO，通过网上平台的建立，与客户实现充分互动，以此收集大量的信息，积累大量的数据资源，并通过与市场的不断融合，形成了良好的资源汇聚基础。于是 C 社基于“开放二次创作”对知识产权进行了管理。C 社不断扩大初音影响力，其传统的经营系统逐步得到调整，知识产权管理成为后续业务拓展的关键。

第二阶段是 B2—B3—F1/F2 - G1 的反复过程。在第二阶段，随着初音的流行，社会媒体对初音创作给予了广泛的关注，这更加扩大了初音的影响力，随之带来更大范围的初音创作。在这一循环中 C 社对初音及后续 V 家族版权进行了经营，与外部企业建立了良好的合作关系，衍生产品不断被开发并进入市场，基于知识产权的管理，版权经纪成为 C 社重要的企业活动。此外，C 社还不断通过自建平台与外部各主体、组织合作，寻求更多合作伙伴，并积极与客户互动。然后将外部或取得新知识、新资源及时消化吸收，提高内部协同。在这一阶段，C 社“边做边看”不断调整市场定位，版权经济逐渐成为企业重要的经营内容。

第三阶段是 F2—G1—G2—C 的过程。在此阶段，C 社自建了平台，将原先各大网站的创作进行了汇集，重新配置了企业资源，并通过专业化平台运营，实现了完备的运营网站、线上销售系统、客户关系管理系统、供应链管理系统，内部运行不断规范化与流程化。这时企业的主营业务已经发生了根本的变化，软件开发成为平台运营的有效支撑，而基于平台的运营，形成了多元化的业务模式，提升了企业绩效。

（三）北京重力聿画案例数据分析结果

“我是不白吃”利用其数字能力进行商业模式创新的过程中，其主要反映了数字能力三个层面（即数字感知能力、数字协同能力、数字运营能力）

在商业模式创新上是如何发挥作用的。在数字感知能力上，其创始人朱宇辰看到了短视频带来的商机，从而开始将原创动画 IP 与短视频结合，从而有了“我是不白吃”的出现；在数字协同能力上，“我是不白吃”与供应链上各个成员密切合作，并将外部获取的资源与企业内部已有的相整合，实行内外部资源的完美融合；在数字运营能力上，“我是不白吃”通过“内容 + 消费”模式，让“我是不白吃”IP 不仅具备社会价值，更具备商业价值。通过从数字能力的三个层面入手，“我是不白吃”不断创新商业模式，从而收到了良好的社会绩效和商业绩效。

1. 北京重力聿画如何捕获和感知新的机会。2016 年，朱宇辰带领自己一手组建的学院派团队正式成立重力聿画，开始以一个公司的身份去开发原创动画 IP。但事实上，公司的雏形早在 2014 年就以动画工作室的形式存在了。由于专业成绩优异，在校内分享创作经验和想法时，朱宇辰便吸引到了一些学弟学妹的加入，工作室的创始团队便由此诞生。但是，朱宇辰意识到，学院派的作品并没有很好地结合商业和市场。与此同时，他发现在国内也并没有完善的市场环境和好的市场案例真正做到了动漫 IP 的商业化和市场化。自此，朱宇辰决定以动画内容与商业作为突破口，开始接受长视频平台和大品牌的投资来创作动画，实现从学院派作品到商业化作品的转型。他认为，从让创作者开心的作品变成让观众开心的作品，是一个很重要的转变。

2016 年，朱宇辰在毕业后正式把工作室升级为公司，开始以公司的身份开发运营原创动画 IP。但很快，朱宇辰便初尝了商业模式的“痛”。因为绝大多数的人会认为动画的商业模式是长线投资，大额投资之后去寻找后期的 IP 变现价值，包括它的衍生授权等。其实这是一个变现过程非常漫长且投资巨大，风险极高的模式。所有的影视作品都有更简单的模式，就是平台采购，制作方、平台方、投资方共同进行利益分配。但不幸的是，在 2016 年前后，平台方由于难以变现，并不愿意采购动画品类的作品。这也就直接导致了成本压力全部压给了制作公司，而平台愿意提供的只是一个免费播放的渠道。可以说，这种模式遏制了国内动画片的商业化进程，同时也将一众动画公司拖入成本沼泽。

如何快速变现成为朱宇辰当下亟待解决的难题。凭借着对行业和市场独有的前瞻性，朱宇辰第一个项目便选择了制作美食番《食神魂》。两季《食神魂》让重力聿画收获了4亿播放量，品牌植入在一定程度上减轻了公司制作成本的压力。

在找到正确的方向后，2019年，重力聿画继续深耕短视频内容领域，开发了美食类“我是不白吃”和生活类“我是不白用”的动画IP。一周做50集内容，在两个月后，苦心终于没有白费，“我是不白吃”的抖音粉丝超过了百万。2019年11月，“我是不白吃”正式开始在抖音进行视频带货。那个时候，行业内还几乎没有用动画进行带货的先例。

由朱宇辰在抖音、快手等短视频平台孵化出来的动画IP“我是不白吃”通过幽默风趣的语言和画风成功站定了“吃货界大佬”的地位，通过美食科普的形式，上线仅一年时间，“我是不白吃”的全网粉丝就已突破2500万，增长速度惊人。截至目前，“我是不白吃”的全网粉丝数量已经突破3000万，视频播放总量超70亿，年带货销售额过亿元，点赞量超4亿，是抖音带货榜的十佳美食创作人。朱宇辰透露，在未来一段时间，重力聿画将不断基于“内容+消费”的底层逻辑和发展战略进行布局，不断拓展内容IP，完善电商团队的内容商业化赋能。同时，重力聿画会在电商端深度发力，把“我是不白吃”升级为品牌，以一个地道美食家的身份，通过品牌和最优质的供应链赋能，将IP进行最大化升级。重力聿画也将致力于成为既能用内容驱动力去进行商业化和市场化变现，同时又能打造出跨越时代IP的优秀内容团队。

2. 北京重力聿画如何汇聚大量的外部资源。做直播带货，“我是不白吃”背后有供应链使其能够大量汇聚外部资源。“我是不白吃”是较早尝试直播带货的虚拟形象。朱宇辰表示，尽管团队仍然看好虚拟直播的方向，但在目前的技术条件下，虚拟人还只是形式，最终还是要回归商业本质，看转化效率的高低。在不白吃的直播间，“人”和“货”是影响转化的两个关键。

人员配置上，重力聿画的经验是建立更懂业务的专业团队。在商业化初期，公司就成立了招商团队，随着业务发展也引入了电商和供应链管理等方面的专业人才。

货作为直播电商交易的核心，品牌、品控、价格、售后服务等都影响着直播效益。所以，在基于虚拟形象探索“内容+消费”的这条路上，重力丰画才选择不仅仅走广告接单的发展模式，而是做绝大多数创作者不想涉及的供应链。2021年，重力丰画在零食和生鲜水果两个品类上进行了自有产品的布局。零食方面，以“我是不白吃”的脆片藕为例，针对用户画像和人群消费习惯的分析，“不白吃”正面向年轻的女性用户，推出更健康的新式膨化食品。而生鲜水果作为典型的非标品，单纯依靠采买形式，是难以把握产品品控的。为改善这一问题，重力丰画通过“自建”和“借力”把控源头。在辽宁丹东，“不白吃”与当地建立了专属草莓和奇异莓基地。为了减少运输带来的损耗，团队在前期准备中做了大量的测试和优化，研究包装中添加什么包材、销售分几个大区，不同大区采摘几成熟的果子。同时团队也与电商平台保持着紧密的合作。

朱宇辰透露，重力丰画团队大约有30人负责供应链管理环节，包括直播端负责选品、品控、直播运营、售后服务的成员，以及品牌端研发团队、网店店铺运营和售后人员。

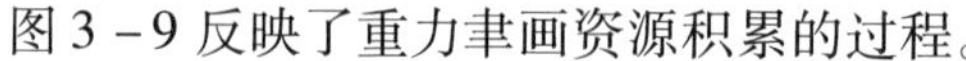
图3－9反映了重力丰画资源积累的过程。

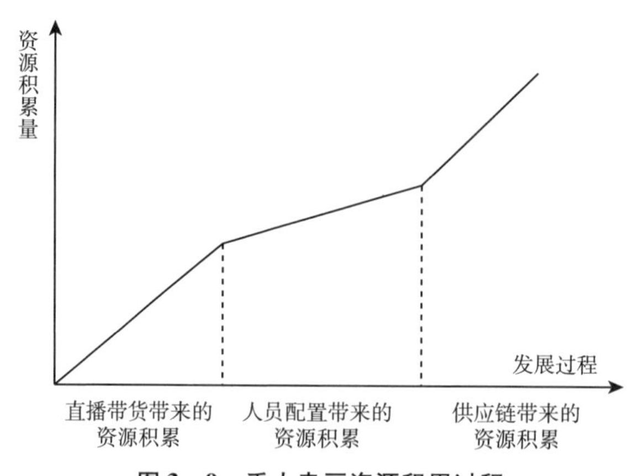

图3－9　重力丰画资源积累过程

3. 缜密的知识产权管理与灵活的企业活动相结合。2022年，“我是不白吃”要走向线下，“不白吃”是较早尝试直播带货的虚拟形象，但并不是唯一一个。除了“不白吃”，还有许多虚拟形象活跃在电商直播间。总的来说，直播带货的虚拟形象可分为两大类：一种是真人直播，真人主播搭档完成直播；另一种则是靠人工智能驱动，能够24小时坐镇直播间。从目前的直播效果来看，前者因为有真人配合，往往能够达到更好的转化；从结果来看，具备 IP 影响力的虚拟形象，不一定就能做好直播带货。因为 IP 在通过内容塑造吸引粉丝的同时，也赋予了粉丝以清晰的用户标签。可以说，如果虚拟形象的选品和人设不符，就可能对 IP 的持续发展带来不利的影响。

朱宇辰坦言，内容电商是否会为 IP 带来负面影响，关键还是要看产品、用户和内容三个方面的契合。至于不同类型的虚拟形象是否会带来差异化的直播效果，他则认为“不能一概而论，非写实虚拟人相对来说更具亲和力，比如他可能在讲述美食内容时，效率更高一些，超写实的角色则可以在服装类、美妆类、注重女性审美和观感体验里，更具优势一些”。不过，在朱宇辰的设想里，“我是不白吃”的终点既不是一个超级主播，也不会仅仅是一个消费品牌，超级 IP 才是它的终点。他所说的超级 IP，是 IP 所具备的赋能价值。

2022 年，重力丰画在内容领域继续创新，在美食领域之外，拓展其他的赛道。除了主打美妆种草的“我是美小丽”外，不白吃的小弟“我是要有才”也在 2022 年春节上线了。后者是重力丰画和国药集团下属子公司国药药材联合打造的短视频账号，讲述中国传统文化和中医药文化内容，截至 2 月 28 日抖音的粉丝已有 5 万。同时，“我是不白吃”品牌也迎来一个重要节点，“计划推进十几个 SKU，让品牌更大范围地走向线下”。

4. 多元化产品/服务的形成。分析“我是不白吃”自问世以来的一件件现象级动漫作品，有两大突出特点：一是深耕内容，可持续推出一批立意高、脚本优、动漫设计高质量、技术运用高质量的美食主题动画视频作品；二是精妙联合，不论是联合央视新闻、《人民日报》等官方媒体，围绕建党百年、中国农民丰收节、冬奥会等时政时令性社会新闻事件，将美食主题作出历史感、家国感、社会感，还是联合农夫山泉等食品生产企业通过动画短视频带货，将美食主题作出经济效益和商业价值，“我是不白吃”通过优质内容、优质平台与优质自身流量，让本具休闲性、娱乐性的美食主题变得具有时政性、社会性、商业性。“我是不白吃”通过对食物的全面介绍，让更多的人了解食物，例如“土豆为什么要叫马铃薯”这期视频，采用趣味的马到、铃到、薯到的故事为大家普及土豆传入中国的历史。“我是不白吃”每集的时长都控制在一分钟左右，完美地符合了当代人们急速获取信息的特点以及碎片化的信息获取方式，使人们能够在闲暇的时间依然可以获得知识充实自己，并且视频的内容短小精悍，短短的一分钟时间交代清楚视频的重点，这种方式也非常有利于文化的交流和普及。

资料显示，动漫产值主要由上游内容市场和下游衍生品市场贡献。在日本，衍生品市场规模普遍是广播市场的 8～10 倍，可以预见中国动漫衍生品未来可观的市场前景。国民级动漫 IP“我是不白吃”敏锐观察到市场最新趋势和需求，推出了一系列休闲、美味、健康的“我是不白吃”新消费品，旨在为观众及消费者打造优中选优、用心打造的地道美食。新消费品、衍生品等多种形式的创新，助力“我是不白吃”IP 的多元化商业化发展。各种深受好评的系列健康和地方风味美食，成为主打的自有品牌产品。“我是不白吃”还尝试延展领域，精心打造出超萌可爱的周边产品，在网店上新了文创周边 IP 产品，例如解压本、积木、日历、保温杯、餐盒等。

“内容 + 消费”模式，让“我是不白吃”IP 不仅具备社会价值，更具备商业价值。“我是不白吃”不仅为风味美食品牌提供直播带货服务、动画短视频广告服务，还与一系列食品生产企业联名推出授权产品。在“我是不白吃”IP 合作海昌海洋公园案例中，“我是不白吃”成为海昌海洋公园“科技潮玩美食节”的海洋美食合伙人，携手海昌及饿了么在现场平台及线下园区内进行联合品牌的推广和活动，实现千万流量曝光。

5. 与市场紧密结合的创新调整。2021 年是中国共产党建党 100 周年，在这一特殊背景下，许多品牌推出献礼系列内容。作为一个以“美食”为主打内容的动画 IP，“我是不白吃”更是视角独特，另辟蹊径从“吃”的角度切入这一宏大历史主题，并联合央视新闻相关端口策划推出了《百年“食”光机》，通过“长征路上红军战士吃什么”“抗日根据地大生产运动时期吃什么”“改革开放以来百姓餐桌有什么变化”等内容。

在《百年“食”光机》中共有五期经典美食故事，第一期《长征路上吃皮带》动画短视频，讲述红军战士长征途中，爬雪山、过草地，野菜和草根都吃光了，大家便想到用牛皮腰带充饥。动漫短视频通过这个以“半条皮带”为“美食”的切入点，让观众们从“食物”中重温红色岁月，见证红军战士们的坚韧、无畏及革命乐观主义精神。在抖音热搜榜首，话题“抖音大人用食光机献礼建党百年”登上热搜，当天热度破 600 万。而在微博热搜榜单上，话题“国博里有半条长征路上吃剩的皮带”榜上有名，当天浏览量突破 800 万，同时大量的官方媒体也对央视新闻联合“我是不白吃”推出的《百年“食”光机》进行转发和点赞，在互联网上收到极好的传播效果。

6. 北京重力聿画案例的讨论与结论。北京重力聿画从传统的“原创动画IP—长视频平台和大品牌投资—后期 IP 变现、延伸授权—平台采购”的商业模式发展为“短视频制作—短视频直播—品牌变现—内容 IP—供应链、电商赋能—流量变现”的多元商业模式，是一个借助数字能力逐步走向高级数字化、高级开放的过程，我们对重力聿画案例进行了编码，得到表 3 –6 所示结果。

表 3 –6　　重力聿画案例编码结果

主要内容	一阶编码	二阶编码
数字感知能力	数据资源的准备	应用新技术开发产品与服务
		结合流行的技术应用
		专注于数字技术的应用和开发
		短视频平台的赋能
		电商平台的应用
		建立网上商店、开发应用程序
	单位验证	帮助顾客梳理需求
		超级 IP 与优质供应链
		开发短视频动画
		实行短视频直播带货
		实现内容消费联合
		信息感知水平提升
		独特竞争优势
		培育新产品
		获取新知识
数字协同能力	外部协同	对用户精细化管理
		充分的用户互动
		更多吸引用户的方式
		多渠道的创意来源
		不断扩大用户范围
		与外部创意源保持沟通

续表

主要内容	一阶编码	二阶编码
数字协同能力	外部协同	争取更多的合作伙伴
		征求合作伙伴的意见
		积极获得外部协助
	内部协同	很多员工都拥有多种知识和技能
		员工都能自觉接受公司所分配的不同工作
		员工能在很短时间内适应新的工作
		随时沟通的项目讨论
		面临新问题时能够探索和尝试新的解决方案
		企业内部各产业要素之间、部门之间、员工之间相互合作
		通过数字平台等实现企业所有业务流程深度融合和协同统一
		员工快速吸收新知识，运用新技能
数字运营能力	重新配置资源	"内容 + 消费" 资源配置
		"线上 + 线下" 营销组合
		借助短视频平台直播
		自建 "产—销" 供应链
		充分利用电商平台
		企业运用在线平台配置资源
	内部运营流程化	不断完善的知识产权管理机制
		规范的知识产权加工
		专业的人员配置
		独特的自有供应链
		清晰的产权经营目标
		对合作内容的考核
		规范的质量管理流程
		具备完备的运营网站
		良好的客户关系管理系统

我们根据重力聿画案例和其数字能力的编码结果，对重力聿画实施数字商业模式的过程进行整理，得到重力聿画数字商业模式的过程逻辑图（见图3－10），揭示了重力聿画数字商业模式的过程，以及数字商业模式过程中各商业模式要素的数字化联系，从而解释数字商业模式的实现机制问题。

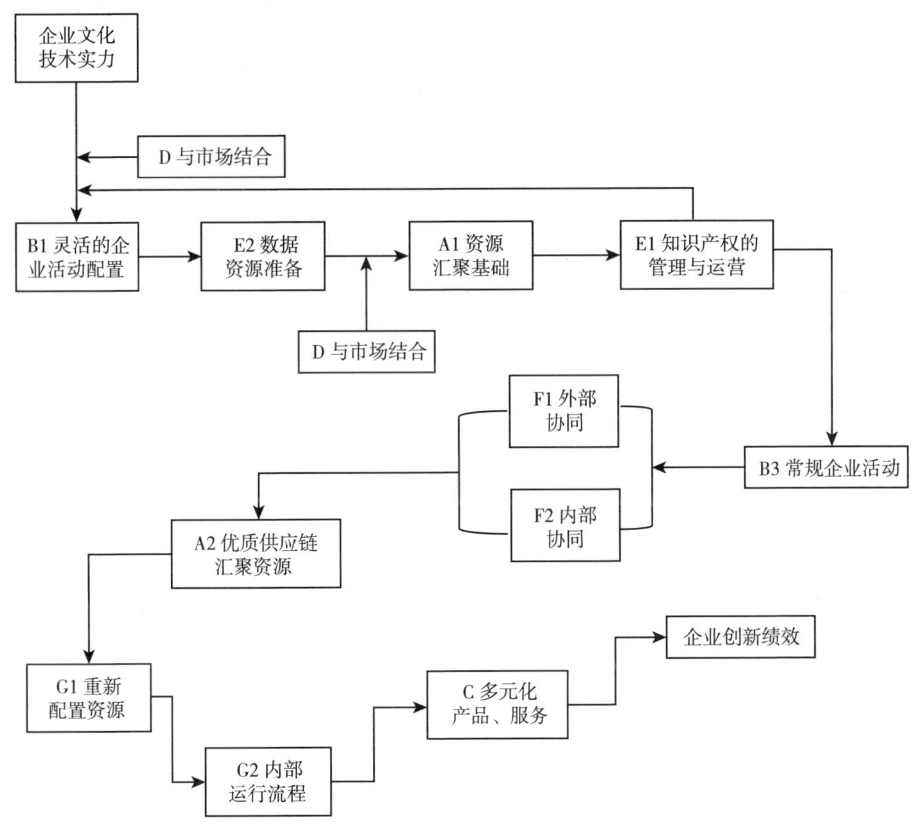

图 3－10　重力丰画实施数字商业模式的过程逻辑图

重力丰画数字商业模式实现新收益包括三个重要阶段。第一阶段是 B1—A1—E1—B3 的过程。在第一阶段，重力丰画依托前期成果，将原有动画开始商业化运营。公司灵活配置人力、物力、财力等，获取新的知识、资源，并降低资源配置的成本，获得了资源汇聚的基础，开启了动画赛道，以动画内容为主，开发了两季美食番。动画内容主要涉及知识产权的管理与运营，因而知识产权的管理成为一项重要的企业活动。

第二阶段是伴随着 E1—B1—A1—E1 的循环，不断产生 B3—F1—F2 的过程。第一阶段重力丰画拿到了十几个广告植入，其美食和消费结合是成功的商业模式，但制作周期长，无法让品牌方直接看到直观的转化效果，不足以成为可持续的商业模式。在第二阶段，重力丰画看到了短视频的流量机遇，当时短视频的内容很少有动画片，所以做了扎根于短视频商业逻辑的动画短视频和直播带货。此外，虽然品牌植入缓解了制作压力，但其收入低于成本，为了缓解这一压力，重力丰画开始整合内外部资源，开展内外部协同业务，积极将外部获得资源与企业内部进行整合，做到内外部协同统一。重力丰画在原创之外，也承接了一些外包项目，如迪士尼的项目、在漫威十周年之际等，通过积极的内外部协作等方式，不断探索新业务，将成型的新业务活动转化为企业的常规活动。

第三阶段是 F2—G1—G2—C 的过程。在第三阶段，企业不仅将外部获得资源整合到企业内部，通过内外部协同，实现企业资源的重新配置。与此同时，还专注于打造优质供应链，保证产品的价格优势和品质质量。众所周知，电商直播产业链核心由流量端和供应链端构成，专业的供应链需要流量支持，前端引流的本质是内容。得益于供应链体系的专业性，供应链团队连接了工厂货品源头，为“我是不白吃”品牌直播带货提供性价比极高、款式新颖、多样化的商品。丰富的产品资源，能满足直播带货打造引爆单品的营销方式，从而为企业带来源源不断的创新绩效。

五、案例综合分析

（一）从数字感知能力到价值洞察

数字感知能力能够促进价值洞察。数字感知能力主要指对外部数字环境的洞察能力，例如数字技术感知、政策导向感知、市场竞争感知和消费者需求变化感知等，数字感知能力使得公司决策过程更快、更理性、更分散，从而提高资源编排的准确性。数字感知能力主要体现在以下两个方面。

1. 数据资源的准备。雅昌、C 社和重力丰画原有的商业模式并未融入数字化技术和数字化能力，但是在数字经济到来之前，这些企业都提前感知到了数字信息，预判了未来的收入模式，因而开始快速进行数据资源的准备工作，以便在数字经济中获得独特竞争优势。雅昌最开始倡导的“印刷服务业”理念为其积累了大量的客户资源，在客户资源积累到一定程度之后，充分利用 IT 技术，进行数据资源准备。此外雅昌还不断调整企业组织架构，形成新的业务模式。日本C社也在数据资源准备上做足了功夫，其一直专注于对数字技术的应用与开发。2004年，C社抓住了日语合成引擎这项新兴技术面世的契机，推出了第一款日语人声合成音乐制作软件MEIKO。此外C社还建立了以初音产品为核心的插图、音乐、视频等二次创作投稿网站PIA-PRO，通过网上平台的建立，与客户实现充分互动，以此收集大量的信息，积累大量的数据资源。北京重力聿画也重视数据资源的积累，创始人朱宇辰在看到短视频带来丰厚利润的契机之后，也开始借助抖音等短视频平台，推出短视频“我是不白吃”节目，开启了用动画进行带货的先例。

2. 最小单元的验证。企业数字感知能力有助于降低不确定性，使得风险降低，进而能够促进公司不断洞察新的价值所在。企业利用数字感知能力对环境进行扫描，能够在分析大量潜在客户的基础上低成本、高效率地检测一些新颖的概念，通过后期的试错迭代，能够帮助企业降低机会风险，提高开发新机会的可能，从而提高公司的价值洞察力。雅昌、C社、重力聿画都充分利用了数字感知能力降低风险这一优势。雅昌通过互联网和信息技术，围绕客户需求打造了互联网平台，从而重新调整企业与客户之间的联系方式，帮助企业降低时间成本，提升企业对客户的响应力。雅昌借助线上平台，满足客户对精品案例、个性化定制、在线快速报价、在线数据编辑处理等服务的需求。通过互联网和信息技术，能够实现销售、生产和客户之间的实时沟通和有效反馈，满足客户在不同业务场景的需求。C社在产品上市前2个月时建立了企业博客，将潜在消费者的反馈融入产品设计中，发现潜在消费群后立即在企业网站上公布虚拟形象，支持网友围绕插画形象自行创作。C社通过这种数字感知能力，使得初音能够随着粉丝们的创作而展现千变万化的形象，降低了“初音”推出的风险。此外，这三个案例企业通过充分的数据资源准备，建立起了网上资源整合平台，降低了资源整合的成本，而且数字资源的整合还有利于企业获取新知识、培育新品种，从而获得自身独特的竞争优势。雅昌通过成立“雅昌艺术网”，汇聚各种艺术信息，并实现了与客户的充分沟通，这样可以为客户提供个性化的服务。C社成立了“PIAPRO平台”，通过该平台，C社实现了多种资源的整合，降低了成本。重力聿画与抖音、快手、B站等平台合作，开启短视频直播带货，借助电商平台，打造超级“IP”，获得了“短视频”的竞争优势。

（二）从数字协同能力到价值创造

数字协同能力能够促进企业价值创造。数字协同能力指企业对内外部互补性资源和竞争性资源的整合与协同，以打破数据孤岛，实现数字资源共享、共建、共治的能力。数字协同能力使得企业能够纳入更多的主体和价值创造单元，降低资源匹配成本，同时增加资源编排的广域性。企业数字协同能力有助于提高生产力，生产力能够促进企业价值创造。数字协同能力使得企业能够以较低的成本与多样化的主体建立连接并产生频繁的互动，与企业内部对单一产品创意的挖掘和识别不同，这种多样化主体的互动，能够实现多主体机会开发和价值创造，使得企业能够不断发现新的价值创造机会和快速实现资源整合。数字协同能力主要表现在两个方面。

1. 外部协同。企业外部协同能力主要表现为扩大网络效应，实现多边架构，从而促进价值创造。数字协同改变了企业价值创造的方式和途径，最明显的就是企业开始与企业外部的多主体进行深层次互动，建立信任关系，达成战略联盟等关系，使得企业边界进一步扩大。雅昌之所以能异军突起，离不开其强大的外部协同能力。雅昌基于中国艺术品数据库，创办了“雅昌艺术网”，通过该网站可以充分且持续地与用户互动，收集用户对产品和服务的反馈意见。此外，雅昌和上海小羚羊共同开发建设了线上运营平台，雅昌通过共建的线上运营平台，以低成本与多主体建立了联系，有利于其价值创造。同时，雅昌还和政府合作，对国家文物进行开发。也通过 PIAPRO 平台来与客户进行互动，了解消费者的需求，根据消费者的偏好来设置“初音”形象，并最终获得成功。日本 C 社也积极与外部合作伙伴共同经营初音版权，更是引起了数字社交媒体与用户创作的互动。“我是不白吃”首先通过短视频的方式获得消费者的青睐，通过短视频平台可以与多方主体建立联系，不论是联合央视新闻、《人民日报》等官方媒体围绕建党百年、中国农民丰收节、冬奥会等时政时令性社会新闻事件，将美食主题作出历史感、家国感、社会感，还联合农夫山泉等食品生产企业通过动画短视频带货，其都实现了价值创造。

2. 内部协同。内部协同主要是企业内部的关系网络，如企业内部各生产要素之间、部门之间、员工之间相互合作；通过运用数字平台、云平台、AI等实现企业所有业务流程深度融合和统一；员工快速吸收和获取外部知识、运用新技能；企业内部经常进行项目沟通。雅昌相关部门间形成了良好的沟通机制及解决问题的机制，首先，当发现问题时企业内部各部门积极协商而不是妥协，通过协商然后达成一个共识，如果达不成共识，他们会请行业内专家来分析。其次，公司一楼一层都是咖啡厅，除了公司平时的“聊会”外，公司同事间有空也会在那里聊聊，随时有什么好的思路就可以向上面汇报，领导会非常认真地听取员工的点子和建议，经过讨论很多专项组就这样产生了，在雅昌只要你有想法就有你的位置。再次，灵活性表现在人力资源的灵活上。最后，雅昌的所有员工都能快速适应新的环境。

“我是不白吃”背后有供应链使其能够大量汇聚内外部资源，人员配置上，重力聿画的经验是建立更懂业务的专业团队，在商业化初期，公司就成立了招商团队，随着业务发展也引入了电商和供应链管理等方面的专业人才，同时团队也与电商平台保持着紧密合作，依托平台进行更大的价值创造。

（三）从数字运营能力到价值实现

数字运营能力能够促进企业价值实现。数字运营能力指企业在日常运行中关于研发、生产、渠道、营销、管理和服务等数字化解决方案的能力，有效资源开发、内部资源利用对企业价值实现至关重要，数字运营能力使得企业价值实现不再遵循从 0 到 1 的构建路径，从而减少了资源编排的结构化过程。数字运营能力主要表现在以下两方面。

第一，资源的重新配置。企业数字运营能力有助于降低资产专用性，使得资源结构化过程减少，进而能够促进企业价值实现。数字资源具有较强的内生编排性、内在连接性、可重编辑性，使得新的数字产品、服务、商业模式能够不断地聚合和生成，企业不再需要重新从 0 到 1 地搜集、获取、再选择资源组合。雅昌还精心策划，成立了艺工委，聘请了很多知名的学者专家，发动政府和行业的力量，开拓新的资源获取渠道。通过政府和行业的力量，帮助其完善一些法律的条款，获得一些雅昌难以得到的资源。C 社推出用户创作内容平台 PIAPRO，在 PIAPRO 成功运营的基础上不断形成 KarenT、Mikubook 等专业网站，通过平台，其获得了大量资源，实现了资源的重新配置。重力丰画也将致力于成为能用内容驱动力去进行商业化和市场化变现，使得新的数字产品、服务、商业模式能够不断地聚合和生成。

第二，内部运营流程化。企业数字运营能力有助于沉淀组织成熟经验并使其流程化，使得协调企业内部活动成本降低，进而能够促进企业价值实现。在积累数据资源的过程中，雅昌对这些数据进行了严格规范的加工，逐步形成了“中国艺术品数据库”，其不仅严格规范地做好了数据资源的补充整理工作，更形成了严格的质量管理体系，保证数据的高质量。严格的质量监管首先体现在雅昌常设了质量管理部门，其次，质量管理部门形成了规范的管理流程，对于中艺库的数据，雅昌采用 PDCA 的机制来保证每一块的质量。C 社随着初音的大红大紫，不断调整经营思路，逐渐从一个软件制造企业演变为以增值服务为主的平台商。初音最初只做最基本的人物设定，摆脱了以歌手形象为产品象征的传统思路，同时初音产品在推出时提供了让用户参与创作的投稿服务，更是激发了御宅族们参与创作的热情；C 社在看到最初的市场反馈后，采取的开放初音形象、允许二次创作的版权管理态度，获得了用户极大的肯定，创作热情再度高涨，初音一跃成为日本一线明星；C 社在“初音”的推出中不断积淀成熟的经验并逐渐流程化，最终创新了商业模式，加快了价值实现。2021 年，“我是不白吃”在零食和生鲜水果两个品类上进行了自有产品的布局。“依托于平台提供的供应链端的品质，我们再派人去进行一定的考察，产品其实就能比较好地得到保障。”重力丰画团队大约有 30 人负责供应链管理环节，这 30 人，包括直播端负责选品、品控、直播运营、售后服务的成员，以及品牌端研发团队、网店店铺运营和售后人员。

（四）数字能力推动商业模式创新过程中价值的变化

通过案例分析，我们发现数字能力在推动商业模式创新过程中会带来价值的变化，数字能力推动商业模式创新中首先体现的数据价值；随着数字能力三个层次的不同作用，商业模式创新中出现了情感价值；随着商业模式创新中情感价值的存在，其必然会生成最重要的文化价值。综上所述，数字能力推动商业模式创新过程中价值从数据价值—情感价值—文化价值的变化。

三个案例在数字能力驱动的商业模式创新过程中都证实了价值变化的路径。雅昌首先通过互联网和信息技术，围绕客户需求打造了互联网平台，从而重新调整企业与客户之间的联系方式，帮助企业降低时间成本，提升企业对客户的响应力，体现了数据价值。其次，雅昌借助线上平台，满足客户对精品案例、个性化定制、在线快速报价、在线数据编辑处理等服务的需求。通过互联网和信息技术，能够实现销售、生产和客户之间的实时沟通和有效反馈，满足客户在不同业务场景的需求，充分满足客户需求，实现情感价值。最后，雅昌通过已有的商业模式与消费者建立了情感价值，随着时间越来越久，这种情感价值就慢慢变成了文化价值，不管是从企业还是消费者角度来说都是一种文化价值，即对中国传统印刷的传承与发展。

“初音”就是在顺应现在技术中出现的，其通过 PIAPRO 平台与消费者充分互动，了解消费者的偏好之后进行设计的，此过程需要收集大量关于消费者的数据、信息，这就体现了数据价值。情感价值的出现是因为初音只做了最基本的人物设定，并摆脱了以歌手形象为产品象征的传统思路，这留给了消费者很大的想象空间，在推出时提供了让用户参与创作的投稿服务，更是激发了御宅族们参与创作的热情。近年来，“初音”被打造成了一个超级 IP，与其他领域广泛开展合作，逐步发挥其文化价值。

“我是不白吃”最初利用抖音等短视频平台进行推出，其粉丝数量超过 4000 万，互动量超过 10 亿，视频曝光量突破 200 亿，系列作品《不白吃的食神之旅》成为 B 站纪录片榜第一，评分高达 9.9；2021 年度，“我是不白吃”获得由《人民日报》颁发的优秀自媒体创作者，并荣膺 2021 年度商业价值 IP、2021 年度十大文化消费品创意 IP，亮眼的运营成绩并获得了知名媒体、机构的认可，这体现了其数据价值。通过动画 IP“我是不白吃”打造的《不白吃的食神之旅》，“真人 + 二次元形象”技术，在观感上既有着实景的真实，又有着动画的虚拟创新。这种创新，既克服了纯真人出镜的普通感，又克服了纯动漫制作的虚拟感，通过 AR 外景融合前沿技术，将实景拍摄与动画虚拟的长处运用得恰到好处，在虚实结合中让观众感到耳目一新，将数据价值向情感价值转变。此外，这部纪录片更深的用意是想用美食的方式，寻找一些人的故事，并不只是对美食本身进行讲述，而是更深入地通过美食渗透到其背后的匠心故事中，让每一个故事背后隐藏着的不为人知的技艺传承变得“为人所知”，如此一来充分挖掘美食背后蕴含的文化价值。

（五）数字能力推动商业模式创新过程中的三个陷阱

虽然以上三个案例通过分析都反映了数字能力驱动商业模式创新，通过数字感知能力洞察价值，通过数字协同能力创造价值，通过数字运营能力实现价值。同时在商业模式创新过程中还实现了从数据价值到情感价值再到文化价值的转变。但是数字能力推动商业模式创新过程中也蕴藏着三个陷阱。

1. 陷阱1：与核心流程纠缠不清，经营系统难以支撑外部协同（外循环）。数字协同能力和运营能力在推动商业模式创新的过程并不是一成不变的、顺顺利利的，以上论述的三个案例虽然商业模式实现了创新，但是其在数字能力搭建的数字网络中，出现了多样化的行为主体、复杂化的运营环境，这需要企业根据环境变化及时调整原有经营系统，使其具有柔性。否则很容易出现企业原有的经营系统难以适应多样的、动态的外部环境，如数字能力在促进文创企业与外部协同的同时，也搭建了各行为主体相互交错的关系网，从而实现文创企业的外部协同效应，文创企业也会开展新的业务，关系网越大，外部协同能力可能越强，新业务开展的广度和深度也就越大。但是如果文创企业不能很好地处理这种外部协同，其经营系统可能会失效。如果文创企业不能处理好核心流程和外部协同带来的新流程之间的关系，就会出现经营系统混乱，最终导致价值创造失败。

2. 陷阱2：内部系统陷入惯性与探索之中，价值创造陷入更长、成本更高的学习过程（内循环）。数字能力在引入外部资源后，企业需要将外部资源与内部资源融合，才能实现价值创造。但是在这一过程中企业内部系统很容易陷入惯性与探索中，价值创造陷入更长、成本更高的学习过程。企业内部系统由于自身的缺陷，不能很快地与外部资源融合，因而可能一直处于吸收和探索阶段，不能突破，其价值也就不能实现。克服这种陷阱需要市场定位的控制力，文创企业只有明确自己的定位，清楚自己发展的方向，并不断探索新的路径和方法，能够快速将外部资源与企业内部已有资源相整合，其外部吸收能力也才能充分发挥出来。文创企业对外部资源的吸收能力变得越强，内部整合能力越强，那么其资源转化为价值的效率就越高，成本就越小。

3. 陷阱3：外部冲击，盈利模式设计难以承载价值创造成果（数字运营后）数字能力在驱动商业模式创新后，其盈利模式必然会发生相应的变化，如果企业在商业模式创新之后还是采用原有的盈利模式，那么其可能难以承载价值创造成果。面对这种陷阱，企业需要同步盈利模式的设计，使盈利模式与新的商业模式相匹配。如文创企业在数字能力的赋能下，其原有商业模式已经演变为一种数字商业模式，数字商业模式的特征有数字化、网络化、开放性等，这种商业模式内的盈利模式也可能由原来的单一的盈利模式（如出售产品或服务）转变为多元盈利模式（出售产品和服务时可能伴随有知识产权的盈利等）；也可能由传统的盈利付费式、会员式模式转变为数字式的盈利模式（如流量盈利模式、直播带货模式等）。因而，文创企业需要根据数字商业模式的特点不断调整其盈利模式，使其能最大限度地享受价值创造的结果。

（六）商业模式创新过程中的结构变化

通过对雅昌案例、日本C社案例及北京重力聿画案例的深入分析，我们将对上一章理论演绎的文化创意产业开放式商业模式构成体系进行检验，根据调研问题对案例资料进行整理，得出三个案例企业开放式商业模式的构成体系（见表3－7）。

表3－7　　案例研究得出的商业模式构成体系

商业模式	问题	雅昌	C社	重力聿画
市场定位	顾客、外部创意来源及合作伙伴的范围	—	—	—
	他们是否影响价值主张的形成	√	√	√
	价值主张是否可以概括为观念价值	√	√	√
	文化价值、体验价值、信息价值是否是观念价值的主要组成内容	√	√	√

续表

商业模式	问题	雅昌	C社	重力聿画
经营系统	更多的传播渠道是否是接触消费者的最佳途径	√	√	√
	通过传播通路是否能够捕捉外部信息	√	√	√
	企业的市场策略是否是可以提炼为“不断拓展传播渠道”	√	√	√
	产品与服务是否引起了消费者的情感共鸣	×	√	√
	消费者是否是参与者、合作者	√	√	√
	知识产权是否是企业的核心资源	√	√	√
	围绕知识产权的管理工作是否是企业的关键业务	√	√	√
	知识产权管理是否可以概括为获取和产生、保护、整合开发、利润中心四个部分	√	√	√
盈利模式	衍生收入是否是企业收入的主要来源	√	√	√
	创意人员的成本是否是企业成本的主要体现	×	√	×

从三个案例开放式商业模式的构成分析看，基本符合理论演绎的文化创意产业开放式商业模式构成体系，但也对子模式进行了补充（见图3－11）。

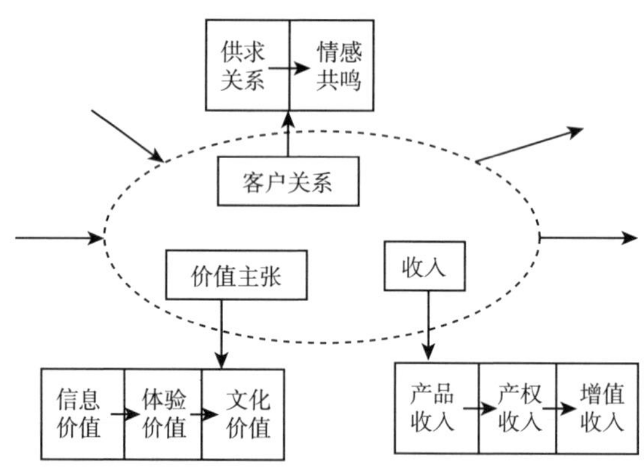

图3－11　文化创意产业开放式商业模式构成体系

第一，目标消费者与合作伙伴的内涵更加丰富，我们用具有参与者、消费者、合作者、监督者四重身份的顾客来进行统一代表。企业通过听取、参考、吸收和提炼“顾客”关于市场需求和新服务的建议，并且利用他们相关的技能、知识和精力来开发新服务，极大地提高了企业服务创新的成功率。

如日本C社提供的虚拟歌曲编辑软件，消费者参与了广泛的二次创作，是初音产品创新的重要合作者，同时C社在进行产品授权开发中也以消费者的情感为参考，消费者是重要的监督者。

第二，从案例反映文化创意产业提供的观念价值三个重要组成：文化价值、体验价值和信息价值，其中文化价值是最高的层次，是能够与顾客情感共鸣的价值主张。如日本C社提供的产品初音，原本只是软件的形象设计，出乎意料的创作热情，使初音成为顾客心中的歌姬、邻家少女等虚拟形象，从而引起与顾客的情感共鸣，赢得了市场。而体验价值和信息价值还不能引起与消费的情感共鸣，与客户处于供求关系的层面。

第三，三个案例企业的知识产权都包括了专利和版权两个主要组成部分，其中专利是价值创造的基础，是企业需要不断投入的部分，其主要体现在成本结构上。版权是通过获取与开发而不断丰富的，是文化创意产业价值创造的主要原材料，主要体现在收入结构上。

第四，从知识产权管理看，获取产生、保护、整合开发到利润中心四个环节在案例中得以证实，但企业核心业务体现出围绕知识产权管理的各类企业活动。知识产权管理的概念绝不是借助一个多媒体数据库或一个传统的媒体资源管理系统的方法，管好的目的是产生价值、获取收入，而不是简单地满足搜索与存储。因此知识产权管理与企业相应的资源活动配置相互交织，形成一个动态的管理过程。

第五，成本结构上，除了创意人员的开支外，技术设备也成为三个案例企业的重要开支部门，如雅昌集团有限公司的成本结构：技术开发、设备购置与折旧（60%）、运营成本（30%）、外协培训等（10%）。

（七）商业模式创新的内在机制

1. 案例三阶段的异同点。总体来看，文化创意产业开放式商业模式是一个不断获取资源，根据资源动态调整，形成多元化的盈利模式的过程。依据雅昌案例、日本C社案例以及重力丰画案例开放式商业模式过程的逻辑图，我们进一步归纳三者所体现出来的共同点与不同点（见表3－8）。

表 3－8　　案例三阶段异同点的归纳

阶段	共同点	不同点
第一阶段	客户关系发生变化，企业开始积累外部资源，企业活动非常灵活，产品与服务个性化、多样化、数字化，并及时进行了知识产权的管理	雅昌能够积累外部资源的重要原因在于其“服务”理念得到了艺术家和艺术机构的认可，企业围绕这种“服务”理念进行灵活的资源配置；日本C社之所以能够积累外部资源是因为它尝试地围绕开放策略的企业活动获得了消费者的认同；重力丰画能够积累外部资源是因为它顺应数字经济特点，整合产业链，以新的传播方式获得了消费者青睐
第二阶段	围绕灵活的企业活动配置，一系列新的市场定位不断形成	雅昌对新价值主张的考量更加慎重，是在突出与大时代特征相匹配的前提下满足消费者需求，如互联网时代推出艺术网，移动应用盛行期推出数字出版等服务，大数据时代推出“雅昌影像”在线平台和“雅昌云印”全新线上印刷平台，此外，雅昌还推出雅昌大讲堂、雅昌公开课等线上项目；日本C社的新价值主张的形成，充分考虑了消费者的情感，是以消费者的主人公意识来确定新的价值主张；重力丰画新价值主张是为了满足数字时代消费者对短视频的需求，打造“动画＋内容”模式，开创美食和消费是一个新的赛道
第三阶段	从产品到版权再到围绕消费者的盈利设计重心的调整	目前所处的阶段和盈利的重心不同，雅昌逐步拓展围绕消费者的盈利；日本C社已经在围绕消费者的盈利模式中取得成功；重力丰画正在探索版权与消费者结合的盈利模式

2. 要素构成体系。围绕三个阶段的共同点，我们结合商业模式的构成体系，进一步分析在这个实现开放式商业模式的过程中，各个要素发生的变化及相互之间的影响关系。由案例我们观察到数字商业模式的开放过程不是一个从封闭到开放的直接跨越，而是一个逐步适应的过程，这三个环节相互嵌套，逐步依托。如第二环节的新价值主张的形成，是基于第一环节“资源—活动”的若干次循环，而第三环节的盈利设计重心的调整，是基于第一、第二环节若干次的迭代。把它们反映在商业模式的构成体系上，可以呈现出如图 3－12 所示的规律。

第一个环节，企业与顾客的关系从传统的“供求”转变为“情感上的认同”。如雅昌集团通过印刷服务的理念与顾客成为“好朋友”的关系；日本C社通过新产品初音开发的开放策略，获得了潜在消费群体“动漫迷”的认同；重力丰画通过短视频“我是不白吃”赢得了消费者青睐。这种客户关

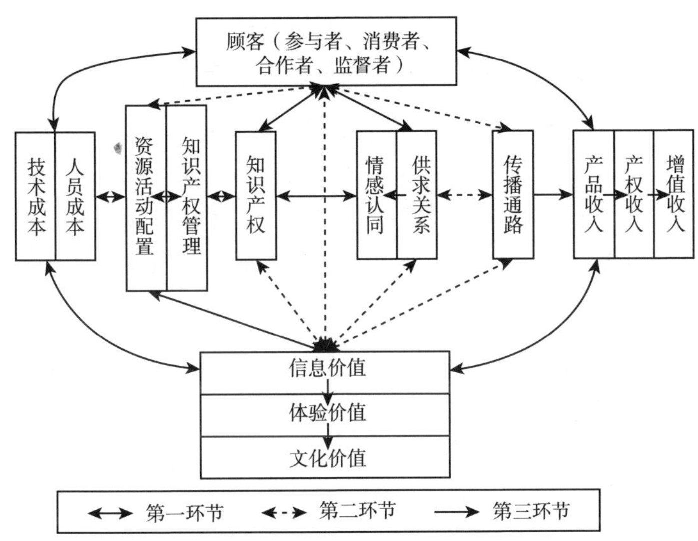

图3-12 文化创意产业开放式商业模式实现过程中要素构成体系

系的变化使文化创意企业获得了大量的外部资源或使企业现有的知识产权大大增值。如雅昌集团获得了艺术家的作品数字资源；日本C社获得了大量的用户参与创作的版权作品，同时初音版权迅速增值；重力丰画实现了产业链的延伸，形成了新的价值网络。在企业不断积累知识产权的过程中，企业形成了以知识产权管理为核心的灵活的资源活动配置，这些资源活动生成了多个价值主张雏形，并从提供信息价值向体验价值、文化价值递进。

第二个环节，企业基于知识产权的资源特性，将不断形成的价值主张雏形与顾客需求或流行趋势充分对接，并逐步形成一些稳定的资源活动配置内容，以及与外部合作的资源活动配置来支撑新的市场定位的形成，其中建立稳定的传播通路对于提高产品服务影响力及增进客户关系的黏性非常重要。

第三个环节，是基丁以上两个环节周而复始的过程，推动了文化创意企业多元化的产品与服务的形成，企业根据从产品收入到产权收入再到围绕消费者的增值收入的盈利设计，逐渐调整企业经营的整体重心。如雅昌从提供印刷，到结合数字资源形成了为人民艺术服务的全面拓展，到艺术为人民服务的众多实践的探索；日本C社从软件经营向经营版权再到平台服务的拓展；重力丰画从短视频制作到短视频直播带货。

3. 三个环节的动力机制。这三个环节体现出“多点支撑”“生长点培育”“重心快速调整”的动力机制。在第一个环节，企业活动灵活地与外界动态交互适应，在获取外部资源时案例企业能够通过灵活的企业活动形成良好的资源获取机制，保证外部资源的不断流入；在外部资源内化过程中，案例企业活动都体现出较大的灵活性，这种灵活的企业活动是随外部变化而变化的过程，企业经营系统具有快速适应变化（新需求、新情况）的能力，能够快速匹配外部资源，内外结合形成新的生长点。在这个过程中企业和客户的关系发生了变化，企业可以在完成一个业务的同时提供更多的其他服务内容，“多点支撑”的格局逐渐形成。如雅昌在为艺术家提供印刷服务的同时，为了践行服务的理念，围绕消费者的新需求，灵活地为客户提供了很多其他创造性服务；日本C社在遇到歌手、声优不愿意合作，开展了各项与消费者互动的活动，如插画投稿、歌曲制作比赛等，遇到二次创作风靡又开发了支持二次创作投稿的平台等；重力聿画在长视频制作变现困难的情况下，调整业务重心，由长番剧制作开始转变为短视频内容领域，开发了美食类“我是不白吃”和生活类“我是不白用”的动画IP，并正式开始在抖音进行视频带货。

在第二个环节，企业将“潜在的生长点”与市场结合，从中挑选具有潜力的部分，对其重点培育，形成新的市场定位，“生长点培育”在这一阶段很好地被完成。如雅昌对新的项目规划上升为常规的业务模式；日本C社对一些有潜力的项目纳入企业经营的范围，较为典型的如对投稿平台的运营；重力聿画基于“内容+消费”的底层逻辑和发展战略进行布局，不断拓展内容IP，完善电商团队的内容商业化赋能。同时，重力聿画会在电商端深度发力，把“我是不白吃”升级为品牌，以一个地道美食家的身份，通过品牌和最优质的供应链赋能，将IP进行最大化升级。重力聿画也将致力于成为既能用内容驱动力去进行商业化和市场化变现，同时又能打造出跨越时代IP的优秀内容团队。

在第三个环节，企业根据整体的盈利设计，将企业的经营重心快速进行调整。如雅昌从印刷业务到“为人民艺术服务”的多元化业务，再到“艺术为人民服务”的业务布局，企业多个支撑点的重心在逐步调整。日本C社从软件开发到版权经纪，再到平台运营，其业务内容虽包括了三者多元化的构成，但其重心也不断发生变化。重力聿画从长视频番剧到短视频动漫，再到短视频直播带货，再到直播电商平台和供应链赋能。总体来看，“支撑重心”的不断调整，是企业根据市场需求、结合科技发展、不断扩大消费群体，将市场定位控制机制与企业战略相结合的作用结果。

基于以上文化创意产业开放式商业模式的实现过程，“多点支撑”“生长点培育”“重心快速调整”的动力机制得以显现，我们发现“多点支撑”的动力可归纳为来自经营系统的灵活性；“生长点培育”的关键在于形成市场定位时对有潜力的价值主张的挑选，可以概括为对市场定位形成的控制力；“重心快速调整”主要体现在盈利模式的多元化设计，同时呈现由产品—产权—围绕消费者增值经营的重心调整趋势，这对未来整体发展的趋势起到关键决定性影响。将特征统一提出后，图 3 – 12 的要素结构图可进一步由价值三角形模型来概括，如图 3 – 13 所示。

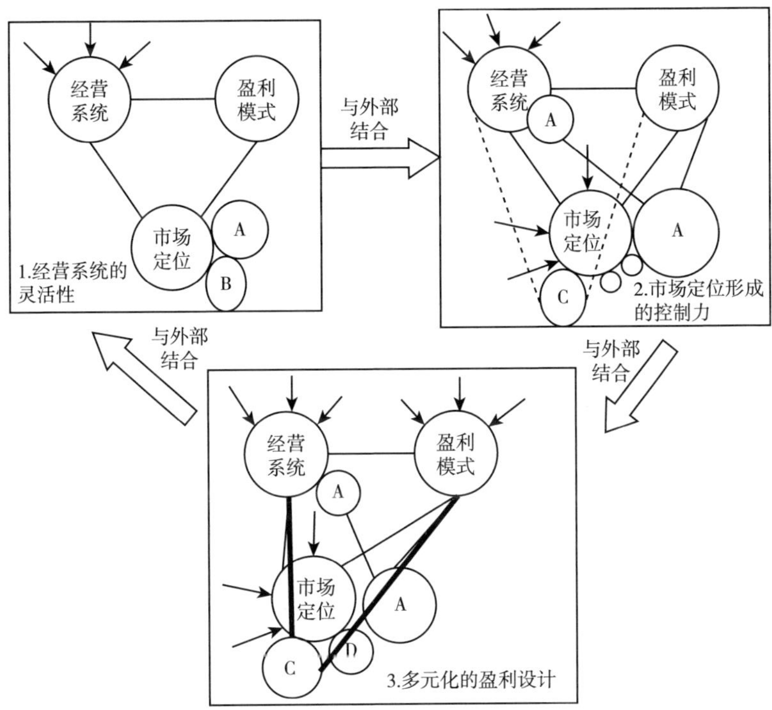

图 3 – 13　文化创意企业开放商业模式的价值三角形模型

第一，雅昌、日本 C 社及重力丰画的商业模式经营系统为充分获取外界资源做好了积极的准备，经营系统是企业直接接触外界，传递价值和创造价值的运作系统，通过灵活的企业活动不断适应外部环境及新的企业资源，在其适应的过程中文化创意企业积累了知识产权、客户资源与传播通路，从外界获取的资源改善了企业价值创造方式，企业通过灵活的活动提高了价值传递效率，新的价值主张不断形成（如在“经营系统的灵活性”中，经营系统的积极准备，新价值主张 A、B……不断生成）。

第二，新的价值主张不断生成，这些都是企业创新收益潜在的生长点，此时企业通过一系列控制手段确定新的价值主张是否能成为企业新的市场定位，一旦新的市场定位确定下来，企业经营系统也将相应进行调整，更好地支持新的市场定位的运营（如在“市场定位形成的控制力”中，必要的市场定位控制机制，新价值主张 A 明确为企业新的市场定位，经营系统相应需要支持 A 的业务开展）。在第二个环节企业的商业模式发生了变化，不仅市场定位更加多元化，经营系统也发生了变化。

第三，根据新的市场定位、新的经营方式的变化，企业需要重新对盈利模式进行设计，盈利设计的原则在于使得企业产品/服务更加丰富，收入来源更加多元化，并在总体上体现出“产品经营—产权经营—围绕消费者经营”的脉络（如在“多元化的盈利设计”中，多元化的盈利模式，新的市场定位 A 将带来新的收入并产生新的成本结构，同时顺应发展趋势，重心调整至市场定位 C 上）。

（八）对内在机制的进一步讨论

1. 内在机制对于商业模式提升的解释。已有关于数字商业模式的研究主要集中在它的前因和后果，对于过程机制的深入分析较少。本书通过文化创意产业三个成功典型案例实施开放式商业模式的过程分析，发现开放式商业模式的过程是“多点支撑 + 生长点培育 + 重心快速调整”的循环运转过程，这一过程中商业模式内部构成要素间相互联动，并趋于不断的开放。

根据切斯布罗（Chesbrough）对六种商业模式的分析，三个案例企业现在的商业模式都表现出能够动态适应市场的特征，满足切斯布罗提出的自适应型的商业模式的两个判断指标：一是创新程序与商业模式创新融为一体；二是知识产权管理是企业的战略资产。从案例企业的整个商业模式创新过程看，经历了切斯布罗提出的六种商业模式类型，即大众化的商业模式、有部分差异化的商业模式、市场细分式的商业模式、能够获得外部支持的商业模式、能够整合公司创新的商业模式和能够动态适应市场的商业模式，然而这些不同类型的商业模式之间的界限并不清晰，如表3－9所示。

表3－9　　案例企业商业模式类型归纳

商业模式类型	雅昌集团	日本C社	重力聿画
大众化	传统印刷业务	音乐软件开发	动漫视频
有部分差异化	区别于传统印刷，提出印刷服务的理念	彩铃、桌面音乐软件	短视频
细分市场式	针对艺术家、艺术机构的印刷服务	虚拟乐器	美食
获得外部支持	获得艺术家、艺术机构数字资源	让用户参与创作	电商平台、供应链
整合公司创新	建设雅昌的中央银行“中国艺术品数据库”	推出投稿网站PIAPRO，集中用户二次创作的知识产权，并围绕知识产权构建新经济体	推出短视频动漫直播带货，并与电商平台合作，同时打造超级动漫IP
动态适应市场	围绕“中艺库”资源，从“为人民艺术服务”到“艺术为人民服务”的业务灵活展开	围绕V家族版权的业务拓展，二次创作版权的灵活经营	围绕动漫将长视频番剧调整为短视频动漫，短视频直播带货

从三个案例的商业模式提升过程看，切斯布罗六个类型的商业模式预示着一种更高级的发展趋势，案例研究结果较好地验证了切斯布罗（2006）提出的企业商业模式升级的六种类型，然而切斯布罗并没有说明这种转变的过程机制，只是提出了商业模式能否提高的三个关键要素：现有商业模式是否能够获得足够的资金、企业是否有足够的开放程度以获得外部资源，以及企业家是否能够愿意出售自己不需要的非核心资源。这三个关键要素在案例企业中的表现却不明显，而“多点支撑＋生长点培育＋重心快速调整”的动力机制更好地表达了这种转变的过程机制。

2. 内在机制与企业能力的探讨。从案例研究结果文化创意产业开放式商业模式实现机制看，其商业模式创新是一个动态的调试过程，文化（如企业服务理念）、技术和市场相关的力量（如文化、需求等）是推动商业模式创新的外部驱动力，而企业经营系统所具有的灵活性（灵活调试能力）是推动商业模式创新及实现机制（三个环节的循环运转）的内在动因。

经营系统的灵活性是企业内推动商业模式创新的原发动力，是能够使企业滋生多个支撑点的关键所在，对于这种灵活性已有学者大多从动态能力的角度进行了解释，然而根据动态能力与即兴能力的区别来看，案例企业表现出更多的即兴能力，如表 3 – 10 所示。

表 3 – 10　　　　即兴能力与动态能力的主要区别

对比项	即兴能力	动态能力
所应对的环境	未预料到的事件，风暴，出乎意料的事件、挫折及危机	预料到的波动与机遇
事先规划的性质	未计划的自然发生	灵活的训练
活动的性质	高度的未组织、紧急、凭直觉以及临时的活动	审慎的、有步骤的、沉稳的，以及有纪律的活动
竞争手段的逻辑	无意识反应	有计划的机会
计划与执行间的时间间隔	很小的时间间隔，对于正式计划只有狭窄的“机会窗”，以及不充分的准备时间	充足的时间间隔
行动限制	现有正式计划外的行动	预先计划范围内的意外事故
实施能力的重组性质	运用有效的现存资源来应对急迫的、未预料到的和新奇的环境，是自发的、直观的操作能力的组合	应有与预先计划相关的确定性资源，是有计划及慎重的操作能力的组合
主要的弱点	极端的行为，难免遇到风险，实施中缺乏计划的过激信念	在正式计划下难免要处理死板的、过激的信念
普遍的误解	与其他能力完全不同的混乱行为，不可重复并且不可以通过训练加强	超出动态能力范围外的所有重新配置的能力
似曾相识相对于新颖	利用现有资源不能轻易处理新的情况，需要创造性地去解决	为特殊情况准备的现有资源可以在很大程度上解决新出现的机会
对个体的依赖	个体的主动性有重要的影响	个体的主动性影响
人的素质	快速恢复的技术、创造性、自发性，以及直觉力	灵活的训练，学习能力和快速明智行动的能力

根据以上区别，我们发现即兴的行为普遍存在于案例企业商业模式创新的过程中，这种即兴的行为是缺乏事先规划，但有利于企业抓住稍纵即逝的机会的调试行为。我们将即兴开放定义为在没有事先规划的情况下，企业整合外部的资源与分享内部的资源交织在一起的过程。日本C社的商业模式创新过程是一个即兴开放的过程，其商业模式创新的即兴行为具有以下特点（见表3-11）。

表3-11　　日本C社即兴行为的特点

主要内容	行为特征
所应对的环境	出乎意料的事件、挫折及危机，利用现有资源不能轻易处理新的情况，需要创造性地去解决
活动的性质	高度的未组织、紧急、凭直觉，以及临时的活动
计划与执行间的时间间隔	很小的时间间隔，对于正式计划狭窄的“机会窗”以及不充分的时间准备
实施能力的重组性质	应用有效的现存资源来应对急迫的、未预料到的和新奇的环境，是自发的、直观的操作能力的组合
关键成功要素	个体的主动性，组织的即兴氛围，快速学习的能力

动态能力与即兴能力都是企业商业模式创新的重要能力，然而已有研究大多聚焦在动态能力与商业模式创新的结合上，而忽略了即兴能力这一重要的部分，本书案例在经营系统的灵活性上都体现出这两种能力，有待今后的研究做进一步的探索。

从以往的研究来看，对商业模式实现机制的研究大多集中在商业模式经营系统的层面，然而本书发现除了商业模式经营系统的灵活性是商业模式创新的重要推动力外，对于商业模式市场定位形成的控制能力以及对盈利模式的设计也同样重要，商业模式创新是在经营系统灵活性、市场定位控制力、盈利设计多元化下组成的循环过程链条，任何一个环节运转不畅都会影响整体的效果。从以上几个方面分析得出，基于案例研究得到的文化创意产业开放式商业模式实现机制理论模型，既符合已有研究成果的解释，又有新的发现与拓展。下一步是对该开发商业模式的实现机制作出一般性的检验。

六、实证模型及研究假设分析

为了进一步拓展案例研究发现的普适性，我们将通过定量研究方法进一步去检验核实。但对于这种过程机制的验证，相关关系只能在一定程度上给予佐证。我们将开放式商业模式的实现机制看作经营系统灵活性、市场定位控制力、盈利设计多元化三个环节的循环运转，并用这种循环效率在一定程度上来代表企业开放式商业模式的实现机制，即如果某一环节运转不畅将影响整体开放式商业模式的实现机制从而影响企业的创新绩效。文化创意产业开放式商业模式的实现机制总结如图 3－14 所示。

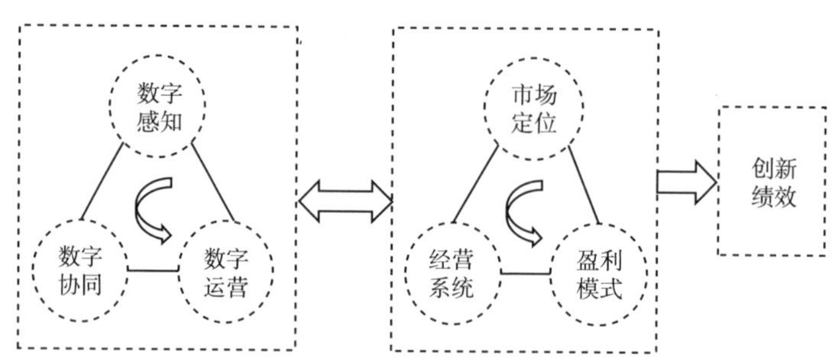

图 3－14　文化创意产业开放式商业模式实现机制模型

开放式商业模式包含了适应开放式创新环境的要素和机制，是企业能够获得外部创新资源、能够利用外部资源产生价值的根本保障。如果企业希望充分利用开放式创新提供的商机，就必须发展一种更为开放的商业模式（Chesbrough，2007）。因此开放式商业模式的实现机制能为企业创造更高的创新绩效，即在开放式商业模式较好运转时，较高的开放度才能为企业带来较高的创新绩效。

文化创意产业开放式商业模式循环调试效率反映了商业模式构成体系各要素之间的非线性匹配关系及其与外部情境之间的权变关系，即“随具体情境而变”或“依具体情况而定的关系”。这种循环调试效率由商业模式经营系统的灵活性、对市场定位形成的控制、盈利设计的多元化三个环节的运转效果来确定，如果任何一个环节出现低效率（运转不畅），那么整体的效率将不会很好。

（一）经营系统的灵活性

我们将文化创意企业经营系统所表现的灵活性总结为柔性，因为这种灵活性体现了企业经营系统快速适应变化的能力，符合柔性的基本定义“快速地从一种状态转移到另一种状态的能力”（Mandelbaum，1978）。在组织研究中，柔性常指面对环境的不稳定、需求的快速变化和技术的迅速发展，企业需要具备很好的适应性以达到与环境的匹配。开放式商业模式并不是一个“非开放即封闭”的二元结构，而是动态变化的过程。对于开放式商业模式创新，其面对开放式创新众多的外部创意源，如何识别并与外部创意源交互，获得创意来源应对需求的快速变化，从而进行有效的价值创造，案例分析结果显示文化创意产业开放式商业模式的经营系统具有较高的柔性。

已有研究指出对商业模式创新的评价应该考虑柔性的指标（李曼，2007）。开放式创新的实施并不是一件容易的事情，这种开放的转变需要打破企业原有的文化常态（Keupp & Gassmarm，2009）。所以企业的文化为了能够快速调整适应开放的环境，需要具备柔性的特征（Ritter，1999），这种柔性是指文化应该具有包容性，不仅要从外部网络成员文化中吸收有价值的营养，同时还要将自身的文化元素渗透到其他成员的文化中去。文化开放性还体现出自发性的特征，这种自发性是与强制性相对应的，以人为本倡导创新宽容失败，能够适应环境的变化；文化开放性还要体现个性化的特征，个性化的特征使得企业在与网络成员交汇时，能够保持自己核心的东西，从而保证自己的鲜明特征。可见，商业模式具有柔性的特点在以往的研究中早有涉及，但目前对柔性的研究主要集中在组织柔性与柔性管理方面。

（二）对市场定位形成的控制

案例企业对商业模式市场定位的形成采取了控制行为，这些控制行为能够将价值主张的雏形更好地与外部资源及参与者的互补能力进行整合，从而明确商业模式的市场定位。组织控制是管理的基本职能之一，良好的控制使得不同的参与者相互依赖和合作，完成最终目标（Kirsch，1996）。组织控制主要分为两种类型：一类是正式控制，包括结果控制和行为控制（Eisenhardt，1985）。结果控制指控制者通过详细地表达期望对方达到的结果和当对方达到目标的奖励方式，结果控制关注控制过程的中间或最后结果；行为控制指通过详细规定流程或直接观察受控者的行为来影响整个过程（Kirsch，1996）。另一类是非正式控制，包括宗派控制和自我控制（Eisenhardt，1985）。宗派控制通过给团队成员灌输共同的价值观和信仰，缩小控制者和受控者之间观念的差距，从而使团队成员相互依赖合作，实现共同的目标（Kirsch，1996）；自我控制是依靠自我设定目标，形成内在动力从而完成任务，控制者能够鼓励和激发受控者执行自我控制（Kirsch，1996）。从案例企业市场定位形成的控制过程看，四个方面的控制均有体现。结果控制，如奖惩条例、项目进度、总裁办公会决议等；行为控制，如项目计划、项目会议、奖励机制等。以及非正式控制对市场定位的影响，包括宗派控制和自我控制，可以体现在员工对领导的认同、领导精神的感染力，以及员工努力的实践等方面。

（三）盈利设计的多元化

商业模式新的市场定位并不能确保为企业带来创新绩效，只有在经营系统与市场定位融合协调下，文化创意企业形成多元化的产品与服务供给，才能增加创新的可实现性。已有研究指出文化创意产业的特性在于能够不断衍生，获得多种收益。我们通过案例研究将文化创意产业多元化的盈利模式归纳为产品经营、产权经营和围绕消费者的增值经营三个层面，三个层面的盈利设计发展趋势代表了文化创意产业开放式商业模式创新迈向更高级的阶段。三个层面的盈利模式并不是非此即彼的关系，而是相互衔接的统一体。其中产品经营是指文化创意企业提供的产品/服务直接传递给消费者获得收益的方式，如雅昌集团提供的印刷、高仿真、数字存储等服务；日本C社售卖的软件、唱片、插画等；重力聿画推出的“食神魂”“我是不白吃”“我是不白用”等。产权经营一方面是将知识产权资产化价值传递给其他企业，由其他企业生成或与其他企业合作进行版权产品的开发；另一方面是要素市场的经营，其依赖于产品经营情况以及以往业绩，即产品经营得好会大大带动其相关产权的经营，以往产权经营的状况也会影响当下产权的定价。如雅昌集团将艺术版权授权后，形成图书、数字博物馆、艺术品等衍生产品与服务；日本 C 社经营初音的虚拟人物形象，授权开发游戏、演唱会、玩偶等衍生产品与服务；重力丰画精心打造出超萌可爱的周边产品，在网店上新了文创周边 IP 产品，例如解压本、积木、日历、保温杯、餐盒等。从这三个案例来看，产权经营也体现在提供产权服务获得的收益上，三个案例企业不仅通过自己拥有的版权获得版权价值，更协助他人实现版权价值从而获得利润分成等收益，如雅昌集团服务艺术家，为艺术家提供版权咨询或版权开发的服务，从而获得版权收益；日本 C 社创建 PIAPRO 平台推动用户协作开发的商业化应用，并与用户进行利润分成；重力丰画围绕“内容 + 消费”模式 IP 成为海昌海洋公园“科技潮玩美食节”的海洋美食合伙人，携手海昌及饿了么在现场平台及线下园区内进行联合品牌的推广和活动，实现千万流量曝光。围绕消费者的增值经营，因为文化创意产业提供的是能够与消费者“共鸣”的观念价值，获得了消费者的精神认同，这种主观的精神认同具有强大的影响力，往往能够形成一种潮流趋势。对于文化创意产业而言忠实消费者成为最宝贵的利润来源，企业通过植入观念相符的广告、举办主题活动、开展相关的增值项目等方式都可以实现新的收入来源，增值服务是可以不断挖掘的金矿。如雅昌集团将其拥有的艺术家数据及艺术家的作品数据看作雅昌所有事业的“中央银行”，这些数据不断挖掘形成新的产品与服务，雅昌集团也通过为这些艺术家提供服务，获得了源源不断的收入；日本 C 社目前已经从虚拟乐器产品生产型企业向产品加服务的平台型企业成功转型，围绕日益扩大的粉丝人群，形成了版权交易、定制服务、品牌授权、利润分成、服务收费等多元化的收入来源；重力丰画围绕“我是不白吃”不仅为风味美食品牌提供直播带货服务、动画短视频广告服务，还与一系列食品生产企业联名推出授权产品。

我们将以上三个环节看作文化创意产业开放式商业模式的生产线，一旦任何一个环节运转不畅都会影响整体效率。我们用经营系统的柔性、市场定位的控制力、盈利设计的多元化三个指标来观察商业模式循环运转的效率，从而验证文化创意产业开放式商业模式的实现机制。

| 第四章 |

实证研究设计

本书重点在于揭示文化创意产业数字能力对商业模式创新的影响。毕竟从三个案例分析得到的过程机理模型不一定具有普遍性。为了使探索更加深入，本书还采用问卷调查和数理统计方法适当拓展了考察范围，对上述机制做了进一步验证。问卷调查和分析的焦点问题是：文创企业的数字感知能力、数字协同能力和数字运营能力在其商业模式创新过程中是如何发挥作用的，其数字商业模式是如何顺畅地运转，从而实现更高的创新绩效。

一、问卷设计过程

问卷调查法是管理学定量研究中最为普遍的方法，在问卷设计中要保证量表较高的信度与效度，样本数量大，研究者可以收集到高质量的研究数据。为此本书的问卷设计主要经过以下两个大步骤，五个小环节。

（一）问卷初步设计

笔者在大量参阅国内外文献的基础上，对于国内外已有的研究及研究量表进行了参考和借鉴，对于没有合适测量量表的变量，则根据案例研究访谈结果创建变量的题项，使问卷的内容项目得以保证。从而完成本书有关开放度、商业模式经营系统的柔性、对市场定位形成的控制、盈利设计多元化、创新绩效测量指标的设计。

在建立了各变量的题项库后，向多位文化创意企业中高层经理人征询意见，首先，向他们说明问卷中各个变量的内涵，然后请他们对各个题项是否能够准确地表达各个变量的内涵进行判断，同时询问他们是否需要进一步增加或删减题项。其次，再对问卷测量各变量的相关性、语法措辞等进行仔细审核，并请几位博士生导师、业内专家对量表是否需要修改给予讨论，并提供修改建议。最后，形成初步的调查问卷。

为保证问卷的效度，本书进行了模拟测试，预约了文化创意产业中高层经理30余人，向其详细说明本测试的目的与内容，并发放问卷30份，根据小样本因子分析，对假设检验的有效性初步验证，并在此基础上对问卷进行再设计。

（二）问卷预测试与再修改

根据模拟测试的反馈，本书对测量题项进行了小幅度的修改，按照实证研究方法的要求，为了确保问卷的信度与效度，需要对问卷进行小规模的预调研，通过对回收问卷的分析，再次增加、删减题项等，从而得到最终的正式调研问卷。因本书是组织层面的研究，问卷比较难以获得，特别是本书针对商业模式进行测量，要求具有企业全局视野的中高层经理人作答，一个企业一份问卷，使得问卷更加难以获得。鉴于实际调研等困难，本书没有进行小规模的问卷预调研，也有待在未来针对大样本数据检验情况对问卷再行修订，并进行更大规模的问卷调研。

二、问卷初步设计

（一）问题收集整理

为了保证问卷的信度和效度，首先笔者大量阅读了国内外相关的文献，充分借鉴其他学者的研究成果和成熟的量表。尽管以往研究没有涉及“商业模式经营系统的柔性、对市场定位形成的控制、盈利设计的多元化”等构念，但商业模式的内涵及柔性研究、控制研究、文化创意产业相关研究的测量均给予本书很好的借鉴。因此，本问卷充分结合已有研究，并根据文化创意产业开放式商业模式多案例研究结果，形成相关调研题项。总体上，除了统计分析变量外，问卷包括以下三类变量。

1. 因变量。本书以“商业模式创新”作为因变量，目的是揭示开放式商业模式的实现机制。开放式创新下，组织可以撬动外部的资源，节省创新的时间，降低创新成本和分摊风险，同时将自身原有技术外向许可，从而增加自身的收益（Chesbrough，2007）。开放式创新需要商业模式的调整甚至创建全新的商业模式，获利性是开放式商业模式作用的终点。开放式商业模式作为“在开放式创新环境下价值创造与价值获取的逻辑”，为企业获得外部创意、全面开发企业内部创意提供了渠道，能够使企业获得更好的创新绩效。本书采用 5 级李克特量表测量文化创意企业的创新绩效。

企业创新绩效指标一直是管理学界争论的焦点，至今也没有形成统一的标准，呈现出多样化的态势（谢凤华、姚先国、古家军，2008）。本书对于创新绩效的衡量分为企业层面的创新绩效与产业层面的创新绩效，企业层面的创新绩效参考了丁岳枫（2006）对创新绩效衡量的三个指标，分别是新业务的开发数量、新业务数量占总业务数量的比重，及新业务销售收入占总销售收入比重，这三个指标体现了新业务在公司全部业务中的贡献度。同时，本书通过文化创意产业内的调研情况，以及聂品（2009）对创意组织创意绩效的测量，补充了文化创意企业在产业层面的创意绩效，初步形成创意绩效的题项。表 4 - 1 列出了初步的调研问题，并在后续的“专家分析”“模拟测试”等环节进行删减修订。

表 4 - 1　　因变量设计——创新绩效

编号	题项	来源
Y1	新业务的开发数量稳中渐长	丁岳枫，2006
Y2	新业务数量占企业业务总数量的比重	丁岳枫，2006
Y3	新业务销售收入占总销售收入的比重	丁岳枫，2006

续表

编号	题项	来源
Y4	本公司项目进度比直接竞争对手快、比行业平均水平快	聂品，2009
Y5	行业内，我们企业的作品往往被其他企业模仿甚至抄袭	聂品，2009
Y6	过去一年里，我们企业的作品在行业内重要的创意大赛上多次获奖	聂品，2009

2. 控制变量。控制变量是那些除了自变量之外，还会影响因变量的因素。由于本书主要探索文化创意产业商业模式实现机制，因此需要将其他"非商业模式"对创新绩效影响的因素排除。一般来说，控制变量包括企业规模、行业属性等（Lee，2001）。企业规模较大往往意味着具有较大的市场推广力度、研发投入、品牌信誉等，这些都会对企业创新绩效产生影响，企业规模常以"营业额""实有资本""员工人数"来衡量。文化创意产业作为一个泛产业概念，其包括了新闻与文学出版、广播影视、广告会展等细分行业。我们以北京市 2009 年出台的《文化创意产业发展专项资金管理办法》为依据，加入行业区间概括文化创意产业的各个细分行业，考虑新业务数量等因素会因行业差别而存在较大的差异。并将企业性质加入考虑范围，假定国有企业更有利于利用行业及政府资源，获得外部创意，从而考察我国文化创意国有企业的发展是否具有特殊性。同时，由于本书主题为商业模式，研究针对"组织"层面，但由于无法通过统计数据进行本书的假设验证，只能通过答卷人在"个人"层面所反映出来的组织问题，这需要对企业商业模式有全面了解的被调查人才能提供高质量的问卷，因此在控制变量中加入被调查人的职务一项。形成控制变量测量问题如表 4－2 所示。

表 4－2　控制变量设计

编号	题项	依据
C1	公司所属行业	《文化创意产业发展专项资金管理办法》
C2	调查人员的职务	本书需要
C3	公司员工人数	利（Lee，2001）
C4	公司上年营业额收入	利（Lee，2001）
C5	公司实有资本数	利（Lee，2001）
C6	公司所有制类型	利（Lee，2001）

3. 自变量。按前一章的分析，文化创意企业商业模式的三个环节的运转都会影响企业的创新绩效，我们将三个环节的运转效果用开放式商业模式循环调试效率来表示，在数值上定义“循环调试效率”为三个环节各自评分的“几何平均值”。文化创意产业开放式商业模式实现机制模型作为一个过程机理模型，各环节之间是串联关系，其中隐含的一大假设就是：如果任何一个环节出现低效率，那么整个过程的结果都不会很好。为了放大某一环节低效率所带来的影响，我们采用“几何平均值”来反映整体的“循环调试效率”，能够更好地体现当某一环节运转不畅时，对整体效率的较大影响。即用三个环节各自评分的乘积再开三次方表示文化创意企业开放式商业模式循环调试效率。

$$开放式商业模式循环调试效率 = \sqrt[3]{\begin{array}{l}经营系统柔性 \times 市场定位控制\\ \times 盈利设计多元化\end{array}}$$

对于这三个环节各自的评分可以借鉴已有量表及多案例研究结果进行问卷设计，同时本书还征求了相关专家和文化创意产业从业人员的意见，以对题项进行补充。通过因子分析的方法，判断文化创意企业商业模式作用过程中，是否存在本书提出的 3 个环节。

一是经营系统柔性。文化创意企业开放式商业模式的经营系统具备较好的适应性，能够与外部环境的不稳定、需求的快速变化以及技术的迅速发展相匹配，经营系统柔性不仅利于获取外部资源，更使得资源得以充分利用。根据上一章多案例分析结果，我们对经营系统柔性的衡量主要参考了柔性的操作化定义，即速度和多样性的表现（Wright & Snell，1998）。根据案例调研情况及已有研究的量表开发，在案例中突出反映了企业的能力柔性，及企业人力资源的柔性。本书重点参考了：能力柔性体现企业对机会的识别和把握，以及企业对环境变化作出反应的时间和成本，能力柔性可用适应变化的能力、利用变化的能力及制造变化的能力三个维度来衡量（王铁男、陈涛、贾镕霞，2011）。人力资源柔性的高低主要从速度和多样性两个维度来衡量，参考已有人力资源的成熟量表（Wright & Snell，1998）。接下来，笔者与文化创意企业高层经理人就题项内容进行了讨论，我们得到开放式商业模式经营系统柔性的测量题项，如表 4 – 3 所示。

表 4 – 3　　自变量设计——经营系统柔性

编号	题项	依据
X1 – 1	企业总是能发现现有知识产权的新用途	王铁男等，2011
X1 – 2	企业能够不断获取和处理新的知识产权	王铁男等，2011
X1 – 3	企业总是能够合理配置知识产权以应对快速多变的环境	王铁男等，2011
X1 – 4	企业的知识产权合作方式较为灵活	王铁男等，2011
X1 – 5	企业很多员工都拥有多种知识和技能并能将其用于不同的工作中	赖特和斯内伦（Wright & Snell，1998）
X1 – 6	企业很多员工都能自觉接受分配的不同工作	赖特和斯内伦（Wright & Snell，1998）
X1 – 7	企业员工能够根据环境变化和客户要求迅速改变其工作行为习惯	赖特和斯内伦（Wright & Snell，1998）
X1 – 8	企业员工能在很短时间内适应新的工作	赖特和斯内伦（Wright & Snell，1998）
X1 – 9	企业员工能在很短时间内掌握新的知识和技能并投入使用	赖特和斯内伦（Wright & Snell，1998）
X1 – 10	企业能够根据需要快速配置各类人员	赖特和斯内伦（Wright & Snell，1998）
X1 – 11	企业能够根据需要随时调整和改变员工行为	赖特和斯内伦（Wright & Snell，1998）
X1 – 12	企业能够快速实施不同的人力资源管理实践	赖特和斯内伦（Wright & Snell，1998）

二是市场定位控制。文化创意企业开放式商业模式市场定位的形成表现出系列的控制行为，这些控制行为将经营系统柔性所生成的价值主张的雏形再次与市场环境相匹配，从而筛选出具有发展前景的价值主张，明确新的市场定位。对市场定位形成的控制，本书参照了乔杜里和萨巴瓦尔（Choudhury & Sabherwal，2003）对控制行为的测量量表，对于量表中关于“自我控制”的衡量由于主要由员工层面反映，不符合本书问卷调查对象中高层经理人作答，在此省略，主要由案例分析反映出员工自我控制的情况。如雅昌公司工作人员对“感动客户”的自我要求，日本 C 社工作人员在面临新项目时对自我学习吸收的内在要求等。根据控制行为的测量量表，结合文化创意企

业多案例研究情况，我们得到文化创意产业开放式商业模式市场定位控制的测量题项，如表4-4所示。

表4-4　　自变量设计——市场定位控制

编号	题项	依据
X2-1	企业对新项目的执行要求有详细的项目计划	乔杜里和萨巴瓦尔（Choudhury & Sabherwal，2003）
X2-2	新项目实施前，企业会进行广泛的市场调研	乔杜里和萨巴瓦尔（Choudhury & Sabherwal，2003）
X2-3	新项目执行需要参照企业已有的产品开发经验	乔杜里和萨巴瓦尔（Choudhury & Sabherwal，2003）
X2-4	市场调研反馈对新项目能否实施很重要	乔杜里和萨巴瓦尔（Choudhury & Sabherwal，2003）
X2-5	企业对新项目是否采纳有成形的评价体系	乔杜里和萨巴瓦尔（Choudhury & Sabherwal，2003）
X2-6	项目实施时，企业会根据预先的指标对项目组进行评审及绩效考核	乔杜里和萨巴瓦尔（Choudhury & Sabherwal，2003）

三是盈利设计多元化。文化创意企业所形成的多元化产品与服务供给，为创新提供了更多的出口，从而实现文化创意产业的价值倍增效应，并呈现出从产品到产权再到增值的重心不断调整。对于盈利模式多元化的测量，我们依据案例研究结果，从产品、产权、增值三个方面进行整理，从案例调研中提取测量题项，并再次与业界专家、中高层经理人讨论，最终得到文化创意产业开放式商业模式盈利设计的测量题项，如表4-5所示。

表4-5　　自变量设计——盈利设计的多元化

编号	题项	依据
X3-1	企业积累了丰富的产品开发经验	本书整理
X3-2	企业有清晰的知识产权经营目标	本书整理
X3-3	企业有多个知识产权传播渠道	本书整理
X3-4	对于衍生产品开发，企业已有稳定的合作伙伴群	本书整理

续表

编号	题项	依据
X3 -5	企业对用户进行了精细化的管理	本书整理
X3 -6	企业非常重视与用户的互动	本书整理
X3 -7	企业不断推出新的用户活动及增值服务	本书整理
X3 -8	企业利用 Web2.0 技术搭建了用户服务平台	本书整理

（1）数字感知能力。数字感知能力在文化创意企业商业模式的经营系统柔性、市场定位控制、盈利设计及多元化这三个环节中都扮演着重要角色，数字感知能力使文化创意企业快速捕捉外部机会，形成新的价值主张，确定新的市场定位，从而实现更多的盈利模式。本书关于数字感知能力的测量，主要参考沃纳和瓦格（Warner & Waeger，2019）的研究，我们得出数字感知能力的测量题项，如表 4 -6 所示。

表 4 -6　　　　　自变量设计——数字感知能力

编号	题项	依据
X4 -1	企业能够洞察并识别出具有商业价值的数据源	沃纳和瓦格（Warner & Waeger，2019）
X4 -2	企业能够及时了解外界技术研发或产品生产的最新信息	沃纳和瓦格（Warner & Waeger，2019）
X4 -3	企业能够基于大数据发现市场竞争环境的变化	沃纳和瓦格（Warner & Waeger，2019）
X4 -4	企业能够较为准确地判断自身的数字化水平	沃纳和瓦格（Warner & Waeger，2019）
X4 -5	企业能够根据自身管理能力的强弱匹配数字化改进方案	沃纳和瓦格（Warner & Waeger，2019）

（2）数字运营能力。数字运营能力使文化创意企业通过分析数字信息从而重新定位，优化资源配置与业务流程，对产品和服务进行动态分析与柔性化调节，利用数字化的营销手段来增加盈利模式。对于数字运营能力的测量，本书参考了廷达尔等（Tindara et al.，2021）的研究，结合本书多案例的分析结果，最终得到关于数字运营能力的测量题项，如表 4 -7 所示。

表4-7 自变量设计——数字运营能力

编号	题项	依据
X5-1	企业能够抽象分析数字信息进行精准市场定位	廷达尔等（Tindara et al.，2021）
X5-2	企业能够利用数字化手段来优化业务流程或资源配置	廷达尔等（Tindara et al.，2021）
X5-3	企业能够为市场分析和客户体验提供数字化的营销管理策略	廷达尔等（Tindara et al.，2021）
X5-4	企业能够开展服务和资源的实时动态分析并进行柔性调节	廷达尔等（Tindara et al.，2021）
X5-5	企业通过数字工具和组件提高了商业智能决策的效率	廷达尔等（Tindara et al.，2021）

（3）数字协同能力。数字协同能力使文化创意企业能够快速洞察具有商业价值的数据源，了解外部市场最新的产品、服务等信息，洞察外部环境的变化，依据数字环境重新确定价值主张，调整市场定位，最终获得收益最大化。对于数字协同能力的测度，本书借鉴了王强等（2020）的研究，最终得出关于数字协同能力的测量题项，如表4-8所示。

表4-8 自变量设计——数字协同能力

编号	题项	依据
X6-1	企业能够洞察并识别出具有商业价值的数据源	王强等，2020
X6-2	企业能够及时了解外界技术研发或产品生产的最新信息	王强等，2020
X6-3	企业能够基于大数据发现市场竞争环境的变化	王强等，2020
X6-4	企业能够较为准确地判断自身的数字化水平	王强等，2020
X6-5	企业能够根据自身管理能力的强弱匹配数字化改进方案	王强等，2020

（二）专家分析

初步题项形成后，笔者先后邀请多位创新创业研究领域专家以及文化创意企业高级管理人对以上题项的选择及表述是否合理进行讨论。总体上，修改意见包括以下两类：一是有部分问题询问的是答卷人的主观判断，难以获得客观事实。如 X3－6“企业非常重视与用户的互动”，该题项使答卷者按照期望情况作答，建议改为“企业常常开展各种与用户互动的活动。”二是有部分问题难以符合文化创意产业现实情况。如 C1“贵公司所属行业”，文化创意企业高级管理人反映北京市对于文化创意产业的分类标准过于笼统，加上文化创意企业经营范围较为模糊，问卷的“贵公司所属行业”难以作答。如软件、网络及计算机服务与动漫、音乐、休闲娱乐乃至设计服务都有重叠，广播影视与动漫、设计服务、视觉艺术等难以划清界限，建议此题项问题改为“贵公司主要经营业务是”，并依据北京市分类标准将问卷分类标准进一步细化为：新闻与文学出版、广播影视、广告会展、表演艺术、软件及计算机服务、设计服务（包括工业设计、工程设计、建筑景观设计及时装设计）、艺术品或工艺品、动漫游戏、音乐、旅游及休闲娱乐、古玩和艺术品交易。文化创意企业所属行业的多样性正好验证了我们对于文化创意企业案例分析得出的“盈利模式的多元化”结论，可见文化创意企业充分利用知识产权的衍生性，可在多个领域获得收益。再如 C2，“您在贵公司的职务是”，文化创意企业高级管理人反映大多数文化创意企业员工有多个职务，这种现象在中高层管理人中更是明显，建议改为“您在贵公司的最高职务是”。文化创意企业员工身兼数职的现象也符合案例研究的结论，文化创意企业人员具有灵活性。

对于上述两类问题，我们逐一进行了修改，一方面将有多重意思的问题不断细化，另一方面对文字描述进行修订，尽量用客观事实的问题来进行询问，同时对业界管理人提出的实际问题进行仔细的斟酌，并将修改结果多次与管理人讨论，最终得到初始问卷。并在小规模模拟测试中，通过面对面地填写问卷，在现场对答卷人的疑问进行解答的同时进一步对问卷进行再设计。

（三）模拟测试及修改

模拟测试的目的在于使问卷的效度尽可能少地受到问卷设计过程中措辞或语法错误或失误的影响，本书通过模拟测试的方法对问卷内容进行了再次检视，并对问卷做了进一步修改，得到了预调研问卷。

本书模拟测试共发放问卷 30 份，有效问卷 30 份，有效率为 100%，问卷调查对象为文化创意产业管理人员与一般员工。在问卷发放之前，我们与这些潜在的预测对象，即文化创意企业的文化创意产业管理人员与一般员工进行了预约并取得了其同意，同时向他们细致说明了本次测试的目的与内容。模拟测试全部采用当面发放、填写与回收的程序。在模拟测试中，答卷人对问卷内容给予了积极反馈，整合答卷人意见，本书对初始问卷进行了以下调整：

X1－2：“企业能够不断获取和处理新的知识产权”改为“企业知识产权常应用于新的领域”。

X1－3：“企业总是能够合理配置知识产权以应对快速多变的环境”改为“企业根据市场反馈灵活配置已有资源用途”。

C4：“企业上年营业额收入”不方便填写建议删除。

C5：“企业实有资本数”不方便填写建议删除。

基于答卷人反馈，对问卷做了再次修改，保留了 4 项控制变量，修改了 X1－2，X1－3。

| 第五章 |

统计实证分析

一、信效度检验

（一）信度检验

美国心理学会把信度定义为“测量的结果免受误差影响的程度”（American Psychological Association，1985）。在研究中，我们需要用信度去评价测量结果的一致性程度、稳定性及可靠性，从而估计误差对于整体测验的影响。信度可以看作真实得分在测验分数中的比例。随机误差越大，我们测验得分与真实分数之间的差距越大，所得到的测量结果也就越缺乏信度，不可靠。本书采用克朗巴赫（Cronbach）α 系数来衡量量表的信度。Cronbach α 系数介于 0 ~ 1，测量指标间的相关性越高，它们的共同变异量越大，则测验的信度越高，当这些测量指标完全不相关时，它们的共同变异量为零，测验的信度也为零。信度的值越大，则表示内在信度越高，按照经验判断方法，保留在变量测度量表中的所有题项的 α 系数应该大于 0.7（Hinkin，1998）。

对商业模式的经营系统柔性、市场定位控制力、盈利模式的多元化；数字能力的数字感知能力、数字运营能力、数字协同能力及创新绩效等变量的内部一致性信度进行检验，检验结果可靠性系数都在 0.85 以上，均高于 0.70，表明测量是可靠的，能够测量潜在的构念，如表 5 – 1 所示。

表 5-1 构念信度

构念	Cronbach α	N of Items
经营系统柔性（X1）	0.951	12
市场定位控制力（X2）	0.905	6
盈利模式多元化（X3）	0.928	8
数字感知能力（X4）	0.898	5
数字协同能力（X5）	0.891	5
数字运营能力（X6）	0.902	5
创新绩效（Y）	0.906	6

（二）效度检验

效度是指量表的指标能够真正衡量研究人员所要衡量的事物的真实程度，常用的效度有内容效度和结构效度两种。其中内容效度是指测验内容在多大程度上反映或代表了研究所要测量的构念（Haynes，Richard & Kubany，1995）。在三种情况下，测验的内容效度会受到损害：一是遗漏了一些反映构念内容的测量指标；二是包含了一些与构念内容无关的指标；三是在估计构念的不同成分对测验分数的影响时出现偏颇。为了提高本书的内容效度，我们采取了以下两个措施：一是量表是在文献研究和实地访谈的基础上制定的，并请创新创业研究的专家和文化创意企业管理人员对问卷内容进行了评价，因此研究所采用量表的内容效度比较高；二是在做正式的调查之前，进行了小规模的预调查，并根据分析结果修改了问卷，也有助于内容效度的提高。

对于结构效度的评价，我们主要通过探索性因子分析。我们通过将所有测量指标一起进行因素分析，再由所得到的因素负荷值来判断构念效度的好坏。若测量同一维度的指标因素负荷量越大（通常需要高于 0.5），同时在其他维度上的因素负荷越小，则表示该测验的构念效度越高。通过探索性因素分析，我们可以发现与测量内容没有关系的指标（如因素负荷非常低），或者不符合研究者预期的指标（如出现负向的因素负荷或最大负荷没有落在所测量的因素上等）。一般研究在探索性因子分析之后，还需要进行验证性因子分析，验证性因子分析是带有假设检验性质的分析方法，是对于测量模型的一种考验，由于本书验证的内容是“文化创意企业数字能力对商业模式创新的影响”，而不是具有假设检验的结构模型，验证的内容是通过统计实证的方法进一步提高普适性，而不是观察测量指标与假设模型的契合程度，因此本书没有进行验证性因子分析，仅通过探索性因子分析来判断构念的效度。

1. 将商业模式的经营系统柔性、对市场定位的控制力以及盈利模式的多元化的测量项目放入因子分析，让其自动进行因子聚合，分析结果如下 。

（1）KMO 和巴特利球形检验。如表 5－2 所示，KMO 度量值为 0.954，大于 0.8，说明商业模式量表数据非常适合进行因子分析。巴特利球形检验近似卡值为 5214.002，自由度为 325，P 值为 0.000，小于 0.01，通过了显著水平为 1% 的显著性检验。由此可知商业模式量表数据非常适合进行因子分析。

表 5－2　　　　商业模式的 KMO 和 Bartlett 的检验

取样足够度的 Kaiser-Meyer-Olkin 度量		0.954
Bartlett 的球形检验	近似卡方	5214.002
	Df（自由度）	325
	Sig.（显著性）	0.000

（2）主成分提取。由表 5－3 可知，初始特征值大于 1 的因子一共有 3 个，累计解释方差变异为 66.261%。说明 26 个题目提取的 3 个因子对于原始数据的解释较为理想。其中因子 1 的特征值为 11.256，解释方差百分比为 43.291%；因子 2 的特征值为 3.387，解释方差百分比为 13.029%；因子 3 的特征值为 2.585，解释方差百分比为 9.942%。

表 5－3　　　　商业模式主成分提取的解释总方差

成分	初始特征值			提取载荷平方和			旋转载荷平方和		
	总计	方差百分比（%）	累积（%）	总计	方差百分比（%）	累积（%）	总计	方差百分比（%）	累积（%）
1	11.256	43.291	43.291	11.256	43.291	43.291	7.658	29.453	29.453
2	3.387	13.029	56.319	3.387	13.029	56.319	5.405	20.787	50.240
3	2.585	9.942	66.261	2.585	9.942	66.261	4.165	16.021	66.261

续表

成分	初始特征值			提取载荷平方和			旋转载荷平方和		
	总计	方差百分比（%）	累积（%）	总计	方差百分比（%）	累积（%）	总计	方差百分比（%）	累积（%）
4	0.627	2.413	68.674						
5	0.562	2.162	70.836						
6	0.530	2.040	72.876						
7	0.523	2.013	74.889						
8	0.500	1.924	76.812						
9	0.492	1.891	78.703						
10	0.479	1.841	80.545						
11	0.449	1.728	82.273						
12	0.422	1.621	83.894						
13	0.399	1.533	85.427						
14	0.388	1.491	86.919						
15	0.371	1.428	88.346						
16	0.348	1.340	89.686						
17	0.338	1.301	90.987						
18	0.320	1.230	92.218						
19	0.308	1.184	93.402						
20	0.298	1.145	94.547						
21	0.288	1.108	95.655						
22	0.265	1.020	96.675						
23	0.249	0.956	97.631						
24	0.229	0.882	98.512						
25	0.205	0.788	99.300						
26	0.182	0.700	100.000						

注：提取方法为主成分分析法。

（3）旋转成分矩阵。根据表 5－4 旋转矩阵可以判断各个题目的因子归属。其中，X1－1 到 X1－12 都聚在因子 1 上，X2－1 到 X2－6 都聚在因子 2 上、X3－1 到 X3－8 都聚在因子 3 上，表明这些因子可以解释构念。

表 5－4　　商业模式旋转后的成分矩阵

题目	成分		
	1	2	3
X1－1	0.735		
X1－2	0.764		
X1－3	0.790		
X1－4	0.784		
X1－5	0.775		
X1－6	0.776		
X1－7	0.787		
X1－8	0.727		
X1－9	0.807		
X1－10	0.778		
X1－11	0.784		
X1－12	0.752		
X2－1		0.778	
X2－2		0.793	
X2－3		0.791	
X2－4		0.786	
X2－5		0.800	
X2－6		0.764	
X3－1			0.812
X3－2			0.772
X3－3			0.794
X3－4			0.736
X3－5			0.759
X3－6			0.769
X3－7			0.773
X3－8			0.781

注：提取方法为主成分分析法；旋转方法为凯撒正态化最大方差法。

2. 将数字能力的数字感知能力、数字协同能力及数字运营能力的测量项目放入因子分析，让其自动进行因子聚合，分析结果如下。

（1）KMO 和巴特利球形检验。由表 5－5 可知，KMO 度量值为 0.917，大于0.8，说明数字能力量表数据非常适合进行因子分析。巴特利球形检验近似卡值为2691.249，自由度为105，P值为0.000，小于0.01，通过了显著水平为1%的显著性检验。由此可知数字能力量表数据非常适合进行因子分析。

表5-5　　　　数字能力的KMO和Bartlett的检验

取样足够度的 Kaiser - Meyer - Olkin 度量		0.917
Bartlett 的球形检验	近似卡方	2691.249
	Df（自由度）	105
	Sig.（显著性）	0.000

（2）主成分提取。由表5-6可知，初始特征值大于1的因子一共有3个，累计解释方差变异为71.248%。说明15个题目提取的3个因子对于原始数据的解释较为理想。其中因子1的特征值为7.049，解释方差百分比为46.993%；因子2的特征值为1.981，解释方差百分比为13.206%；因子3的特征值为1.657，解释方差百分比为11.050%。

表5-6　　　　数字能力主成分提取的解释总方差

成分	初始特征值			提取载荷平方和			旋转载荷平方和		
	总计	方差百分比（%）	累积（%）	总计	方差百分比(%)	累积（%）	总计	方差百分比（%）	累积（%）
1	7.049	46.993	46.993	7.049	46.993	46.993	3.605	24.035	24.035
2	1.981	13.206	60.199	1.981	13.206	60.199	3.545	23.632	47.667
3	1.657	11.050	71.248	1.657	11.050	71.248	3.537	23.581	71.248
4	0.557	3.713	74.962						
5	0.464	3.093	78.054						
6	0.449	2.990	81.045						
7	0.400	2.667	83.712						
8	0.390	2.603	86.315						
9	0.373	2.487	88.802						
10	0.339	2.262	91.064						
11	0.320	2.135	93.199						
12	0.286	1.910	95.109						

续表

成分	初始特征值			提取载荷平方和			旋转载荷平方和		
	总计	方差百分比（%）	累积（%）	总计	方差百分比（%）	累积（%）	总计	方差百分比（%）	累积（%）
13	0.279	1.859	96.967						
14	0.247	1.646	98.613						
15	0.208	1.387	100.000						

注：提取方法为主成分分析法。

（3）旋转成分矩阵。根据表 5－7 旋转矩阵可以判断各个题目的因子归属。其中，X1－1 到 X1－5 都聚在因子 1 上，X2－1 到 X2－5 都聚在因子 2 上、X3－1 到 X3－5 都聚在因子 3 上，表明这些因子可以解释构念。

表 5－7　　　数字能力旋转后的成分矩阵

题目	成分		
	1	2	3
X1－1	0.764		
X1－2	0.845		
X1－3	0.800		
X1－4	0.767		
X1－5	0.796		
X2－1		0.764	
X2－2		0.788	
X2－3		0.785	
X2－4		0.838	
X2－5		0.796	
X3－1			0.783
X3－2			0.762
X3－3			0.805
X3－4			0.818
X3－5			0.798

注：提取方法为主成分分析法；旋转方法为凯撒正态化最大方差法。

另外，对因变量创新绩效也进行了探索性因子分析，结果如表 5－8 所示。经因子分析聚合为单一因子，对应 KMO 系数为 0.919，Bartlett 的球形检验也都显著（P<0.001），由于是单因子，本书就不再阐述。

表 5-8　　创新绩效的 KMO 和 Bartlett 的检验

取样足够度的 Kaiser-Meyer-Olkin 度量		0.919
Bartlett 的球形检验	近似卡方	964.404
	Df（自由度）	15
	Sig.（显著性）	0.000

二、假设检验

为了初步探索变量间的相关程度，本书首先计算了自变量、控制变量、调节变量和因变量之间的简单相关关系，其结果如表 5-9 所示。

表 5-9　　测量题项间的相关系数矩阵

项目	C1	C2	C3	X	O	Y
C1	1					
C2	0.024	1				
C3	0.055	0.023	1			
X	-0.016	-0.026	0.042	1		
O	0.031	-0.062	0.053	0.695**	1	
Y	-0.028	0.014	0.048	0.487**	0.540**	1
均值	3.264	2.101	1.861	3.374	3.361	3.278
标准差	1.610	0.945	0.968	0.764	0.829	0.961

注：* $p<0.05$，** $p<0.01$，*** $p<0.001$。C1 为公司所属行业，C2 为公司员工人数，C3 为公司所有制类型，X 为商业模式，O 为数字能力，Y 为创新绩效。

表 5-9 数据显示，自变量与因变量之间具有很大的正相关性，从一定程度上可以反映文创企业数字能力对商业模式有积极影响，并对创新绩效也产生积极影响。

如表 5-10 所示的回归分析探索了自变量与因变量之间更多的关系。首先对控制变量（C1、C2、C3）对因变量做回归分析，回归系数均不显著；

加入自变量 X 进行回归分析，解释力十分显著，进一步验证了商业模式实现机制是创新绩效的重要影响因素；加入自变量 O 进行回归分析，解释力十分显著，进一步验证了数字能力是创新绩效的重要影响因素；又加入自变量 X 与自变量 O 的交互项进行回归分析，解释力十分显著，进一步验证了数字能力和商业模式的融合是创新绩效的重要影响因素。

表 5－10　　多元回归分析

项目	创新绩效			
	模型 1	模型 2	模型 3	模型 4
常量	-0.060	-0.066	-0.049	-0.301
C1	0.049	0.028	0.021	0.068
C2	-0.018	-0.013	-0.028	-0.023
C3	0.014	0.027	0.049	-0.010
X		0.612***		
O			0.630***	
X×O				0.621***
R^2	0.003	0.240	0.296	0.179
ΔR^2	0.003	0.236	0.293	0.176
F	0.323***	22.284***	29.798***	15.442***

注：* $p<0.05$，** $p<0.01$，*** $p<0.001$。

研究结果验证了“文化创意企业数字能力与商业模式创新之间的交互对创新绩效呈现显著的正相关关系”。同时发现，对于有较高的数字能力的企业而言，商业模式创新可带来较高的创新绩效，但是对于数字能力较低的企业，商业模式创新对增加创新绩效没有作用。

三、对结果的讨论

（一）对商业模式影响创新绩效的讨论

用商业模式经营系统柔性、市场定位控制力与盈利设计多元化三个环节反映的商业模式循环调试效率正向调节企业的创新绩效得到了较好的验证。

对于文化创意企业而言，充分地保证经营系统的柔性有利于企业发现一些潜在的需求，生成一些潜在的价值主张，从而使得企业的经营有“多个支撑点”，但是从案例中我们发现这种经营系统的柔性是紧密围绕消费者的共鸣开展的，并且基于动态的知识产权管理过程，以企业对工作人员的灵活安排以及工作人员的灵活表现来体现，这些特殊性在设计经营系统柔性指标的过程中没有完全考虑进去。一是因为现有量表的借鉴性主要集中在资源柔性与能力和人力资源柔性上，为了提高测量的效度我们尽可能地延续已有研究成果；二是量表开发的工作在本次研究因为时间的限制不能够充分地开展，还有望在将来的研究中陆续去完成。除此之外，市场定位的控制性是对企业“生长点的培育”过程，对于它的测量一方面要考虑到这种控制力的效果，另一方面还应该包括控制力与灵活性的平衡关系，这种平衡关系是经营系统柔性与市场定位控制力之间的相互协调所达到的平衡状态，也有待在将来的研究中去完善。而对于盈利设计的多元化，是保障企业多个生长点的成熟，并且根据盈利设计去调整重心的过程，它除了包括企业应该具有多元化的盈利模式外，还需要包括前边两个环节与盈利设计的联动性，本书是按照案例研究结果从产品—产权—增值经营的重心调整来设计问卷，然而由于不同的企业处于不同的重心，重心点调整的分析需要长时间观察一家企业的变化，通过大样本的检验难以得到体现。

同时，本书的统计实证发现，企业规模较大往往意味着具有较大的市场推广力度、研发投入、品牌信誉等，这些都会对文创企业创新绩效产生影响，而从文化创意产业这个新兴领域来看，绝大多数企业都是中小企业，其创意能力比较强，但由于资金、品牌、渠道等关系，往往难以将创意转化为很好的绩效。而规模较大的企业，能够充分发挥规模优势，不仅能有效激励企业内部创意，更容易从外部获得创意。

从创新绩效的测量上看，其各项的均值分别如表 5 – 11 所示，体现出目前我国文创企业的原创能力还不高，还有待进一步的加强。

表 5 – 11　　　　　　　　　对创意绩效的测量结果

题目	问题	完全不符合	不太符合	难以确定	比较符合	非常符合	样本	众数	均值
1	新业务的开发数量稳中渐长	10	78	78	76	46	288	2	3.24
2	新业务数量占企业业务总数量的比重增加	14	72	77	78	47	288	4	3.25
3	新业务销售收入占总销售收入的比重增加	11	80	62	81	54	288	4	3.30
4	本企业项目进度比直接竞争对手快、比行业平均水平快	8	89	53	82	56	288	2	3.31
5	行业内，本企业的作品往往被其他企业模仿甚至抄袭	13	75	65	79	56	288	4	3.31
6	过去一年里，本企业的作品在行业内重要的创意大赛上多次获奖	10	91	60	70	57	288	2	3.25

（二）对数字能力影响创新绩效的讨论

数字化能力的三个子维度数字感知能力、数字运营能力和数字资源协同能力与商业模式创新之间均有显著的正相关关系。这一研究结论具有重要战略意义，表明在数字经济环境下，数字经济本身无法直接驱动商业模式创新，文创企业需要基于数字经济在供给端、需求端和供需关系三方面蕴含的商业模式创新机会，充分构建、培育和利用数字感知能力、数字运营能力和数字资源协同能力，来感知、发现、识别、利用数字技术，构建数字化解决方案并整合协同数字化资源，来驱动商业模式创新的可持续发展。

但是数字能力不仅仅指的是运用数字技术的能力，还包括协调各种资源的能力，因而文创企业需要充分理解数字能力的含义，将数字能力的感知、运用、协同结合起来提升创新绩效。同时要避免数字能力带来的陷阱，把握数字能力的度，尤其是数字能力带来的开放度，企业竞合理论的存在，表明文创企业在运用数字能力提升创新绩效的时候，不能完全陷入数字网络之中，也不能完全不进入，这个“度”需要企业管理者把握好，这样才能有效提升创新绩效。

（三）对数字能力和商业模式交互影响创新绩效的讨论

同时数字能力和商业模式循环调试交互正向调节企业创新绩效也得到了验证，这也是对数字商业模式实现的一个很好的佐证。

数字能力和商业模式的交互正向影响文创企业创新绩效表明，数字经济时代，文创企业单纯地进行商业模式变革对创新绩效的影响；单纯地运用数字技术对创新绩效虽都是正向影响，但是其影响程度明显低于二者共同作用于创新绩效。数字经济时代下，文创企业要充分运用数字能力来感知市场的变化，了解市场需求变化，与客户直接沟通对话，充分了解客户个性化的需求，从而通过数字协同能力来合理配置资源，满足客户个性化需求；借助数字运营的优势，比如数字营销网络的搭建，数字研发、管理等平台的搭建，将客户、供应商、生产商、研发者都集中在一个网络中，实时共享信息、降低成本，创造、捕获价值。

| 第六章 |

研究结论和贡献不足

一、研究结论

随着云计算、大数据、区块链和人工智能等数字技术的快速发展，数字能力成为企业发展和创新创业的重要能力。数字转型和数字创业正在不断引领新兴产业发展、推动社会制度变迁和驱动经济增长。在数字经济时代，数字化带来了更多新型的机会，也重构了商业模式的传统逻辑。

文创企业作为集文化、知识、创意为一体的新兴组织形态，具有低门槛进入优势，是创新创业的重要活力。特别是对于一些文化资源禀赋优异的地区，文化创意产业更是引领地方经济发展的支柱性产业。但是，在文创产业高速发展的过程中，一些问题也日渐凸显，其中商业模式创新成为行业突出的难题。数字时代为文创企业商业模式创新带来新的机遇与挑战，文创企业基于数字能力创新商业模式引发行业变革的现象频频发生，但相关研究较为匮乏，数字能力对于文创企业的特殊作用尚未得以剖析，其对商业模式的影响机制仍有待进一步挖掘和探索。

因此，本书探索文创企业如何应用数字能力来推动数字机会与资源间的互动，剖析数字能力与商业模式创新的作用机制。其内容包括：首先结合已有的理论和观点，对文创企业的数字能力和商业模式创新进行深入探讨；其次，从实践中，文创企业基于强大的数字能力构建颠覆式商业模式创新引发行业变革的现象入手，通过对成功案例的归纳探索，提出实证框架；最后，从更普遍的意义上，以北京市文创企业为样本，开展深入、系统的实证分析。

全球经济飞速发展的几十年间，一系列经济与社会变革珠璧交辉，从而催生了一套全新的工作和生活方式，开启了创意经济的新时代。文化创意产业的崛起不仅能够满足人们的精神需求，有效地刺激内需，开创新的消费市场，更重要的是文化创意产业能够充分地带动其他产业的发展，促进产业创新和产业结构的优化，从而推动经济发展方式的转变。因此，发展文化创意产业成为我国当前提升产业竞争力、增强国家软实力、发挥群众创造力的必要途径。而目前我国已经进入文化大发展、大繁荣，大力发展文化创意产业的重要历史时期，这个阶段既是大型文化创意企业盘活存量、重新洗牌的机遇期，也是个人创业、建立中小文化创意企业的大好时期。

在这样的背景下，文化创意企业如何把握产业特性，创造价值、获取价值成为业界急需解答的问题。文化创意企业的发展离不开商业模式的支持，数字经济时代，“文化创意产业应该采取什么样的商业模式?”“文化创意产业的理想商业模式的内涵及构成是什么?”“这种理想的商业模式是如何实现的?”商业模式实现机制的研究具有重要的现实意义。

为解决这些问题，本书首先从前人的相关文献入手，对文化创意产业、商业模式及商业模式创新、数字商业模式三个主题的文献进行综述。发现数字商业模式对于本书具有重要的借鉴意义。因此从文化创意产业特性分析入手，探讨了数字商业模式中的开放性对文化创意产业的适用性，开放式商业模式是文化创意产业数字商业模式的一个理想选择。继而按照“元模式”“子模式”“实例模式”的分析框架逐步深入，得出文化创意产业数字商业模式从宏观到微观的全景图。

其次，本书在前人研究提出的基于资源观的商业模式分析框架下，采用案例跟踪的形式，对文化创意企业三个典型成功案例：中国雅昌集团有限公司、日本C社、北京重力聿化影视有限公司的商业模式进行了调研，通过规范化的案例分析，得出文化创意企业数字商业模式的实现过程中各要素的变化及相互间的联系，同时进一步提炼共性，得出数字能力与商业模式融合形成的数字商业模式。

在文化创意产业商业模式开放的过程中，客户关系的情感共鸣是一个重要的起点，正是由于客户关系的进一步升华，使得企业获得了大量的外部知识产权。企业围绕知识产权开展了灵活的企业资源活动配置，多个潜在生长点得以形成，企业经营形成“多点支撑”的格局，在这一不断循环的过程中，企业通过对市场定位形成的控制力，着重培养具有发展潜力的生长点，文化创意企业提供的价值主张呈现从信息价值为主到体验价值为主到文化价值为主的进化，这两个环节相互衔接并交融进行，使得外部资源不断被企业利用并开发。同时企业要形成多元化的收入来源，并能根据市场的变化，对收入来源的重点进行适时的设计，收入重点的变化体现出从产品到产权再到围绕消费者的增值经营的总体趋势。

围绕这三个环节，我们发现在第一个环节中主要发生变化的要素大多处于经营系统的范围，表现出充分的灵活性，从而形成企业经营的多个支撑点；第二个环节的变化主要存在于市场定位的范围中，表现出对新市场定位形成的控制力，以此来培育生长点；第三个环节的变化主要存在于盈利模式内，是多元化收入来源基础上的盈利重心的不断调整，并呈现出从产品经营到产权经营再到围绕消费者的增值经营的重心调整过程。以此我们得到开放式商业模式过程中这三个环节的循环运转逻辑，体现出企业开放式商业模式的过程是一个内外耦合的动态变化过程。

最后，通过三个案例的演绎归纳，我们发现数字感知能力、数字运营能力、数字协同能力都交互影响着这三个环节的循环。文化创意企业在数字感知能力的加持下，能快速洞察市场需求的变化，洞察消费者的个性化需求，快速捕捉市场机会，并根据洞察到的信息形成新的价值主张，其更加注重客户的中心地位，以客户为中心，注重客户的体验；同时也更加注重数字技术的作用，从而对企业产品和服务重新进行定位。同时带来的是企业经营模式的改变，数字经济时代企业精英更多地需要内外部资源的整合，而数字协同能力有助于企业获取外部资源，并进行内部吸收协调，这种联系使得企业资源在一个数字网络中得到重新配置，然后再利用数字平台或者其他数字运营网络进行销售，从而获得多渠道的来源。这样，在数字能力的影响下，企业的价值主张发生变化，从而使价值创造和价值获取发生变化，其具体表现为商业模式的市场定位的变化、经营系统的柔性以及盈利模式的多样化、数字化。

案例研究通过对现象厚实的描述，有利于我们探索文化创意产业数字商业模式的过程，发现其中“数字感知能力＋数字协同能力＋数字运营能力”

的动力机制。同时为了进一步提高案例研究提出的实现机制的普适性，我们通过统计实证分析来进行一定程度的检验“数字商业模式实现机制”的合理性，本书将三个环节作用过程转化为适合于数理统计分析的概念模型，并在此基础上设计和进行问卷调查。通过回归分析验证了由文化创意企业数字商业模式实现机制能够正向提高企业的创新绩效，文化创意企业数字商业模式实现机制得到一定程度的佐证。

本书还重点讨论了文化创意企业商业模式的重要内容“知识产权管理”（见图6－1），文化创意产业的知识产权管理是与商业模式相互协调的动态匹配过程。通过案例分析得到，知识产权管理的内涵是知识产权管理与灵活企业活动的结合体，知识产权获得的重要途径是企业外部的客户，而客户关系发生“情感上的共鸣”是从外部获得知识产权的重要起点。

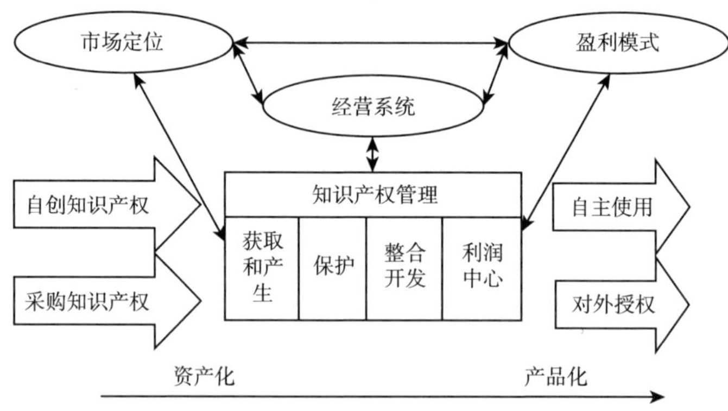

图6－1　文化创意产业开放式商业模式框架下知识产权管理过程

另外，本书通过活生生的例子，对文化创意产业已有研究提出的“文化与科技的融合”“文化创意产业的带动性”等描述性结论进行了深入的补充，更有利于研究者从实质入手加深对现象的理解。

二、理论贡献

第一，数字商业模式是文化创意企业的一个理想商业模式类型，本书给出了文化创意产业数字商业模式从宏观到微观的构成体系。商业模式作为一个大伞构念，呈现出众说纷纭的现象，对文化创意产业商业模式的已有研究也是各有侧重，没有形成一个统一的框架，如从价值链角度分析价值创造逻辑，从盈利能力方面分析收入模式等。本书首先深入分析了文化创意产业的内涵及特点，结合商业模式类型研究，发现数字的商业模式对于文化创意产业具有重要的现实意义。其次，根据“数字感知能力—数字协同能力—数字运营能力”和“市场定位—经营系统—盈利模式”的价值三角形逻辑与目前管理学界普遍认可的商业模式九要素模型，结合数字商业模式特性，提出数字商业模式“元模式”构成体系，与文化创意产业特性相结合的文化创意产业数字商业模式“子模式”构成体系，以及在具体实施中的文化创意企业数字商业模式“实例模式”。这种从抽象到具体的分析，有利于我们厘清产业层面的商业模式特性和企业实施层面的商业模式特性，形成文化创意产业商业模式宏观到微观的构成体系，较好回答了“数字商业模式对于文化创意产业的适用性?”“数字商业模式的内涵及构成?”等问题，为后续更加深入的研究提供理论基础。

第二，本书提出了“实现机制模型”，揭示了文化创意企业数字商业模式的过程，弥补了已有对数字商业模式的研究缺乏过程机制的描述，同时为文化创意产业和文化创意企业管理理论提供了补充与拓展。目前，文化创意产业发展较快，但其理论研究却相当薄弱，特别是管理学领域对文化创意产业的研究，较多集中在发展模式、知识产权保护等方面，多为描述性讨论。本书通过实地企业调研，发现了文化创意企业数字商业模式过程中各要素的变化及相互之间的联系，提出了文化创意产业数字商业模式的过程是在“数字感知能力＋数字协同能力＋数字运营能力”动力机制下所呈现的“经营系统柔性、市场定位控制力、盈利设计多元化”三个环节的交互运转。以此为基础，对数字商业模式的实现机制进行了大样本检验，从一定程度上对数字商业模式实现机制进行佐证。这些研究结果进一步解释了已有学者提出的“内外耦合”的过程，并进一步拓展了有关文化创意产业和文化创意企业领域的研究。

第三，本书将知识产权管理与商业模式联系起来，提出知识产权管理是随着商业模式实现机制三个环节的循环而变化的动态管理过程，为文化创意产业知识产权管理的相关研究提供了重要的借鉴和指导。知识产权作为文化创意产业的核心资产，是文化创意产业的重要组成部分，是产业盈利的关键。以往研究多从宏观层面对“知识产权的保护对文化创意产业发展的重要性”进行探讨，深入企业实施层面如何激发知识产权价值的研究较少。本书不仅深入探讨了知识产权管理的具体内容，更重要的是契合了商业模式的运转过程，通过生动的案例分析，剖析了知识产权管理的具体实施及其与商业模式其他要素间的关系，包括知识产权的产生与获取、保护、整合开发、利润中心四个阶段，知识产权管理处于经营系统的核心位置并有效衔接市场定位与盈利模式，知识产权管理随着企业的商业模式作用而动态调整的过程，同时企业客户关系进入情感共鸣阶段，是企业获得大量外部知识产权的重要起点，这为以后文化创意企业知识产权管理的深入研究提供了铺垫。

第四，本书发现了在开放式商业模式过程中即兴的重要性。以往对于即兴的研究大多关注的是企业内部封闭情境下的组织现象，却很少探讨开放情境下即兴现象的作用和意义。案例日本 C 社表现出一个商业模式即兴开放的过程，这个过程是在企业没有事先规划的情况下，整合外部资源与分享内部资源交织在一起的过程。即兴行为不但普遍存在于组织，而且对组织具有相当的价值，有利于组织抓住稍纵即逝的机会（Moorman & Miner，1998）。数字经济时代，以客户为中心，信息及时性，有利于企业把握大量信息并快速作出反应，这也就是所谓的即兴能力。因此本书对即兴数字及数字能力在商业模式创新中所起的作用等进行了前期的研究与探索。

第五，数字能力作为数字化背景下文化创意企业探索的新方向，对文化创意企业发现数字机会并积极创造数字机会，从而推动文化创意企业商业模式创新具有重要的理论和实践意义。在数字环境下，文化创意企业的数字能力对商业模式创新是否具有显著作用？具体的作用路径是什么？其作用机制及边界条件是什么？变量之间的作用关系如何？这些问题的解答，有助于揭示文化创意企业数字能力与商业模式创新之间的影响机制，进一步丰富数字能力和文化创意企业商业模式创新的理论研究。北京文化资源禀赋突出，文化创意产业已经成为北京第二大支柱性产业，对文化创意企业数字能力对商业模式创新的影响研究，能为北京在数字经济背景下发展文化创意产业提供相关的政策启示。

三、实践贡献

本书分析了文化创意产业一种理想的商业模式——数字商业模式，并且给出了文化创意产业如何构建数字商业模式的体系，对文化创意产业及文化创意企业选择什么样的商业模式，设计什么样的商业模式具有重要的实践意义。

第一，实践中，缺乏有效的商业模式支持严重束缚了文化创意企业的进一步发展。本书给出了一种文化创意企业理想的商业模式——数字商业模式。因此在文化创意企业设计商业模式的时候，可以直接聚焦在数字的商业模式上。同时本书给出了数字商业模式的内涵与构成体系，并结合文化创意产业特性给出了能够代表这一类特殊行业的商业模式构成体系，为商业模式设计时揭开了文化创意产业数字商业模式的黑匣，有利于文化创意企业形成完整的商业模式逻辑。

第二，在企业实现数字商业模式的方式方面，文化创意企业需要着重思考如何利用数字能力，改变传统的客户关系，从而充分获得外部的资源。通过"经营系统柔性、市场定位控制、盈利设计多元化"三个环节形成"数字感知能力+数字协同能力+数字运营能力"的动力机制，从而推动数字商业模式的实现。对于商业模式自身，设计得再好的商业模式也不可能永恒，商业模式必须根据企业内外形势的变化及时作出调整和变化。根据企业实际情况的不同，具体的商业模式创新异彩纷呈，但本书给出了一种数字商业模式的实现方式，是文化创意企业着重考虑如何充分从企业外部整合资源，企业内部加大商业模式经营系统的柔性，提高市场定位的控制效果，设计多元化的盈利模式，并适时调整经营的重心，从而推动商业模式的数字化、开放化。

第三，在文化创意企业管理层面，文化创意企业应注重优化商业模式实现机制的三个环节，充分利用数字感知能力、数字协同能力和数字运营能力，以提升其创新绩效。具体的管理策略如下：一是转变决策式的管理方式，重视运用数字感知能力来感知机会和预测未来，企业管理需要将一线人员的全新理念整合到企业发展的统一战略框架之中；二是加强复合型人才的培养，以灵活的项目制作为创新的源泉；三是充分利用信息技术，增强企业资源获取的能力与产品服务能力；四是积极纳入消费者参与企业市场定位的明确目标等。同时本书深入剖析了三个文化创意产业成功企业案例，也为文化创意企业数字商业模式提供了鲜活的参考。

第四，在文化创意产业管理层面，产业政策和文化创意产业园区建设应注意搭建数字平台，以帮助企业完成数字商业模式的循环运转。从本书看，文化创意产业数字商业模式实现机制更有利于企业从外界获取资源实现创新绩效，可见文化创意企业并不是孤立无援，而是在商业运作中通过价值网络获取资源、分享资源创造价值。因此从文化创意产业管理层面，管理的目的不是条条框框的限制，而是更好地为企业搭建数字平台，构建数字网络，让企业能更加有效地获取资源，从而加速商业模式实现机制三个环节的运转。对于产业政策制定及园区建设时，应考虑形成资源池，促进文化创意企业间形成缔结合作关系，从而推动数字经济背景下中国文化创意产业的整体发展。

四、局限与未来展望

本书综合运用了文献分析、案例研究、数理统计等多种研究方法，按照规范化的研究路径对“文化创意产业数字商业模式实现机制”进行了剖析，解析了数字商业模式对于文化创意产业的适宜性。这种数字商业模式的内涵及构成体系，以及这种数字商业模式是如何实现的等问题，得到了一些有意义的结论。但在研究的过程中，我们也发现本书仍存在一些局限之处，需要在未来的研究中不断改善，并且逐步深化。这些局限或未来值得改善的地方包括以下几个方面。

第一，在研究深度上，需要拆分商业模式大伞构念，对各个环节的内在机理进行更为深入的探索。由于商业模式涉及企业经营的方方面面，这种“大伞构念”的本质使得深入研究的开展难以面面俱到，本书从商业模式构成体系入手，结合资源观的商业模式分析框架对“文化创意产业数字商业模式实现机制”进行了分析，其深度只达到了商业模式构成要素间的相互作用层面，由于时间有限不能更加深入地分析各个环节的内在机理。如在数字能力赋能下经营系统环节资源获取的机制、市场定位环节顾客参与的机制、盈利模式环节价值网络的作用等。这些深入的研究在未来需要结合交易成本、价值网络、社会关系网络、消费者价值、资源获取等理论基础，进行更深层次的探索。

第二，在模型构建上，未来应考虑进行更多案例的验证分析。本书通过三个案例对比提炼的文化创意产业数字商业模式的实现机制，在未来的研究中考虑选取更多的文化创意产业成功案例及失败案例进行对比分析，一方面验证本书得出的实现机制模型的普适性，另一方面对不同案例的具体过程的差异进行分析，有利于探索发现文化创意产业数字商业模式过程中更多的相关关系。同时，对于商业模式本身的研究，本书是在一个特殊的行业背景下进行探讨的，不仅对于文化创意产业商业模式的评估有待结合已有成果形成评价体系、完善评价方法，而且这种商业模式对其他行业的借鉴性，还有待进一步分析。

第三，研究方法上，未来考虑通过非线性系统分析等方法进行更为深入的探索与实证。本书得出的文化创意产业数字商业模式实现机制模型本质上是一个线性模型。在未来，应该考虑运用非线性分析的方法，对实现机制进行更加深入的实证研究。

第四，在数据测量上，未来应考虑使用更加客观的数据。本书通过发放问卷收集数据，使得调查对象在填写问卷时有美化自己的嫌疑，使得问卷所搜集数据的可靠性和准确性难以保证，本书虽然对变量测度进行了信度和效度检验，但主观评价的现象仍然难以避免。在未来的研究中，随着文化创意产业管理部门统计数据库的建立，可以考虑使用更加客观的方法对上述变量进行测度，从而保证研究结论的可靠性。

总之，文化创意产业作为一个新兴领域，未来将会有更多的学者进行更加深入的研究。本书“文化创意企业数字能力对商业模式创新的影响机制研究”作为文化创意产业实践急需解决的问题及文化创意管理研究的核心问题“企业如何利用数字能力创造价值并获取价值”必然在未来受到越来越多的关注。

参考文献

1. 常琳．文化创意产业及知识产权法律保护模式探析［J］．重庆交通大学学报（社会科学版），2012（4）：34－37.

2. 钞小静．新型数字基础设施促进我国高质量发展的路径［J］．西安财经大学学报，2020，33（2）：15－19.

3. 陈丹引．数字获得感：基于数字能力和数字使用的青年发展［J］．中国青年研究，2021（8）：50－57，84.

4. 陈劲，杨洋，于君博．商业模式创新研究综述与展望［J］．软科学，2022，36（4）：1－7.

5. 陈铭．对中国创意产业的初步思考［J］．现代商业，2007（18）.

6. 陈莎莉，郭凯欣，龚克，欧阳桃花．中国传统文创产品与用户匹配机制研究——以宇弦陶瓷为例［J］．外国经济与管理，2021，43（7）：141－152.

7. 陈晓莞．文化创意产业跨界融合发展问题研究——基于消费升级视角［J］．商业经济研究，2020（12）：179－181.

8. 陈一宏．版权资产管理与运营从规范化开始［J］．中国传媒科技，2012（Z1）：19.

9. 程宣梅，杨洋．破解数字化重构的商业模式创新：战略柔性的力量［J］．科技管理研究，2022，42（16）：111－118.

10. 崔琳．浅析文化创意产业的知识产权保护意识［J］．大舞台，2012（4）：272－273.

11. 崔楠，陈全，徐岚，贺靖婷，徐华谨．当历史文创产品遇上AR：增强现实技术产品展示对消费者历史文创产品评价的影响［J］．南开管理评论，

2021, 24 (6): 50 -63.

12. 丁沂昕. 资源"巧"配与创业机会识别 [D]. 北京: 北京工商大学, 2019.

13. 丁岳枫. 创业组织学习与创业绩效关系研究 [D]. 杭州: 浙江大学, 2006.

14. 丁志帆. 数字经济驱动经济高质量发展的机制研究: 一个理论分析框架 [J]. 现代经济探讨, 2020 (1): 85 -92.

15. 董钊. 新创企业数字能力对商业模式创新的影响研究 [D]. 长春: 吉林大学, 2021.

16. 范合君, 吴婷. 新型数字基础设施、数字化能力与全要素生产率 [J]. 经济与管理研究, 2022, 43 (1): 3 -22.

17. 范黎波, 林琪. 平台企业资源管理能力构建及演化路径——基于资源理论的双案例研究 [J]. 经济管理, 2020, 42 (9): 49 -63.

18. 范周. 从"泛娱乐"到"新文创","新文创"到底新在哪里——文创产业路在何方? [J]. 人民论坛, 2018 (22): 125 -127.

19. 高闯, 关鑫. 企业商业模式创新的实现方式与演进机理——一种基于价值链创新的理论解释 [J]. 中国工业经济, 2006 (11).

20. 龚丽敏, 江诗松, 魏江. 试论商业模式构念的本质、研究方法及未来研究方向 [J]. 外国经济与管理, 2011 (3): 1 -8.

21. 龚志文, 穆琼琼. 文化创意企业商业模式如何影响企业价值研究——以景德镇陶溪川为例 [J]. 对外经贸, 2021 (3): 38 -42.

22. 管运芳, 唐震, 田鸣, 杜红艳. 数字能力对公司创业的影响研究——竞争强度的调节效应 [J]. 技术经济, 2022, 41 (6): 95 -106.

23. 郭梅君. 创意产业发展与中国经济转型的互动研究 [D]. 上海社会科学院, 2011.

24. 郭万超. 博物馆文创的市场逻辑及提升路向——对"故宫文创热"的思考 [J]. 人民论坛, 2019 (9): 127 -128.

25. 韩炜. 基于商业模式构建的新企业成长过程研究 [R]. 软科学, 2010 (9): 95 -99.

26. 何亮. 关于技术创新动力机制研究的几个问题 [J]. 科学技术与辩

证法，1998（1）：61－64.

27. 胡绪雯．博物馆特展的文创产品开发与实践——以上海博物馆为例［J］．东南文化，2019（5）：110－114.

28. 胡钰．文创理念：当代文化发展的新观念［J］．湖南师范大学社会科学学报，2019，48（3）：126－132.

29. 黄国群，肖乐乐．区域文化创意产业知识产权政策走向与创新路径研究［J］．情报杂志，2018，37（3）：86－93.

30. 黄谦明．论商业模式创新与企业家精神［J］．改革与战略，2009（8）：163－165.

31. 黄群慧．以新型基础设施建设促进经济高质量发展［J］．中国党政干部论坛，2020（11）：28－31.

32. 蒋正峰，陈刚，尹涛．我国主要城市文化产业创新发展比较分析［J］．科技管理研究，2021，41（18）：105－112.

33. 金雪涛，刘怡君．数字经济背景下中外文化创意产业研究进程——基于 CiteSpace 知识图谱的分析［J］．重庆社会科学，2020（8）：108－122.

34. 荆林波．解读电子商务［M］．北京：经济科学出版社，2001.

35. 李瑾．知识产权保护影响文化创意产业发展的路径及对策［J］．统计与决策，2016（2）：179－182.

36. 李竞．博物馆的跨媒介传播研究——以三星堆博物馆为例［J］．出版广角，2022（2）：82－85.

37. 李曼．略论商业模式创新及其评价指标体系之构建［J］．现代财经，2007，2（27）：55－59.

38. 李盼盼，乔晗，郭韬．数字化水平对制造企业商业模式创新的跨层次作用研究［J］．科研管理，2022，43（11）：11－20.

39. 李时椿．商业模式创新企业把握市场机会的金钥匙［J］．北京工商大学学报（社会科学版），2008（11）：24－27.

40. 李文，刘思慧，梅蕾．基于 QCA 的商业模式创新对企业绩效的影响研究［J］．管理案例研究与评论，2022，15（2）：129－142.

41. 李振勇．商业模式：企业竞争的最高形态［M］．北京：新华出版社，2006.

42. 李震. 新能源汽车生态型商业模式及其对品牌竞争力的影响 [D]. 北京: 北京交通大学, 2021.

43. 李忠顺. 智能制造企业商业模式分类、前因组态及绩效研究 [D]. 广州: 广东工业大学, 2022.

44. 厉无畏, 王慧敏. 创意产业新论 [M]. 北京: 东方出版中心, 2009.

45. 梁晓雅, 陆雄文. 中国民营企业的商业模式创新 [J]. 市场营销导刊, 2009 (3): 67-73.

46. 刘阿龙. 制造企业商业模式的前因及绩效影响研究 [D]. 北京: 中国科学技术大学, 2021.

47. 刘刚. 商业模式评估、创业型领导驱动战略创业的机制研究 [J]. 管理学报, 2022, 19 (3): 397-405.

48. 刘牧雨. 北京文化创意产业理论与实践探索 [M]. 北京: 中国经济出版社, 2007

49. 刘亚军. 文化创意产业的知识产权保护 [J]. 社会科学辑刊, 2015 (3): 60-65.

50. 刘洋, 董久钰, 魏江. 数字创新管理: 理论框架与未来研究 [J]. 管理世界, 2020, 36 (7): 198-217, 219.

51. 刘洋, 应震洲, 应瑛. 数字创新能力: 内涵结构与理论框架 [J]. 科学学研究, 2021, 39 (6): 981-984, 988.

52. 刘子慎, 沈丽珍, 崔喆. 基于投资联系的中国文化创意产业网络特征 [J]. 经济地理, 2021, 41 (2): 113-120.

53. 柳学信, 杨烨青, 孙忠娟. 企业数字能力的构建与演化发展——基于领先数字企业的多案例探索式研究 [J]. 改革, 2022 (10): 45-64.

54. 柳执一. "文化+科技"的破壁创新及融合发展 [J]. 人民论坛, 2019 (35): 138-139.

55. 吕芬, 朱煜明, 凯瑟琳·罗伯特, 周家和. 外部环境对中小型企业采用数字技术影响研究 [J]. 科学学研究, 2021, 39 (12): 2232-2240.

56. 罗锋. 电视版权交易: 可供深度开发的"厚利润区"——兼析电视版权交易路径选择 [J]. 现代传播, 2009 (1): 102-105.

57. 罗珉，曾涛，周思伟．企业商业模式创新——基于租金理论的解释［J］．中国工业经济，2005（7）．

58. 马晓辉，高素英，赵雪．数字化转型企业商业模式创新演化研究——基于海尔的纵向案例研究［J］．兰州学刊，2022（6）：28－41．

59. 孟韬，姚晨，胡海洋．共享办公情境下创业者资源编排路径——基于资源编排理论［J］．技术经济，2019，38（2）：91－99．

60. 聂品．创意组织知识创造机制的太极模型研究［D］．杭州：浙江大学，2009．

61. 潘雅茹，罗良文．基础设施投资对经济高质量发展的影响：作用机制与异质性研究［J］．改革，2020（6）：100－113．

62. 彭艳．文化创意产业中的创意扩散模式研究［D］．武汉：武汉理工大学，2010．

63. 乔瑜．基于区块链技术文化创意产业知识产权保护研究［J］．管理学刊，2020，33（5）：38－48．

64. 孙凡淇．数字经济下企业商业模式创新及绩效［D］．济南：山东财经大学，2022．

65. 孙启明．文化创意产业的形成与历史沿革［J］．文化创意产业前沿，2008（4）：2－14．

66. 孙午生．论版权保护制度与文化创意产业的发展［J］．法学杂志，2016，37（10）：88－94．

67. 孙永波，孙珲，丁沂昕．资源“巧”配与创业机会识别——基于资源编排理论［J］．科技进步与对策，2021，38（2）：19－28．

68. 田巧芳．北京市文化创意产业的发展模式研究［D］．北京：中国地质大学，2008．

69. 汪志红，周建波．数字技术可供性对企业商业模式创新的影响研究［J］．管理学报，2022，19（11）：1666－1674．

70. 王海花，李烨，谭钦瀛．基于 Meta 分析的数字化转型对企业绩效影响问题［J］．系统管理学报，2022，31（1）：112－123．

71. 王惠芬，赖旭辉，郑江波．产业融合机制下商业模式发展的新趋势分析［J］．科技管理研究，2010（14）．

72. 王苗，张冰超．企业数字化能力对商业模式创新的影响——基于组织韧性和环境动荡性视角［J］．财经问题研究，2022（7）：120－129.

73. 王铁男，陈涛，贾镕霞．战略柔性对企业绩效影响的实证研究［J］．管理学报，2011（3）：388－395.

74. 王翔．开放商业模式：性质、实现路径和策略体系［J］．东南大学学报（哲学社会科学版），2011（2）：53－57.

75. 王鑫，刘克春，曾经纬．大数据能力如何促进企业转型升级——技术创新与商业模式创新的多重中介模型［J］．当代财经，2022（7）：76－86.

76. 王鑫鑫，王宗军，涂静．基于系统视角的软件企业商业模式创新研究［J］．情报杂志，2010（12）.

77. 王颖聪，姚林青．我国常规化版权交易平台建设研究［J］．现代出版，2012（1）：21－25.

78. 魏雅莉，孙文涛．京津冀文创产业创新发展战略研究［J］．人民论坛，2019（27）：138－139.

79. 肖旭，戚聿东．产业数字化转型的价值维度与理论逻辑［J］．改革，2019（8）：61－70.

80. 谢凤华，姚先国，古家军．高层管理团队异质性与企业技术创新绩效关系的实证研究［J］．科研管理，2008，29（6）：65－73.

81. 熊澄宇．科技融合创新拓展文化产业空间［J］．瞭望新闻周刊，2005（Z1）：74－75.

82. 徐棣枫，谭缙．传承与创新：博物馆文创产业的知识产权创造和保护［J］．东南文化，2020（6）：178－184.

83. 徐斐．文化创意产业与经济增长方式转变［J］．文化创意产业前沿，2008（4）：329－333.

84. 许强，陈紫娴，梁灿英，廖素琴．战略创业视角下商业模式的演变机理研究——基于先临三维的案例研究［J］．浙江大学学报（人文社会科学版），2022，52（6）：86－101.

85. 解学芳．基于科技创新的文化产业发展脉络研究［J］．科技进步与对策，2008（11）：88－90.

86. 解学芳. 论科技创新主导的文化产业演化规律 [J]. 上海交通大学学报（哲学社会科学版），2007（4）：58－65.

87. 严德成，吴建伟，朱小川. 外部环境、公共空间与企业社会网络资本——以上海文创园区企业为例 [J]. 软科学，2017，31（10）：33－37.

88. 阎俊. 网络经济下电子商业模式的理论探索与实证研究 [D]. 上海：复旦大学，2005.

89. 杨晓兰. 动漫产业价值链重构 [J]. 文化创意产业前沿，2008（4）：120－126.

90. 杨秀云，尹诗晨. 政府支持、要素市场化水平与资源配置效率——基于中国文化创意企业的研究 [J]. 兰州大学学报（社会科学版），2022，50（3）：23－37.

91. 尤芬，胡惠林. 论技术长波理论与文化产业成长周期 [J]. 上海交通大学学报（哲学社会科学版），2007（4）：66－73.

92. 尤芬，胡惠林. 论技术长波理论与文化产业成长周期 [J]. 中国文化产业评论，2008，7（1）：67－81.

93. 于杰. 文化创意产业集聚研究——以济南市为例 [J]. 山东社会科学，2017（1）：156－161.

94. 余吉安，徐琳，殷凯. 传统文化产品的智能化：文化与现代科技的融合 [J]. 中国科技论坛，2020（2）：54－61，71.

95. 余吉安，尤淼，曹静，张皓月. 文创产业技术创新与文化创意双轮驱动发展研究 [J]. 中国科技论坛，2018（6）：83－90.

96. 余江，孟庆时，张越，靳景. 数字创业：数字化时代创业理论和实践的新趋势 [J]. 科学学研究，2018，36（10）：1801－1808.

97. 袁晓东，孟奇勋. 开放式创新条件下的专利集中战略研究 [J]. 科研管理，2010（5）：157－163.

98. 原磊. 国外商业模式理论研究评介 [J]. 外国经济与管理，2007（10）：17－25.

99. 臧志彭，王兆怡. 文创产业区块链创新扩散与全球城市网络建构 [J]. 上海交通大学学报（哲学社会科学版），2022，30（1）：81－93.

100. 曾楚宏，朱仁宏，等. 基于价值链理论的商业模式分类及其演化规律［J］. 财经科学，2008（6）：102－110.

101. 张爱红. 基于微笑曲线的我国文创产品产业链升级研究［J］. 山东社会科学，2020（4）：163－168.

102. 张弘，昝杨杨. 文化创意产业的融合机制研究——以北京市为例［J］. 企业经济，2018，37（6）：119－126.

103. 张吉昌，龙静，陈锋. 大数据能力、知识动态能力与商业模式创新——创新合法性的调节效应［J］. 经济与管理，2022，36（5）：19－28.

104. 张洁，凌超，郁义鸿. 知识产权保护能否促进文化消费？——对文化创意产业的实证研究［J］. 研究与发展管理，2015，27（6）：77－86.

105. 张敬伟，王迎军. 基于价值三角形逻辑的商业模式概念模型研究［J］. 外国经济与管理，2010（6）：1－8.

106. 张敬伟，王迎军. 商业模式与战略关系辨析——兼论商业模式研究的意义［J］. 外国经济与管理，2011（4）：10－18.

107. 张璐，周琪，苏敬勤，长青. 新创企业如何实现商业模式创新？——基于资源行动视角的纵向案例研究［J］. 管理评论，2019，31（9）：219－230.

108. 张青，华志兵. 资源编排理论及其研究进展述评［J］. 经济管理，2020，42（9）：193－208.

109. 张省，杨倩. 数字技术能力、商业模式创新与企业绩效［J］. 科技管理研究，2021，41（10）：144－151.

110. 张双文. 高科技初创企业商务模式设计的理念和逻辑［J］. 科技进步与对策，2008（2）：65－67.

111. 张哲. 专用汽车制造企业增值服务商业模式研究［D］. 北京：北京交通大学，2020.

112. 赵澄. 公益文创奏响“双品牌”——台湾历史博物馆文化创意产业行销策略［J］. 南京艺术学院学报（美术与设计），2019（1）：180－184.

113. 赵弘，张西玲. 发展文化创意产业要高度重视知识产权保护［J］. 经济论坛. 2006（13）：62－65.

114. 赵迎芳. 中国博物馆文化创意产品开发的理论与实践［J］. 山东社

会科学，2020（4）：169－176.

115. 周志强，夏光富. 论数字创意产业［J］. 新闻爱好者（理论版），2007（12）.

116. 朱国军，杨晨. 基于战略资源论的企业知识产权资产管理内涵探析［J］. 科学学与科学技术管理，2006（11）：161－165.

117. 朱秀梅，刘月，陈海涛. 数字创业：要素及内核生成机制研究［J］. 外国经济与管理，2020，42（4）：19－35.

118. 朱云杰，曹思依，孟晓非. 政府补贴对我国上市文化创意企业的创新绩效影响研究［J］. 同济大学学报（社会科学版），2021，32（5）：47－54.

119. 庄彩云，陈国宏，梁娟，侯建，蔡彬清. 互联网能力、双元战略柔性与知识创造绩效［J］. 科学学研究，2020，38（10）：1837－1846，1910.

120. Aera A. P. A. Standards for Educational and Psychological Testing［M］. New York：American Educational Research Association，1999.

121. Afuah A. and Tucci C. Internet Business Models and Strategies：Text and Cases［M］. Boston：McGraw-Hill /Irwin. 2001：32－33，196－201.

122. Alexy O. Criscuolo P. and Salter A. Does IP strategy have to cripple open innovation［J］. MIT Sloan Management Review，2009，51（1）：70－77.

123. Amit R. and Zott C. Value creation in e-business［J］. Strategic Management Journal，2001，22（6/7）：493－520.

124. Arash Najmaei. Dynamic business model innovation：an analytical archetype［J］. International Proceedings of Economics Development and Research，2011，12：165－171.

125. Belderbosr. Co-operative R&D and firm performance［J］. Research Policy，2004，33（10）：1477－1492.

126. Boje D. M. Narrative Methods for Organization and Communication Research［M］. New York：Sage Publications，2001.

127. Carayannis E. Knowledge transfer through techonogical hyper-learning in five industries［J］. Technovation，1999，19（3）：141－161.

128. Cavalcante，Sérgio André，Peter Kesting and John Parm Ulhoi. Business model dynamics：the central role of individual agency［J］. Academy of Manage-

ment Proceeding, 2010 (1): 1 –6.

129. Chesbrough H. Open Innovation, the New Imperative for Creating and Profiting from Technology [M]. Harvard Business School Press, 2003.

130. Chesbrough H. , Vanhaverbeke W. and West J. Open Innovation: Researching a New Paradigm [M]. Oxford: Oxford University Press, 2006.

131. Choudhury V. and Sabherwal R. Portfolios of control in outsourced software development projects [J]. Information Systems Research, 2003, 14 (3): 291 –314.

132. C. Moorman and A. S. Miner. Organizational improvisation and organizational memory [J]. Academy of Management Review, 1998: 698 –723.

133. Cohen W. and Levinthal D. Absorptive capacity: a new perspective on learning and innovation [J]. Administrative Science Quaterly, 1990 (35): 123.

134. Cohen W. M. and Levinthal D. A. Absorptive capacity: a new perspective on learning and innovation [J]. Administrative Science Quarterly, 1990 (35): 128 –152.

135. David Teece, Gary Pisano and Amy Shuen. Dynamic capabilities and strategic management [J]. Strategic Management Journal, 1997, 18, No. 7: 509 –533.

136. Davila T. , Epstein M. and Shelton R. Making Innovation Work: How To Manage It, Measure It And Profit From It [M]. NJ: Wharton School Pub, 2005: 29 –58.

137. Davis J. L. and Harrison S. S. 董事会里的爱迪生：智力资产获取方法 [M]. 北京：机械工业出版社，2003.

138. Deloitte Research. Deconstructing the formula for business model innovation [R]. 2002.

139. Eisenhardt K. M. and Martin J. A. Dynamic capabilities: what are they? [J]. Strategic Management Journal, 2000, 21 (10 –11): 1105 –1121.

140. Eisenhardt K. M. Control: organizational and economic approaches [J]. Management Science, 1985, 31 (2): 114 –149.

141. Faber E. et al. Designing Business Models for Mobile ICT Services [C].

16th Bled Electronic Commerce Conference Transformation, Slovenia, 2003. 6.

142. Franke N., von Hippel E. and Schreier M. Finding commercially attractive user innovations: a test of lead user theory [J]. Journal of Product Innovation Management, 2006, 23 (4): 301 – 315.

143. Freei M. S. Sectoral patterns of small firm innovation, networking and proximity [J]. Research Policy, 2003, 32 (4): 751 – 770.

144. Fumio Kodama. Measuring emerging categories of innovation: modularity and business model [J]. Technological Forceasting & Social Change, 2004, 71 (4): 623 – 633.

145. Gong L., Jiang S. and Wei J. A dynamic match between business model and firm growth: the case of chintgroup [R]. Paper Presented at the Intern Ational Conference of Management on Innovation and Technology, Singapore, 2010.

146. Gordijn J., Akkemans J. and van Vliet J. Desiging and evaluating e-business models [J]. IEEE Intelligent Systems, 2001, 16 (4): 11 – 17.

147. Granstrand O., Bohlin E., Oskarsson C. and Sjoberg N. External technology acquisition in large multi-technology corporations [J]. R&D Management, 1992, 22 (2): 111 – 134.

148. Granstrand O. The Economics and Management of Intellectual Property: Towards Intellectual Capitalism [M]. London: Edward Elgar, 2000.

149. Hall. Open Innovation & Intellectual Property Rights: The Two-edged Sword [EB/OL]. http: //elsa. berkeley. edu/bhhall/papers/BHH09_IPR_openinnovation. pdf.

150. Hamel Gray. Leading The Revolution. [M]. Harvard Business School Press, 2000.

151. Hawkins R. The phantom of the marketplace: searching for new e-commerce business models [R]. Euro CPR 2002, Barcelona.

152. Haynes S. N., Richard D. and Kubany E. S. Content validity in psychological assessment: a functional approach to concepts and methods [J]. Psychological Assessment, 1995, 7 (3): 238.

153. H. Bouwman, H. De Vos and T. Haaker. Mobile Service Innovation and Business Models [M]. Springer Science & Business Media, 2008.

154. Hinkin T. K. A brief tutorial on the development of measures for use in survey questionnaires [J]. Organizational Research Methods, 1998 (1): 104 -121.

155. Inkpen A. C. An examination of collaboration and knowledge transfer: China-Singapore Suzhou industrial park [J]. Journal of Management Studies 2006, 43 (4): 779 -811.

156. Jonas Hedman and Thomas Kalling. The business model concept: theoretical underpinnings and empirical illustrations [J]. European Journal of Information System, 2003 (12): 49 -59.

157. Katy J. Mason and Sheena Leek. Learning to build a supply network: an exploration of dynamic business models [J]. Journal of Management Studies, 2008 (45): 4.

158. Keane M. and Witting A. Brave new world: understanding China's creative vision [J]. International Journal of Cultural Policy, 2004 (10): 265 -279.

159. Kirsch L. J. The management of complex tasks in organizations: controlling the systems development process [J]. Organization Science, 1996, 7 (1): 1 -21.

160. Kitching J. and Blackburn R. Intellectual property management in the small and medium enterprise (SME) [J]. Journal of Small Business and Enterprise Development, 1998, 5 (4): 327 -335.

161. Lambe C. J. and Spekman R. E. Alliances, external technology acquisition, and discontinuous technological change [J]. Journal of Product Innovation Management, 1997, 14 (2): 102 -116.

162. Langley A. Strategies for theorizing from process data [J]. Academy of Management Review, 1999, 24 (4): 691 -710.

163. Lebwith A. and Coughlan P. Splendid isolation: does networking really increase new product success [J]. Creativity and Innovation Management, 2005, 14 (4): 366 -373.

164. Lee K. and Lim C. Technological regimes, catching-up and leapfrogging:

findings from the Korean industries [J]. Research Policy, 2001, 30 (3): 459 - 483.

165. Leu J. S. A lightweight brokering system for content/service charging in a cellular network centric business model [R]. Butterworth-Heinmann Newton, 2008.

166. Linder J. and Cantrell S. Changing business models: surveying the landscap [R]. Accenture Institute for Strategic Change, 2000.

167. Loofh, Heshmatia. Knowledge capital and performance: a new firm level innovation study [J]. International Journal of Production Economic, 2003, 76 (1): 61 - 85.

168. Maelnnes I. Dynamic business model framework for emerging technologies [J]. International Journal of Service Technology and Management, 2005, 6 (1): 3 - 19.

169. Magretta J. Why business models matter [J]. Harvard Business Review. 2002, 80 (5): 86 - 93.

170. Mahadevan B. A framework for business model innovation [C]. IMRC 2004 Conference, December 16 - 18, 2004. Bangalore, India.

171. Mandelbaum M. Flexibility in Decision Making: an Exploration and Unification [D]. Toronto, Department of Industrial Engineering, University of Toronto, 1978.

172. Markusen A. and King D. The artistic dividend: the arts' hidden contributions to regional development, minneapolois, MN: project on regional and industrial economies, humphrey institute of public affairs [J]. University of Minnesota, 2003: 40 - 47.

173. Michael Morris, Minet Schindehutte and J Effrey Allen. The entrepreneur's business model: toward a unified perspective [J]. Journal of Business Research, 2003, 58 (1): 726 - 735.

174. Miotti L. and Sachwald F. Co-operative R&D, why, and with whom? an integrated framework of analysis [J]. Research Policy, 2003, 32 (8): 1481 - 1499.

175. Morris L. Business model warfare: the strategy of business breakthroughs [J]. Journal of Business Models, 2003, 1 (1).

176. Negassi S. R&D co-operation and innovation: a microeconomic study on French firms [J]. Research Policy, 2004, 33 (3): 365 -384.

177. Oakley K. Include us out: economic development and social policy in the creative industries [J]. Cultural Trends, 2006, 15 (4): 255 -273.

178. Osterwalder A. and Pigneur Y. Business Model Generation [M]. New Jersey: John Wiley & Sons, 2010.

179. Osterwalder A., Pigneur Y. and Tucci C. L. Clarifying business models: origins, present, and future of the concept [J]. Communications of the Association for Information Systems, 2005, 16 (1): 1 -25.

180. Osterwalder A. The Business Model Ontology-a Proposition in a Design Science Approach [D]. Universite de Lausanne, 2004.

181. Picard G. R. Changing business models of online content services [J]. The International Journal on Media Management, 2000, 2 (2).

182. Potts J., Cunningham S., Hartley J. and Ormerod P. Social network markets: a new definition of the creative industries [J]. Journal of Cultural Economics, 2008, 32 (3): 167 -185.

183. Rappa M. Managing the digital enterprise: business models on the web [EB/OL]. http: //digital enterprise. org/models. html, 2000.

184. Reitzig M. How executives can enhance IP strategy and performance [J]. MIT Sloan Management Review, 2007, 49 (1): 37 -43.

185. Reitzig M. Strategic management of intellectual property [J]. MIT Sloan Management Review, 2004, 45 (3): 35 -40.

186. R. Florida. The Rise of the Creative Class: and how it's Transforming work [M]. New York: Routledge, 2002: 57 -60.

187. Rigby D. and Zook C. Open-market innovation [J]. Harvard Business Review, 2002, 80 (10): 80 -89.

188. Rivette K. G. and Kline D. Discovering new value in intellectual property [J]. Harvard Business Review, 2000, 1 -2: 54 -66.

189. Simcoe T. S. , Graham S. J. H. and Feldman M. P. Competing on standards entrepreneurship, intellectual property, and platform technologies [J]. Journal of Economics & Management Strategy, 2009, 18 (3): 775 -816.

190. Smith M. and Hansen F. Managing intellectual property: a strategic point of view [J]. Journal of Intellectual Capital, 2002, 3 (4): 366 -374.

191. Teece D. J. Business models, business strategy and innovation [J]. Long Range Planning, 2009, 43 (2 -3): 172 -194.

192. Teece D. J. , Pisano G. and Shuen A. Dynamic capabilities and strategic management [J]. Strategic Management Journal, 1997, 18 (7): 509 -533.

193. Terry Flew, 卢嘉杰. 数字社交媒体与文化创意产业 [J]. 深圳大学学报（人文社会科学版), 2018, 35 (1): 64 -71.

194. Timmers P. Business models for electronic markets [J]. Electronic Markets, 1998, 8 (2): 3 -8.

195. Venkatraman N. and Henderson J. C. Four vectors of business model innovation: value capture in a Network era [A]. Daniel Pantaleo, Nirmal Pal. From Strategy to Execution: Turning Accelerated Global Change into Opportunity [C]. Berlin: Springer, 2008: 259 -280.

196. V. Govindarajan and C. Trimble. Organizational DNA for strategic innovation [J]. California Management Review, 2005, 47 (3): 47 -76.

197. Voelpel S. , Leibold M. and Tekie E. The wheel of business model reinvention: how to reshape your business model leapfrog competitors [J]. Journal of Change Management, 2004, 4 (3): 259 -276.

198. Willemstein L. , Valk T. and Meeus M. Dynamics in business models: an empirical analysis of medical biotechnology firm in the Netherlands [J]. Technovation, 2007 (27): 221 -232.

199. Wright P. M. and Snell S. A. Toward a unifying framework for exploring fit and flexibility in strategic human resource management [J]. Academy of Management Review, 1998: 756 -772.

200. Yovanof G. S. and Hazapis G. N. Disruptive teclnologies, services, or businessmodels [J]. Wireless Personal Communications, 2008, 45 (4): 569 -583.